GORGIAS

Tous les Dialogues de Platon
dans la même collection

PLATON

GORGIAS

Traduction inédite,
introduction et notes

par
Monique CANTO

Publié avec le concours
du Centre national des Lettres

GF Flammarion

On trouvera en fin de volume une chronologie retraçant les principaux événements politiques et militaires, contemporains de Socrate et de Platon.

AVIS DES TRADUCTEURS

Le but de cette nouvelle traduction des œuvres de Platon est de dépasser l'opposition grand public/spécialistes. Elle voudrait rendre les dialogues platoniciens accessibles au plus grand nombre tout en fournissant aux spécialistes un instrument de travail qui fasse le point de la recherche actuelle. Pour ce faire, cette nouvelle traduction a l'ambition d'être, aussi souvent qu'elle le peut, explicite. Explicite sur le texte, puisque, pour chacun des dialogues, sont précisés l'édition que nous suivons et les lieux où nous nous écartons de ce texte de référence. Explicite aussi sur la traduction : nous voulons respecter, autant que possible et sans que cela nuise à la compréhension immédiate du texte français, le mouvement du texte, le jeu des particules de liaison, l'ordre des mots, le rythme de la phrase et les parentés sémantiques qui existent entre les termes du texte original. Explicite enfin sur la substance du texte traduit : nous voulons essayer de donner le cadre de lecture et les instruments de compréhension qui facilitent l'intelligibilité de chaque dialogue. Nous nous attacherons donc à expliciter les allusions, les références, la signification et l'usage de certains termes, afin de permettre au lecteur d'apprécier pourquoi la traduction est ce qu'elle est. Cette lucidité acquise à la fois sur l'original platonicien et sur le texte traduit laisse à la traduction la possibilité de n'être pas qu'un simple décalque, mais de manifester, pour reprendre le mot de Goethe, la force de la pensée traduite et l'originalité de la langue de traduction.

Luc Brisson, Monique Canto.

REMERCIEMENTS

*Je remercie Luc Brisson pour sa lecture et ses sugges-
tions, Pierre Vidal-Naquet pour la lucidité de ses avis et
Dan Sperber pour l'attention et le sens critique avec
lesquels il a lu les différentes étapes de ce travail.*

INTRODUCTION

Les Anciens racontaient qu'un paysan corinthien, amateur de textes philosophiques, lut et admira le *Gorgias*. Convaincu par l'exhortation socratique à vivre en étudiant la philosophie, il délaissa sa charrue et partit pour Athènes où il devint platonicien[1]. Mais la défense de la vie philosophique et la condamnation des valeurs politiques de la cité d'Athènes, si présentes dans le *Gorgias*, n'ont pas toujours provoqué l'enthousiasme. Dans la *Volonté de puissance*[2], Nietzsche rappelle ces lignes du *Gorgias*, où Socrate critique la politique de prestige réputée avoir fait la grandeur de l'Athènes de Périclès[3]. Mais ce ne sont ni la force ni le courage de l'attitude socratique que Nietzsche reconnaît en cette condamnation ; au contraire, il ne voit, dans une telle défense de la philosophie, qu'une pièce à conviction qui prouve le fanatisme anticulturel de Platon ainsi que son ascétisme prétendument philosophique, contraire à toute la vie grecque.

Le rappel de ces deux réactions de lecteurs, tout à fait opposées, mais aussi absolues l'une que l'autre,

---

1. Themistius, *Orationes* 23, 295c-d (p. 356 Dindorf), cité comme anecdote 135 in Swift Riginos A., *Platonica, The anecdotes concerning the life and writings of Plato*, Leyden, Brill, 1976, pp. 184-185.
2. Nietzsche, *Volonté de puissance* (Kröner, 430 et 747).
3. 517b-519e.

n'est pas seulement prétexte à anecdotes. Leur radica-
lisme vient du texte qui les a provoquées. Le *Gorgias*
est un dialogue critique, qui juge et condamne, mais
c'est aussi une œuvre militante, qui défend une cause
et exhorte à s'y rallier. La critique, d'abord : c'est celle
de la rhétorique, mais aussi celle de la politique que
la rhétorique sert. La cause, ensuite : c'est la cause de
la philosophie. La critique de la rhétorique a donc
pour motif la défense de la philosophie. Or chacun de
ces deux partis, rhétorique et philosophie, possède ses
défenseurs. La rhétorique est représentée par trois
personnages, Gorgias, Polos et Calliclès, qui incar-
nent chacun trois manières différentes d'être rhéteur,
et qui, l'un après l'autre, tentent de justifier la rhétorique. Face à eux trois, Socrate apparaît comme le
champion de la philosophie.

Cette confrontation entre les rhéteurs et le philosophe reste sans résolution nette. Certes, Socrate paraît
avoir le dernier mot. Après avoir exposé à loisir toutes
ses convictions, Socrate dit à Calliclès : « Ton raisonnement n'a aucune valeur. » Le *Gorgias* s'achève ainsi.
Mais en fait, Calliclès, qui a décidé de se taire, qui ne
veut plus rien répondre, n'en pense pas moins. Socrate
ne l'a ni réfuté ni convaincu, comme il n'a pu amener
ni Gorgias ni Polos à reconnaître explicitement qu'ils
avaient tort et que c'était à cause de la fausseté de leur
jugement que Socrate avait quasiment pu les
contraindre à se contredire.

La violence critique de Socrate dans le *Gorgias*, sa
défense passionnée de la philosophie, n'ont donc pas
beaucoup d'effet sur Gorgias, Polos ou Calliclès,
auxquels elles sont pourtant directement adressées.
Mais, la liberté du lecteur, ancien ou moderne, n'en est
que plus grande puisque aucune conviction n'est
acquise et le débat pas encore clos. Le lecteur peut
choisir pour ou contre des arguments, des critiques, des
engagements, dont il est fait état dans cette confrontation, opposés à d'autres arguments, à d'autres condamnations, à d'autres résolutions aussi forts et déterminés

que les premiers. Le paysan corinthien et Nietzsche sont deux d'entre ces lecteurs. Ils ont lu le *Gorgias*, et ils ont choisi. De l'enjeu précis d'un tel choix, il sera question plus loin. Mais pour comprendre ce débat, il faut d'abord le présenter dans son contexte : rappeler le mouvement d'ensemble du *Gorgias*, l'objet du dialogue, ses acteurs, et la date dramatique qu'on peut lui assigner.

LES CARACTÉRISTIQUES DU DIALOGUE

I. *Le mouvement du* Gorgias.

L'ensemble du *Gorgias* est scandé par les change-ments d'interlocuteurs. Socrate s'entretient avec Gor-gias, puis avec Polos, enfin avec Calliclès, avant de ne parler, pour ainsi dire, qu'avec lui-même. Ces quatre séquences principales sont précédées par une courte introduction qui présente les acteurs du dialogue ; et elles se concluent sur un mythe, que Socrate raconte, et qui semble valoir comme la conclusion du dialogue. Le *Gorgias* est un entretien direct, dans lequel les interlocuteurs parlent pour eux-mêmes et qui, excep-tion faite du mythe final, ne comprend aucun récit.

Présentation : lieu et acteurs.

Le dialogue se tient dans la demeure de Calliclès, où réside Gorgias, le rhéteur sicilien. C'est donc chez Calliclès qu'arrivent Socrate et son ami, Chéréphon. Ils y retrouvent Gorgias, Polos et Calliclès. Leur intention est explicite : ils veulent s'entretenir avec Gorgias et apprendre de lui en quoi consiste la rhéto-rique qu'il enseigne. Chéréphon pose les questions, mais Gorgias n'a même pas le temps d'y répondre que Polos, lui aussi orateur et admirateur de Gorgias,

s'interpose. Pour couper court à toutes questions supplémentaires, Polos se met à faire l'éloge de l'art
enseigné par Gorgias : la rhétorique. Socrate intervient alors et critique le discours de Polos. Il demande
à Gorgias de répondre en personne. Polos et
Chéréphon se retirent. La discussion commence entre
Gorgias et Socrate.

1. *Gorgias et Socrate : comment définir la rhétorique ?*
(449a-461b)

Aux questions de Socrate, Gorgias finit par
répondre que la rhétorique est l'art des discours, qui
sont destinés à persuader les tribunaux, ou toutes les
autres assemblées, et portent sur le juste et l'injuste.
Socrate suggère alors de définir la rhétorique comme
l'ouvrière, ou la productrice, du sentiment de conviction, et Gorgias accepte la formule. Reste à savoir en
quoi consiste un tel sentiment de conviction. Est-il
l'effet d'un savoir ? ou bien dépend-il d'une simple
croyance ? Gorgias répond, à l'aide d'un long discours, que la rhétorique produit la conviction en faisant croire à ce qu'elle dit, qu'elle s'est ainsi acquis
une extraordinaire puissance puisqu'elle peut persuader ce qu'elle veut sans même connaître ce qu'elle fait
croire. Mais, ajoute Gorgias, une telle puissance ne
doit pas être utilisée abusivement. Il faut s'en servir
avec justice, et s'il arrive en effet que certains individus en usent mal, ce ne sont ni la rhétorique ni les
maîtres de rhétorique qu'il faut incriminer.

A ce moment-là, Socrate demande à Gorgias d'être
bien conscient de ce qu'ils sont en train de faire. Ils
se posent l'un à l'autre des questions et s'efforcent d'y
répondre avec vérité et précision, sans recourir aux
facilités de la rhétorique. Cette exigence définit pour
Socrate l'entretien dialectique, et il importe, pour que
cet entretien se poursuive, de se plier à ce qu'il
requiert. Mais Gorgias semble prendre prétexte de
l'ennui des auditeurs pour refuser de s'engager dans

une discussion plus longue. Malgré tout, devant l'insistance du public, Gorgias et Socrate se résolvent à prolonger leur échange.

Les dernières réponses de Gorgias servent de point de départ à Socrate. Quels sont les rapports de la rhétorique et de la justice ? Faut-il qu'un orateur acquière la connaissance de la justice avec l'art de la rhétorique ? Gorgias répond que oui. Lui-même, dans son enseignement de la rhétorique, fait apprendre la justice à ceux qui ne la connaissent pas déjà. Alors, Socrate soulève une difficulté : si tous les orateurs, qui pratiquent la rhétorique, sont censés connaître la justice, comment est-il possible — comme l'avait suggéré Gorgias en remarquant qu'on pouvait faire un usage injuste de la rhétorique — qu'un orateur se serve injustement de son art rhétorique ?

Avant que Gorgias n'ait pu répondre, Polos intervient brusquement et reproche à Socrate d'induire Gorgias en erreur. Socrate réplique à Polos qu'il peut répondre à la place de Gorgias à condition de jouer le jeu de la discussion et de renoncer à ces longues tirades qui sont propres à la rhétorique.

2. *Polos et Socrate : la rhétorique est une flatterie ; le seul bien est la justice.* (461b-481b)

Plutôt que de répondre aux questions de Socrate, Polos somme Socrate de dire quel art est, selon lui, la rhétorique. Socrate réplique qu'à ses yeux la rhétorique n'est pas un art, mais un procédé empirique, ou une routine, qui relève de la flatterie. Par flatterie, Socrate précise qu'il entend la contrefaçon d'un art, contrefaçon qui, au lieu de vouloir le bien de son objet, ne vise qu'à son plaisir. Pour rendre sa pensée plus concrète, il ajoute que la cuisine et l'art du maquillage (respectivement contrefaçons de la médecine et de la gymnastique) sont deux formes de flatterie qui recherchent le plaisir du corps, tandis que la rhétorique et la sophistique, lesquelles flattent l'âme et visent à son plaisir, sont les faux-semblants de la justice et de la législation.

A cette description de la rhétorique, Polos oppose la toute-puissance politique des orateurs, toute-puissance que Socrate conteste. Si les orateurs, tout comme les tyrans, ne sont pas capables de reconnaître ce que sont leur bien véritable et leur réel avantage, ils n'ont aucun moyen de profiter de leur toute-puissance : leur propre pouvoir n'est pas avantageux pour eux. Polos n'est apparemment pas convaincu par une thèse si para-doxale. Aussi demande-t-il à Socrate s'il n'envierait pas l'homme qui est à même de faire ce qu'il veut dans sa propre cité. Socrate répond que non, si une telle liberté est celle d'accomplir toutes sortes d'actions injustes. Car, tel est le plus grand mal : commettre l'injustice, tandis que le seul bien est la justice.

A cette thèse qui nie que l'homme injuste puisse être heureux, Polos réplique en rappelant la carrière du tyran Archélaos, parvenu au pouvoir après avoir commis les plus graves injustices. Archélaos est donc, semble-t-il, un homme tout à fait injuste et parfaite-ment heureux. Mais Socrate récuse cet exemple, l'usage qu'en fait Polos et la façon dont celui-ci s'en-tretient avec lui. Polos apporte, en effet, en guise de preuves, des témoignages extérieurs, au lieu que le seul témoignage qui importe à Socrate est celui de son interlocuteur. Socrate réaffirme sa thèse et renchérit sur elle, en soutenant que l'homme injuste qui reste impuni est encore plus malheureux que celui qui est puni.

Pour prouver ce qu'il dit et en convaincre Polos, Socrate montre que commettre l'injustice est plus laid, et donc plus mauvais, que la subir ; que la puni-tion est un bien qui délivre du pire des maux, l'injusti-ce ; que le bonheur consiste à agir avec justice ou à être justement puni si on a mal agi ; qu'Archélaos, comme tout autre tyran ou orateur qui commettrait des injustices, ne peut donc être ni tout-puissant ni heureux. Enfin, Socrate revient à la question de la rhétorique et souligne qu'à la rigueur, celle-ci pourrait être utile, non pas pour se défendre au tribunal ou gagner de l'influence dans la cité, mais pour s'accuser publiquement, et accuser aussi ses proches, dès qu'on commet une injustice.

3. *Calliclès et Socrate : la force de la nature et son injustice.* (481b-506b)

C'est alors que Calliclès entre en scène. Il intervient dans la discussion en s'adressant à Chéréphon et en lui demandant si Socrate, en défendant des thèses si paradoxales, parle sérieusement ou pour se moquer. Socrate répond lui-même à la place de Chéréphon ; il proteste de son sérieux et déclare à Calliclès que, comme lui, il est amoureux. Mais si Calliclès risque bien d'être aussi inconstant que ses objets d'amour, qui sont les deux Démos — le jeune Démos, fils de Pyrilampe, et le Démos, ou peuple d'Athènes —, lui Socrate, en revanche, est aussi constant et aussi sérieux que la philosophie qu'il aime.

Calliclès réplique en reprochant à Socrate de confondre délibérément la nature et la loi afin d'égarer ses interlocuteurs. Dans l'ordre de la nature, il n'y a pas d'autre droit que la force, laquelle donne le droit d'avoir plus que les autres. C'est cette même force de la nature qui vaut dans l'ordre social, où la seule loi qui vaille n'est pas la loi positive, mais la loi de la nature. En revanche, la loi positive, contraire à la loi de la nature, n'est faite que par les faibles pour garantir leur faiblesse contre la puissance des forts. La philosophie, selon Calliclès, ne permet guère de découvrir ou de comprendre ces vérités. Socrate est donc invité à ne plus s'y consacrer et à s'occuper de la vie de la Cité.

A cette sortie de Calliclès, Socrate répond qu'il connaît le goût que celui-ci, dans sa jeunesse, éprouva pour la philosophie. C'est le signe, selon Socrate, que la présente ardeur de Calliclès est inspirée par l'intérêt et l'amitié dont celui-ci fait preuve à l'égard de Socrate. Non sans ironie, Socrate souligne qu'il a raison de poursuivre un entretien avec un interlocuteur si favorablement disposé à tester la valeur de son âme et à lui conseiller la meilleure façon de vivre.

C'est le sens exact de la force des forts qui fait l'objet des premières questions que Socrate adresse à Calliclès. Calliclès admet que la force des plus forts est la force du plus grand nombre ; puis, il affirme que les hommes les plus forts sont les hommes les plus intelligents et les plus courageux, qui savent le mieux agir dans le domaine politique. Enfin, pressé par les questions de Socrate, Calliclès ne tarde pas à reconnaître que l'homme le plus fort est l'homme le plus à même d'éprouver de fortes passions, de les entretenir et de les satisfaire.

A cette conception de Calliclès, Socrate oppose une allégorie : celle des êtres insatiables, dont l'âme est comme une passoire, d'où toute satisfaction s'échappe et demande constamment à être renouvelée. La force des hommes les plus forts n'est donc faite que de leur insatisfaction. Après cela, Socrate souligne l'impossibilité d'affirmer que le plaisir est identique au bien, car il est nécessaire d'admettre qu'il y a des plaisirs bons, qui nous sont utiles, et d'autres mauvais, qui nous sont nuisibles. D'où le besoin d'une méthode qui nous permette de les distinguer et de faire servir les seuls plaisirs bons à la réalisation de notre bien.

Mais Socrate souligne alors que ce qui l'oppose à Calliclès porte sur la plus fondamentale des questions : le choix à faire entre deux sortes de vie. L'une est la vie qui s'accomplit dans la cité, avec tous les moyens du pouvoir politique, la rhétorique surtout. L'autre est une vie, retirée de la politique, et entièrement dévouée à la philosophie. La première est soumise à la volonté et aux désirs de ceux dont on veut gagner le crédit : en effet, cette vie de politique et de rhétorique n'est possible que par la flatterie. La vie de philosophie, au contraire, est une vie indépendante et consacrée au bien de l'âme.

Socrate recourt alors aux exemples historiques. Les orateurs, considérés comme les bienfaiteurs d'Athènes, ceux auxquels la Cité a conféré la toute-puissance, ont-ils cherché à améliorer leurs concitoyens — ce qui est la véritable fin de la politique — ou seulement à les gratifier et à leur faire plaisir ? Certes, le vrai bien que ces orateurs auraient pu donner à leurs concitoyens n'était ni la richesse ni le prestige, mais la justice, l'ordre et l'harmonie. Tels sont les véritables biens de l'âme, radicalement contraires à ce dérèglement et à cette relâche qui représentent, pour Calliclès, le bien suprême.

A ce moment de l'entretien, Calliclès se rebiffe et rompt son engagement à répondre ce qu'il croit vrai, engagement qui, jusque-là, avait rendu possible l'entretien dialectique. Pour satisfaire aux instances de Gorgias, Calliclès acceptera de jouer le rôle du répondant de Socrate, mais il refuse d'assumer la responsabilité de ses réponses et affirme par avance qu'il ne se sentira pas le moins du monde réfuté si Socrate finit par découvrir une contradiction dans ce qu'il dit.

4. *Socrate seul : le choix d'une vie de justice et de philosophie.* (506b-527e)

Dans cette dernière séquence du *Gorgias*, Socrate fait à lui seul les demandes et les réponses. Il rappelle d'abord que, si le bien véritable consiste en la justice et en la tempérance, toutes les forces de l'individu et celles de la cité doivent tendre à acquérir ces vertus. L'essai de définir la rhétorique est donc subordonné au débat mené sur les valeurs respectives de la rhétorique et de la philosophie.

Socrate considère d'abord que, si la rhétorique peut lui permettre de se défendre et par là de sauver sa vie, il existe encore une autre sorte de protection, bien plus efficace que la rhétorique et qui consiste à ressembler au peuple ou au tyran qu'on sert, bref, à être aussi injuste que lui. Or personne n'accepterait de sauver sa vie à ce prix. Ce qui fait le prix de la vie n'est donc pas de vivre le plus longtemps possible, mais de vivre selon la justice.

Par ailleurs, si on considère les grands hommes d'Athènes que Calliclès citait en exemples (Périclès, Cimon, Miltiade et Thémistocle), on verra que ces politiques se sont mis en effet au service du peuple, mais ils n'ont pas rendu ce peuple meilleur. La preuve en est qu'ils ont tous été, d'une façon ou d'une autre, victimes de l'injustice de leurs concitoyens ; or, à ces concitoyens, qui les ont si injustement accusés, ces grands hommes, s'ils avaient été de vrais politiques, auraient dû enseigner la justice.

Puis, Socrate fait part à Calliclès de sa propre résolution : ne pas chercher à faire plaisir à l'âme, mais la rendre meilleure. Les risques d'être injustement accusé et condamné à mort n'en seront que plus grands pour lui, mais au moins est-il sûr d'éviter l'injustice et de pouvoir se présenter au-devant de la mort avec la certitude d'avoir mené une vie de justice.

Mythe et conclusion.

L'entretien est terminé, et pour confirmer la force de ses convictions, Socrate rapporte un mythe qu'on lui a raconté. Ce mythe, dit-il, est une histoire vraie, elle évoque le jugement des morts aux Enfers. La richesse et le prestige acquis au cours de la vie terrestre n'y ont aucune valeur, seule la bonne qualité de l'âme et l'habitude de justice décident de la destination des morts. En effet, dans ce tribunal des morts, aucune dissimulation, aucune illusion, aucune rhétorique ne peuvent rien : l'âme est totalement mise à nue. Du seul point de vue de l'utilité, il faut donc pratiquer la justice, car elle seule peut nous éviter une vie de tourments éternels. Le *Gorgias* s'achève par

cette récusation des arguments de Calliclès, qui vou-
laient prouver le bénéfice de l'injustice.

II. *L'objet du* Gorgias.

Sur quoi porte le *Gorgias* ? A lire le résumé ci-
dessus, on peut facilement dresser la liste des sujets
abordés. Et cette liste est bien longue : la rhétorique
bien sûr ; mais aussi la différence entre savoir et
croyance ; la possibilité d'une science de la justice ;
l'art et ses contrefaçons (empirisme, routine, flatterie) ; la relativité de la puissance ; la définition du mal
(commettre l'injustice) et celle du bien (pratiquer la
justice) ; l'utilité de la punition ; l'incompatibilité
entre la nature et la loi ; le plaisir comme bien ; la
valeur de la philosophie ; la finalité de l'action politique et la sanction des hommes d'Etat ; la destination
de la vie, et les liens entre la justice et le bonheur.
Sans compter les nombreuses remarques de Socrate
qui définissent l'entretien dialectique (lequel procède
par questions et réponses et exige de préciser les
conditions de vérité de toutes les conclusions
acquises) pour l'opposer au discours rhétorique, soucieux surtout de l'effet produit sur l'auditoire et du
pouvoir gagné sur lui.

1. *Rhétorique et justice.*

Malgré l'abondance et la diversité des thèmes
abordés dans le *Gorgias*, deux registres de questions
peuvent être dégagés. Ils groupent, d'une part, les
questions qui ont trait à la définition de la rhétorique,
à l'impossibilité de l'assimiler à un art et donc à la
dénonciation de toutes les contrefaçons de l'art (routine, empirisme et flatterie) dont la fin est le plaisir au
lieu du bien ; et, d'autre part, les questions qui se
rapportent à la justice et à la philosophie comme

engagement de vie et connaissance du vrai bien de l'homme. Mais ces deux registres de questions ne se succèdent pas dans le *Gorgias*, ils se composent et interfèrent, comme c'est le cas aussi dans le *Phèdre* et le *Politique*[1].

L'association d'une critique de la rhétorique à une réflexion sur la justice et la morale n'est donc pas propre au *Gorgias*, mais là, ces deux thèmes sont articulés l'un à l'autre d'une façon bien singulière. Car, si les premières questions de Socrate portent explicitement sur la rhétorique, les réponses qu'il paraît attendre — et cela, dès le début du *Gorgias* — ne valent pas seulement pour dire ce qu'est la rhétorique, mais aussi pour définir la justice comme le seul bien. Or dès que les motifs du choix entre vie de rhétorique (et de politique) ou vie de justice (et de philosophie) se précisent, une première conclusion est aussitôt tirée sur la valeur et l'utilité de la rhétorique. En bref, la critique de la rhétorique est toujours motivée par la volonté de définir quel genre de vie il faut adopter.

Dans les manuscrits médiévaux du *Gorgias*, comme dans le catalogue des dialogues platoniciens cités par Diogène Laërce, le *Gorgias* est indiqué avec le sous-titre « sur la rhétorique », sous-titre, semble-t-il, au moins aussi vieux que le premier groupement par tétralogies, c'est-à-dire par groupes de quatre dialogues, des œuvres de Platon[2]. En particulier, l'impossibilité de réduire le *Gorgias* à n'être qu'une critique de la rhétorique avait déjà été remarquée par les commentateurs néo-platoniciens. Voici comment Olympiodore définit la visée du *Gorgias* : savoir quels

    1. *Phèdre* 269e-270c, *Politique* 283c-287b.
    2. Diogène Laërce, *Vies, doctrines et sentences des philosophes illustres*, III, 59. Le groupement des œuvres de Platon en tétralogies a été utilisé par Thrasylle d'Alexandrie (mort en 36 avant J.-C.), astrologue de Tibère, mais il semble en fait plus ancien.

sont « les principes éthiques capables de nous procurer le bonheur politique [1] ». Olympiodore lisait donc
le *Gorgias* comme un dialogue consacré aux valeurs
morales capables de fonder l'action politique.

Comment décrire de façon précise l'articulation des
deux thèmes traités dans le *Gorgias* (critique de la rhétorique et définition d'une morale de vie) ? La première discussion entre Socrate et Gorgias porte sur la
rhétorique, elle s'interrompt au moment où Socrate
veut savoir si le maître de rhétorique doit enseigner la
justice et être nécessairement juste. Malgré ce change-
ment de sujet, l'entretien entre Polos et Socrate
s'amorce sur la rhétorique et s'achève sur la question
de savoir en quoi la rhétorique peut être utile. Mais
toute la partie centrale de la confrontation entre
Socrate et Polos est consacrée à distinguer le bien
apparent du bien réel, la fausse puissance de faire ce
qu'on veut de la vraie puissance d'agir selon son bien.
Après cela, la discussion entre Socrate et Calliclès
porte sur la question du choix de vie (politique ou
philosophique) avec deux courtes digressions consa-
crées à la rhétorique comme instrument de salut et
pratique de la flatterie populaire. Le mythe réunit
enfin rhétorique et philosophie en dressant la scène
d'un tribunal divin, où la rhétorique ne peut plus rien,
mais où tout dépend de la justice.

Nous pouvons donc reprendre, à titre indicatif, le
schéma proposé par Dodds pour décrire la combinai-
son de ces deux thèmes : rhétorique (ci-dessous
désigné par a) et éthique (représenté par b).

---

1. Olympiodore, *In Platonis Gorgiam Commentaria*, éd.
L. G. Westerink, Leipzig, Teubner, 1970. Olympiodore vécut à
Alexandrie au VIᵉ siècle après J.-C. Philosophe néo-platonicien, il
écrivit des commentaires du *Gorgias*, du *Phédon*, du *Philèbe* et de
l'*Alcibiade*, ainsi qu'une vie de Platon et une introduction à la philosophie d'Aristote.

	Socrate et Gorgias
a	449c-461b
b	in fine
	Socrate et Polos
a	461b-466a
b	466a-480a
a	480a-481b
	Socrate et Calliclès
b	(allusions à a) 482c-486d
b	486d-500a
a	500a-503d
b	503d-515b
a	515b-521a
b	521a-526d
b	(allusions à a) 526d-527e [1]

2. *Rhétorique et philosophie.*

Le partage entre rhétorique (associée à l'action politique) et philosophie (en rapport avec la réflexion éthique) était assez familier aux contemporains de Platon. Un fragment d'Antisthène résume assez bien le contenu de l'opposition entre rhétorique et philosophie : « Si tu veux qu'un garçon vive avec les dieux, enseigne-lui la philosophie, si c'est avec les hommes, enseigne-lui la rhétorique [2]. » Ce qui rend la rhétorique si utile pour vivre dans la Cité est le pouvoir dont elle dispose. En effet, pour les interlocuteurs du *Gorgias*, il est bien clair que c'est au péril de la vie qu'on néglige la rhétorique et qu'on renonce à savoir se défendre devant les hommes [3]. Lorsque Socrate demande s'il

---

1. Dodds, p. 3.
2. Antisthène, frg. 173 in Giannantoni, *Socraticorum Reliquiae*, Rome, Ateneo, 1983, tome I, p. 386, cité en trad. fr. in L. Paquet, *Les Cyniques grecs*, Ottawa, 1975, p. 57. Antisthène (mort en 365, à un âge avancé) fut un disciple de Socrate et le fondateur de l'école Cynique.
3. 521b-522b.

faut vivre une vie publique, à laquelle la maîtrise de la rhétorique garantisse le succès, l'influence, le pouvoir, ou bien une vie plus retirée, dévouée à la philosophie et à la recherche de la vérité, ce qu'il propose n'est pas seulement un choix entre deux styles d'existence, c'est aussi un choix entre la vie et la mort.

Vie politique ou vie philosophique ? Vie d'injustice ou de justice ? Le débat resterait abstrait entre Socrate et ses interlocuteurs s'il n'était évident pour tous qu'il existe un moyen de pouvoir et de succès. Ce moyen, c'est la rhétorique, qui rend l'injustice trop aisée et trop fructueuse pour que la raison commune puisse éviter d'opter pour elle. Le choix d'une vie de justice — et donc *a fortiori* d'une vie de philosophie — se révèle être malheureux, sans avantage immédiat. Pourtant, c'est à prouver qu'une telle vie représente le seul bien réel que le *Gorgias* va s'employer.

Une telle preuve sera d'autant mieux acquise que la condamnation de la rhétorique et l'exhortation à la philosophie ne se réalisent pas de la même façon. La critique se fait par la réfutation des prétentions de la rhétorique — la mise en évidence des contradictions que ces prétentions entraînent et leur incompatibilité avec les valeurs courantes, avec les opinions communes que la rhétorique n'est aucunement prête à dénoncer. Une telle réfutation s'adresse aux trois personnages qui se succèdent dans le *Gorgias* pour servir la cause de la rhétorique : Gorgias, Polos et Calliclès. L'engagement à la philosophie, en revanche, prend la forme d'une exhortation, d'un protreptique (en quelque sorte, un exercice de conversion), fondé sur des arguments et des raisons et qui destine la volonté et le désir du sujet à l'étude de la philosophie ainsi qu'à la pratique de la justice [1]. Ce protreptique à la philosophie se concentre dans les conseils que Socrate adresse à Calliclès, dans l'exhortation à reconnaître la supériorité de la justice

—————

1. Sur le protreptique, voir pp. 89-92.

et dans le mythe final de la destination des âmes ; il
soutient la défense de la philosophie et s'articule à la
critique de la rhétorique comme toute résolution de
s'orienter vers le vrai bien exige la dénonciation des
faux biens.

Mais si la rhétorique est mise en cause d'un bout à
l'autre du *Gorgias*, est-ce bien la même rhétorique que
défendent Gorgias, Polos et Calliclès ? L'unité du
Gorgias est difficilement contestable : les moments du
dialogue s'enchaînent aussi naturellement que sont liés
entre eux les thèmes abordés. De plus, chaque entretien radicalise la discussion précédente, rend explicites
les conditions que l'interlocuteur n'avait pas formellement énoncées, tout comme le relais des questions
posées sur la rhétorique par celles qui portent sur
l'éthique politique représente un approfondissement de
l'analyse. Dans le *Gorgias*, la rhétorique fait, pour ainsi
dire, une triple entrée en scène qui structure le dialogue. Ce déroulement en trois actes est unique dans
les dialogues platoniciens. Certes, dans le livre I de la
République, on trouve un relais de personnages identique (Céphale, Polémarque et Thrasymaque), mais
ceux-ci, bien qu'ils soient successivement convoqués
pour traiter d'un sujet comparable, n'ont pas entre eux
un lien défini[1]. Au contraire, les interlocuteurs de
Socrate, dans le *Gorgias*, sont solidaires entre eux : ils
éprouvent une même admiration pour la rhétorique, et
chacun d'eux précise, au moment où il intervient, quel
rapport le lie à son prédécesseur[2]. La logique du *Gorgias* n'est donc pas seulement argumentative, c'est
aussi une logique des problèmes associée à une logique
dramatique. D'où l'unité, renforcée par la dynamique
de la discussion, qui lui vient de cet enchaînement.

---

1. Cf. *République* I, voir aussi P. Friedländer (*Plato*, 1964, II,
226) et Gauss (*Handkommentar zu den Dialogen Platos*, 1956, II, 1,
27).
2. 461b-c et 482c-e.

Face à la rhétorique, incarnée par trois personnages, il y a Socrate, qui fait l'unité du dialogue : il
pose les premières questions, il raconte la dernière
histoire. Mais il est aussi directement pris à parti par
ses interlocuteurs : il a donc à se défendre, à justifier
ses choix, à rappeler son passé, à pressentir son avenir. L'unité du *Gorgias* est également fondée sur la
cohérence d'une personnalité et sur la solidité d'un
engagement de vie. Au fur et à mesure que les débats
se développent, la consistance et l'intégrité d'un tel
engagement ne font que se confirmer.

III. *Les acteurs du* Gorgias.

Les acteurs du *Gorgias* sont au nombre de cinq. Ils
forment, d'une part, le groupe des rhéteurs interrogés
par Socrate (Gorgias, Polos et Calliclès), et, d'autre
part, le groupe de Socrate (Socrate bien sûr et Chéréphon). Dans ce dernier groupe, le personnage princi-
pale est Socrate, mais cela ne fait pas de Chéréphon
une simple doublure de Socrate. En effet, c'est Chéréphon qui, au nom de Socrate, interroge Gorgias, et
c'est à lui que Calliclès s'adresse pour interrompre
l'entretien entre Socrate et Polos [1].
D'un autre côté, les trois interlocuteurs de Socrate
défendent une même chose, mais avec des accentua-
tions différentes : Gorgias est le maître incontesté en
matière de rhétorique ; Polos incarne l'orateur populaire (soucieux de sa moralité, mais prêt à commettre,
sous la protection d'un tyran, les pires injustices) ;
enfin, Calliclès défend la politique des forts et prétend
fonder publiquement le droit de la cité sur la force
de la nature. Chacun des interlocuteurs de Socrate se
définit donc par rapport à ses comparses dans la
défense de la rhétorique et dans une opposition
commune aux thèses socratiques.

1. 447c et 481b.

1. *Gorgias.*

La carrière de Gorgias.

Le rhéteur Gorgias était originaire de Léontium, en Sicile, une colonie grecque de Naxos (île située au sud-est de la Grèce, entre la Péninsule et l'Asie Mineure). Il était sans doute né aux environs de 483 et serait mort en 376 : il était donc encore vivant en 399, année de la mort de Socrate. Il serait arrivé à Athènes en 427, déjà âgé d'une cinquantaine d'années, deux ans après la mort de Périclès. Citons Diodore de Sicile : « A cette époque les Léontins [...] se trouvèrent en butte aux menées belliqueuses des Syracusains. Ne parvenant plus à supporter le poids de cette guerre et courant le risque de succomber sous la supériorité des Syracusains, ils envoyèrent à Athènes des ambassadeurs avec mission de demander au peuple de leur fournir un secours immédiat afin de mettre leur cité à l'abri des périls. A la tête de la délégation se trouvait l'orateur Gorgias, que l'aisance de sa parole plaçait bien au-dessus de ses compatriotes. [...] Arrivé à Athènes, il se présenta devant l'Assemblée du peuple, et fit aux Athéniens un discours sur leur alliance ; l'exotisme de son éloquence frappa les Athéniens, qui étaient gens d'esprit, épris de culture. [...] A la fin, il persuada les Athéniens d'accorder aux Léontins une aide militaire, et il s'en retourna à Léontium, après que son art oratoire eut fait l'admiration d'Athènes [1]. »

Le séjour de Gorgias à Athènes fut suivi d'un autre en Thessalie où il devint, semble-t-il, encore plus célèbre que le rhéteur Tisias, « et Jason qui était alors tyran de Thessalie, le plaça bien plus haut que Polycrate qui occupait le plus haut rang dans l'enseignement athénien [2] ». Philostrate, dans une lettre,

---

1. Diodore de Sicile, *Histoire*, XII, 53 (D.K. 82 A4), cité dans la trad. de J.-P. Dumont, voir Bibliographie p. 114.
2. Pausanias VI, 17, 7 (D.K. 82 A7).

confirme l'étendue du succès de Gorgias : « Valeureux et nombreux étaient les admirateurs de Gorgias : d'abord les Grecs de Thessalie, chez qui le verbe "gorgianiser" devint synonyme de "parler en public", ensuite l'ensemble des Grecs devant lesquels il prononça, à Olympie, de la borne du temple, un discours contre les Barbares. Aspasie de Milet[1], dit-on, avait aiguisé à la manière de Gorgias la langue de Périclès ; Critias et Thucydide tiennent manifestement de lui leur grandeur et leur élévation, l'un par sa facilité, l'autre par sa force[2]... » Peu de choses sont connues sur le reste de sa vie, sinon qu'il était très riche, apparemment fort dépensier, qu'il se faisait payer cent mines (ce qui était, pour l'époque, une somme considérable), et qu'il expliquait lui-même sa longévité par sa défiance à l'égard du plaisir[3].

Gorgias était-il un sophiste ?

La carrière de Gorgias, son succès, sa popularité le rapprochent beaucoup des sophistes, c'est-à-dire des représentants de ce mouvement culturel apparu à Athènes au cours du ve siècle. Sans vouloir donner au groupe formé par les sophistes les plus connus (Protagoras, Hippias, Prodicos, Critias, Antiphon, Thrasymaque) une homogénéité qui n'existait sans doute pas, il reste que les différents individus de ce groupe semblaient avoir la même façon de vivre.

Les sophistes étaient le plus souvent étrangers, c'est-à-dire originaires d'une autre cité qu'Athènes.

---

1. Figure marquante de la société athénienne, elle vécut avec Périclès de 445 à 429 et lui donna un fils qui n'acquit la citoyenneté athénienne que fort tardivement. Aspasie fut injustement accusée d'avoir influencé Périclès dans sa politique belliqueuse à l'égard de Sparte. Elle est l'héroïne d'un dialogue composé par Eschine le socratique, et elle serait l'auteur du discours rhétorique prononcé par Socrate dans le *Ménéxène*.

2. Philostrate, *Lettres*, 73 (D.K. 82 A 35).

3. Diodore de Sicile, cf. p. 26, n. 1 ; Isocrate, *Sur l'échange* 155sqq ; Athénée, *Le Banquet des sophistes* XII, 548c-d.

Ils menaient une vie itinérante, mais séjournaient régulièrement à Athènes où ils étaient accueillis dans les meilleurs cercles de la Cité et s'entouraient de jeunes gens dont ils faisaient leurs disciples. Par ailleurs, les sophistes faisaient payer leur enseignement et se faisaient connaître à l'occasion d'une sorte de conférence publique, appelée *epídeixis*, prononcée le plus souvent dans une maison privée, devant un public choisi, au cours de laquelle ils donnaient un échantillon de leur savoir-faire et de leur habileté[1]. Tel est le portrait-type du sophiste avec lequel la personnalité de Gorgias semble assez bien cadrer. Gorgias a fait lui aussi un séjour fameux à Athènes, il y devint fort célèbre, il s'y était entouré de jeunes gens qui suivaient son enseignement et auxquels il demandait une rétribution.

Mais la difficulté essentielle qui interdit de ranger Gorgias purement et simplement dans le groupe des sophistes tient à l'objet de son enseignement. En effet, beaucoup plus que leur manière de vivre (une caractérisation extérieure et, somme toute, contingente), c'était leur prétention à enseigner la vertu qui caractérisait les sophistes. Ceux-ci s'engageaient, pour reprendre les formules de Protagoras, à enseigner à leur disciple « la prudence pour chacun dans l'administration de sa maison, et, quant aux choses de la Cité, le talent de les conduire en perfection par les actes et par la parole[2] ». Or une telle prétention, qui permet de comprendre à la fois la puissance novatrice du mouvement sophistique et l'hostilité que celui-ci provoqua (hostilité éprouvée par l'opinion publique athénienne à l'égard de l'engagement sophistique de faire de la vertu (*aretḗ*), qualité morale et valeur fondamentale de la noblesse athénienne, l'objet d'un enseignement rétribué) ne semble pas avoir été jamais

---

1. *Hippias Majeur* 282c-284e, *Protagoras* 314d-316a ; sur l'*epideixis*, voir note 2, p. 313.
2. *Protagoras* 318e-319a, et aussi *Euthydème* 273d.

émise par Gorgias. En tout cas, on ne trouve la
moindre trace d'une telle promesse ni dans les témoignages de son enseignement ni dans les textes platoniciens où sont évoquées la personnalité de Gorgias et
la nature de sa profession[1].

Dans le *Protagoras*, Platon paraît décrire assez exactement le cercle des sophistes contemporains (Protagoras, Hippias, Prodicos) groupés, dans la maison de
Callias, autour de Protagoras. Mais, de cette scène
sophistique, Gorgias est absent, et son nom n'est
même pas mentionné. La suite du dialogue donne
implicitement la raison d'une telle exclusion : le *Protagoras* critique la prétention spécifique des sophistes
— enseigner la vertu et faire de leurs disciples des
hommes appréciés par la Cité et assurés du pouvoir
politique. L'absence de Gorgias laisse donc penser
qu'il n'est pas à inclure dans le nombre de ceux qui
soutenaient une telle prétention. Par ailleurs, ni dans
le *Gorgias* ni dans le *Ménon*, Gorgias n'est représenté
comme un professeur de vertu ; en effet, dans ces dialogues, il apparaît comme un maître de rhétorique qui
défend le caractère technique de ce qu'il enseigne[2].
Certes, on peut opposer à cela que dans l'*Hippias
Majeur*, Gorgias est désigné sous le nom de « sophiste
(*sophistēs*) de Léontium », mais le terme de « sophiste »
est à comprendre, dans ce contexte, au sens général
de « savant[3] ». Rappelons enfin que, dans l'*Apologie de
Socrate*, Socrate se démarque de ceux qui font « profession d'enseigner à prix d'argent », « comme Gorgias
le Léontin, comme Prodicos de Céos, comme Hippias
d'Elis[4] ». Or, précisément, ce qui permet de comparer
Gorgias à Prodicos et à Hippias tient au fait que
Socrate ne mentionne ici que la rétribution de l'enseignement, commune au professeur de vertu comme au

---

1. *Ménon* 95c ; Isocrate, *Sur l'échange* 155 et 268.
2. *Gorgias* 465c et *Ménon* 95c.
3. *Hippias Majeur* 282b.
4. *Apologie de Socrate* 19e.

professeur de rhétorique, sans aucunement préciser
l'objet d'un tel enseignement.

Mais Gorgias n'est pas seulement un rhêteur, professeur de rhétorique. Il s'est intéressé aussi à des
questions plus philosophiques. Un passage du *Ménon*
semble faire de lui un disciple d'Empédocle[1]. De
plus, Sextus Empiricus et le Pseudo-Aristote nous
transmettent le texte d'un *Traité du non-être*, dont il
serait l'auteur, traité où il est montré que rien n'existe
(ni être éternel, ni être en devenir, ni un, ni multiple)
car rien ne saurait être ni pensé, ni énoncé, ni
communiqué. La filiation à peu près assurée entre ce
texte et la doctrine de Parménide contribuerait à faire
de Gorgias un penseur qui aurait participé activement
aux polémiques suscitées par la pensée éléatique[2].
Mais, le fait que ni Platon ni Aristote ne fassent nulle
part la moindre mention du *Traité du non-être* de Gorgias — bien qu'ils aient l'un et l'autre, à plusieurs
reprises, l'occasion d'établir la doxographie apparemment complète de la question de l'existence du non-
être[3] —, le fait aussi que Gorgias lui-même, à la fin
de *Éloge d'Hélène*, désigne celui-ci comme un « divertissement » (*paígnion*), peuvent laisser penser que,
même si le sujet du *Traité du non-être* est emprunté
aux polémiques philosophiques de l'époque, héritées
de la pensée éléatique, l'écrit de Gorgias n'est peut-
être rien d'autre qu'un pastiche philosophique destiné
à prouver l'habileté rhétorique de son auteur[4].

1. *Ménon* 76c.
2. Sextus Empiricus, *Contre les logiciens*, I, 65-87 (D.K. 82 B3)
et Pseudo-Aristote, *Sur Melissus, Xénophane et Gorgias* 979a12-
980b22 ; voir bibliographie succincte donnée par B. Cassin, *Si Parménide*, P.U.L., Lille, 1980, pp. 600-607.
3. *Sophiste* 241d-249d, et Aristote, *Métaphysique* A 983b7-
990a32, E 1026b2-1028b6.
4. Isocrate, *Hélène* 1-4, et G. B. Kerferd, *The sophistic movement*,
pp. 93-100 ; pour la bibliographie de la question, voir p. 114.

Gorgias et la rhétorique.

Car Gorgias, avant d'être un fameux professeur et peut-être un philosophe, disciple et critique de Parménide, était un rhéteur, « enchanteur des mots ». Platon le présente toujours, dans le *Banquet*, le *Phèdre*, le *Ménon*, et le *Gorgias*, comme l'homme « habile à parler (*deinós légein*) » et qui peut tout obtenir grâce à la force de conviction de son discours [1]. Non pas que Gorgias, dans les dialogues platoniciens, soit particulièrement convaincant — le *Gorgias*, en particulier, le montre assez maladroit et inconscient de la faiblesse de ses propos —, mais une réputation d'extraordinaire orateur lui avait été faite dès son arrivée à Athènes et lui est toujours restée.

Chez Gorgias, l'orateur se doublait du reste d'un remarquable improvisateur : « Gorgias fut le fondateur du discours improvisé. Se présentant au théâtre, à Athènes, il eut l'audace de dire : "Proposez !" C'était lui le premier à tenir ce périlleux propos, démontrant par là qu'il possédait un savoir total, et qu'il pouvait se permettre de parler de n'importe quoi, à propos [2]. »

Il est assez difficile de se faire une idée précise de l'art rhétorique de Gorgias et des aspects de son style qui ont pu provoquer un tel effet sur ses auditeurs. Les témoignages anciens semblent insister surtout sur l'inattendu du style de Gorgias (ses constructions soudain brisées et ses transitions brutales, « ses chutes abruptes, ses attaques soudaines [3] ») qui prenait l'auditeur par surprise et le privait de toute sa ressource d'objections. Par ailleurs, Gorgias fut le premier a utiliser les recours d'expression qui permettent de dramatiser le langage et de lui conférer une réalité de contrainte : « il usa des tropes, des métaphores, des

---

1. *Banquet* 198c, *Phèdre* 267a, *Ménon* 95c.
2. Philostrate, *Vies des sophistes* I, 1 (D.K. 82 A1a).
3. Philostrate, *Lettres*, 73 (D.K. 82 A35).

allégories, des hypallages[1], des catachrèses[2], des hyperbates[3], des répétitions, des reprises, des retournements, des correspondances sonores[4] ». Tous ces témoignages vont dans le même sens : Gorgias fut le premier à tenter de se servir en prose, pour l'éloquence politique et judiciaire, de moyens verbaux, de procédés stylistiques, qui, jusque-là, appartenaient exclusivement à la poésie et au style figuré[5].

Mais les innovations de Gorgias ne sont pas seulement stylistiques. Elles consistent aussi en la façon de traiter un sujet. Cicéron rappelle dans le *Brutus* que, selon Gorgias, « le propre de l'orateur est d'être avant tout à même de rehausser un objet quelconque par l'éloge et de le déprécier par la critique[6] ». Le rehaussement ou la dépréciation, dont il est ici question, sont du reste assez radicaux : ils peuvent contribuer à une altération, voire à une modification radicale, de la réalité traitée. Bien des sujets paradoxaux de Gorgias (*L'éloge d'Hélène, La défense de Palamède*) n'en sont plus si on souligne que ce qui intéresse Gorgias est,

---

1. Figure de rhétorique qui attribue à un objet l'acte ou l'idée qui conviendrait plutôt à l'objet voisin ; par exemple, ce vers du *Cimetière marin* de Valéry : « Où tant de marbre est tremblant sur tant d'ombre. »

2. Conjonction de deux termes aux significations contradictoires qu'une figure de style (métaphore, métonymie ou synecdoque) a mis en rapport, figure dont le sens premier a disparu de l'esprit de celui qui l'emploie et qui s'accompagne d'une qualification étrangère au sens premier (exemple : les bras d'un fauteuil, les pieds d'un meuble).

3. Figure de rhétorique par laquelle on ajoute à une phrase, qui semble achevée, un épithète, un complément ou une proposition, ajout qui crée un effet de surprise et se trouve mis en relief. Par exemple : « Albe le veut, et Rome » (Corneille, *Horace*, II, 6) et le début des *Rêveries d'un promeneur solitaire* de Rousseau : « Depuis quinze ans et plus ».

4. *La Souda*, SV *Gorgias* = (D.K. 82 A2), cf. p. 35, n. 2.

5. Syrianus dans Denys d'Halicarnasse, *De l'imitation* (8, p. 31, 13, éd. Usener).

6. Cicéron, *Brutus*, XII, 47 ; et aussi, Platon, *Phèdre* 267a.

semble-t-il, le défi de pouvoir modifier la qualification et l'appréciation d'un sujet traditionnel, plutôt que le choix d'une cause inattendue [1].

La critique de Platon à l'égard de Gorgias.

Quels sont donc les griefs de Platon à l'égard de Gorgias ? Ces griefs sont spécifiques à la rhétorique, puisque Gorgias est épargné de la critique généralement adressée à tout représentant de la sophistique, critique qui conteste la possibilité d'enseigner la vertu. En fait, les reproches platoniciens ne portent pas tant sur les moyens rhétoriques dont Gorgias fait usage (toute la technique du langage qui, par des artifices stylistiques, influence l'esprit de l'auditeur et entraîne sa conviction) que sur la définition même de la rhétorique — le choix des sujets, la logique de la conviction, et, plus radicalement encore, toute la destination de l'art rhétorique : faire passer pour vrai ce qui ne l'est pas et convaincre de ce dont l'orateur est incapable de dire si c'est vrai ou si ce n'est pas vrai [2].

Ce grief essentiel est formulé à plusieurs reprises au cours du *Gorgias* ; la rhétorique ne s'intéresse pas à la vérité, elle se soucie seulement de l'apparence et du vraisemblable ; la rhétorique n'a aucunement l'ambition de bien traiter ce dont elle parle, mais seulement de faire plaisir au public auquel elle s'adresse. Substituant l'apparence à la vérité et le plaisir au bien, elle

---

1. « Aussi mon propos est-il, en fournissant par ce discours une explication raisonnée, de mettre fin à l'accusation dont est l'objet cette femme décriée, et de mettre fin à l'ignorance de ceux qui la blâment, en leur témoignant qu'ils se trompent et en leur montrant ce qui est vrai. [...] J'ai aboli par mon discours l'infamie dont une femme était victime, j'ai rempli le contrat que j'avais contracté au commencement de mon discours. Je me suis efforcé d'anéantir l'injustice du blâme et l'ignorance de l'opinion ; j'ai voulu rédiger ce discours comme un éloge d'Hélène, et comme un jeu pour moi. » *Eloge d'Hélène*, 2 (D.K. 82 B10 et 21.) Cité dans la trad. J.-P. Dumont.

2. *Phèdre* 259e-263c, 267d-269d, *Ménéxène* 235a-b, *Politique* 291a-e.

est doublement en défaut par rapport à ce qui caractérise un art véritable (*tékhnē*) ; elle n'a donc ni règles, ni normes, ni critère d'exactitude, ni moyen d'évaluation ; elle ne peut pas participer à la science, dont elle n'est qu'une contrefaçon ; elle représente un pseudo-art, de flatterie et de plaisir, sans règles ni souci du bien [1].

Certes, on peut penser que cette critique serait plus juste si elle était adressée, plutôt qu'à Gorgias, à ses épigones et imitateurs, qui répètent mécaniquement des procédés enseignés par le maître, bien qu'ils soient incapables d'en comprendre les raisons ou d'en maîtriser les effets. Mais si c'est bien à eux que Platon semble réserver les critiques les plus dures, celles-ci ne peuvent manquer d'atteindre l'art de Gorgias dans la mesure où cet art est susceptible d'une reproduction aussi irréfléchie et mécanique de la part de ses sectateurs [2]. Si la prétendue technique du langage, introduite par Gorgias, permet à la rhétorique de traiter indifféremment du bien et du mal et d'être malgré cela convaincante, une telle indifférence morale a pour conséquence l'impossibilité que la rhétorique soit un art véritable. C'est ce dernier point que Socrate développe, dans le *Gorgias*, en s'adressant cette fois à Polos.

2. *Polos.*

Le rhéteur Polos nous est beaucoup moins connu que Gorgias. Il serait lui aussi originaire de Sicile. La date de son arrivée à Athènes est incertaine, comme les raisons qui l'y envoyèrent et la durée du (ou des) séjour qu'il y fit. D'après le témoignage du *Gorgias*, il serait, semble-t-il, l'auteur d'un *Art oratoire* (*tékhnē rhētorikē*). Socrate a l'air de citer un passage de cet écrit — ce qui peut donner une idée du style de

1. 464b-466a.
2. *Phèdre* 269a-d.

Polos —, mais il n'est pas exclu que cette citation ne
soit une invention platonicienne destinée à charger le
Polos du *Gorgias*, même si ce Polos platonicien est
inspiré par un Polos véritable [1].

Sont également attribués à Polos un traité sur les
termes (*perì léxeōn*) ainsi qu'un ouvrage consacré à la
mythologie [2]. Enfin, dans le *Phèdre*, Platon fait de lui
l'auteur d'un certain nombre de livres : « Et Polos,
maintenant, comment nous y prendrons-nous pour
donner une idée de ses *Sanctuaires oratoires des Muses ?*
des chapitres, par exemple, du *Redoublement*, du *Style
sentencieux*, du *Style imagé* ? Et aussi bien, son *Vocabu-
laire de Licymnius*, cadeau que lui fit ce dernier pour
la composition de *La Beauté de la langue* [3] ? » Les titres
mentionnés dans ce passage du *Phèdre* représentent-
ils chacun un ouvrage de Polos ? Ou bien n'indiquent-
ils que les différentes parties d'un unique recueil,
consacré à l'art rhétorique, recueil qu'évoquerait
Platon dans le *Gorgias* ? Sans doute faut-il pencher
pour la seconde possibilité. En effet, l'énumération du
Phèdre fait la liste des différents procédés de la technique rhétorique, et il est assez vraisemblable que chacun de ces moyens ait fait à lui seul l'objet d'un
chapitre dans un ouvrage général, consacré à la rhétorique, dont Polos serait l'auteur.

Ce traité de Polos sur l'art oratoire a dû avoir un
certain succès, puisque Aristote semble en citer, au
début de la *Métaphysique*, un court extrait [4]. La formule
mentionnée, dont Aristote espère, manifestement,
qu'elle est connue de tout le monde, ressemble beaucoup à celle que Socrate, dans le *Gorgias*, attribue à
Polos. Mais encore faudrait-il être assuré qu'Aristote ne
se limitât pas à citer Platon sans avoir nécessairement

1. 448c et 462c.
2. *La Souda*, SV *Gorgias* (I, 388, p. 535, Adler) ; cf. Vlastos G.,
Bibliographie, p. 112.
3. 267b-c.
4. Aristote, *Métaphysique* A 1, 981a4.

vérifié que cette indication platonicienne correspondait en effet à un véritable écrit de Polos. Une telle hypothèse paraît tout de même assez improbable étant donnée la bonne connaissance de la rhétorique qu'Aristote devait avoir[1]. On peut donc admettre qu'il existait un écrit de Polos semblable à celui dont parle Socrate, écrit qui regroupait sans doute les différents chapitres indiqués dans le *Phèdre*, mais il reste assez probable aussi que, dans le passage du *Gorgias*, Platon ait pastiché le style de Polos au lieu de le citer fidèlement[2].

Indépendamment de ces quelques allusions à ses écrits, le portrait de Polos tracé dans le *Gorgias* n'est pas des plus flatteurs. Il est représenté comme jeune, impatient, trop prompt à parler et à répéter les leçons apprises. Il n'évite aucune des difficultés d'argumentation proposées par Socrate, et il a beaucoup de mal à comprendre l'exigence socratique d'un entretien dialectique où les deux interlocuteurs présents se dévouent entièrement à la recherche désintéressée de la vérité. Il recourt sans cesse à des exemples historiques, aux opinions communes, ou aux sarcasmes[3]. Par ailleurs, Polos se présente comme l'admirateur de Gorgias, comme son disciple et son assistant, mais cette allégeance à l'égard de son maître n'est pas toujours exempte d'une certaine rivalité[4]. Il semble être d'accord avec les idées exposées par Gorgias et, pour répondre aux questions de Socrate, développe les conditions de la défense de la rhétorique que son maître vient de prononcer. C'est à la faveur de cette tentative que Polos fait connaître son point de vue sur la rhétorique.

---

1. Aristote fréquenta l'Académie qu'il quitta soit du vivant de Platon (Diogène Laërce V, 1), soit après sa mort. Il y aurait été chargé de l'enseignement de la rhétorique et aurait systématiquement attaqué la rhétorique d'Isocrate.

2. Comme il l'avait fait avec Gorgias, cf. 450b-c et note 9, p. 315.

3. 467b, 468e, 470c, 471d-472d, 473e.

4. 448a.

L'idéal de vie de Polos se laisserait définir comme la volonté d'être tout-puissant parmi les hommes, d'avoir du succès et de l'influence — cela, au fond, à n'importe quel prix —, mais à condition de garder une certaine respectabilité et la réputation d'un homme de bien. Aussi la valeur fondamentale pour Polos est-elle l'apparence de moralité, même si cette moralité de façade excuse la plus terrible injustice. Le plus grand mal qu'on puisse subir est d'être pris en flagrant délit d'action criminelle et d'être puni pour son crime — il faut donc que la situation dans laquelle on a commis une injustice puisse garantir une totale impunité. C'est dans ce sens que l'exemple d'Archélaos, le tyran, est probant. Mais c'est un cas limite qui nous informe surtout de l'esprit dans lequel Polos conçoit la discussion, voulant à toute force acculer Socrate à défendre un paradoxe insoutenable[1].

Le Polos du *Gorgias* est donc le représentant d'une forme d'hypocrisie sociale contre laquelle Socrate s'est battu avec une grande énergie. Socrate affirme en effet que le seul bienfait qu'on puisse rendre à la cité est d'examiner, de questionner, de scruter tous les hommes qui prétendent être bons et faire le bien de leurs concitoyens ; un tel examen est le seul moyen de s'assurer que cette prétention n'est pas hypocrite, mais correspond bien à une réalité[2]. A l'inverse, la seule pression morale qui puisse s'exercer sur quelqu'un comme Polos tient à la honte qu'il éprouverait à devoir reconnaître que ses croyances les plus profondes sont radicalement opposées aux valeurs qu'il se sent socialement obligé de défendre. L'hypocrisie sociale de Polos fournit donc paradoxalement une limite au cynisme de son attitude intellectuelle. Comme le remarquera Calliclès, c'est à cause de cette limite que sa position est vulnérable[3].

---

1. 473b-d, voir pp. 71-72.
2. *Apologie de Socrate* 29c-30c, 30e-31a, 38a-41b.
3. 482d-e.

C'est donc grâce à une véritable « culture de la honte » (pour reprendre l'expression de Dodds) que l'hypocrisie sociale reste préservée d'un immoralisme radical, qu'elle ne revendique d'ailleurs pas. La contrepartie d'une telle hypocrisie consistant bien sûr en l'utilisation systématique de toutes les formes de dissimulation qui peuvent éviter à l'homme injuste d'être pris en flagrant délit d'injustice. La critique de Socrate, à l'égard de cette culture et à l'égard de Polos qui la représente, est sévère et assez méprisante : elle s'adresse à la vanité des valeurs soutenues par ceux qui la pratiquent et à la facticité de leur attitude sociale. « Bogus morality », « moralité bidon », a-t-on dit, pour évoquer à la fois le souci des apparences et la pusillanimité propres à une telle hypocrisie [1]. C'est en fait un immoralisme qui a honte de lui-même et, sur ce point, la critique de Socrate fait bien voir comment Calliclès se distingue de Polos.

3. *Calliclès.*

Le personnage de Calliclès ne nous est connu que par le *Gorgias*. Comme aucune autre source ne nous donne le moindre renseignement sur lui, et que le portrait qu'en fait Platon est fort saisissant, on a été souvent tenté d'y voir une création platonicienne, inspirée — et là, les hypothèses abondent — par les personnalités de Chariclès, de Critias, d'Alcibiade, d'Isocrate, de Polycrate, ou même du tyran Denys II [2].

Mais si ces identifications successives paraissent aujourd'hui assez peu justifiées, il est par ailleurs difficile d'admettre que Platon ait inventé de toutes pièces le personnage de Calliclès. Même résolu à donner toute la vraisemblance possible à un personnage fictif, Platon n'aurait sans doute pas fourni une caractérisation aussi précise de la personnalité de Calliclès en le

1. Dodds, pp. 11-12.
2. Ces différentes possibilités sont rappelées par Dodds, p. 12 ; cf. Kerferd G. B., Bibliographie, p. 112.

rattachant à un dème (495d), à un amour (le jeune
Démos, lui-même lié à la famille de Platon) (481d),
et à trois amis de jeunesse, tout à fait identifiés, qui
ont eu des responsabilités politiques notoires [1]. Platon
s'est-il inspiré d'une personnalité existante (dont il ne
resterait aucun autre témoignage), qui était assez
fameuse (à cause sans doute de ses liens avec
Alcibiade) pour que les indications de Socrate soient
significatives et renvoient à des épisodes connus, mais
une personnalité qui était aussi suffisamment « en
devenir » pour que son adaptation au contexte du
Gorgias soit possible et pas trop choquante ?

Si Platon a fait usage d'une telle adaptation, c'est
afin de la doter d'une signification philosophique qui
accentue et rende plus explicite l'enjeu auquel devait
servir, dans le *Gorgias*, le personnage de Calliclès.
Cette signification philosophique est d'ailleurs essentiellement critique et, pour en saisir les principaux
aspects, il y a tout intérêt à reconstituer la logique du
rôle de Calliclès telle que Platon l'a décrite. Calliclès
vient d'une des meilleures familles d'Athènes, il appartient sans doute au parti aristocratique, mais reste,
semble-t-il, assez opposé au courant spartiate qui
s'était développé à Athènes [2]. C'est un jeune homme
doué, qui espère une carrière politique glorieuse, s'est
plus ou moins associé à Alcibiade et n'a de sympathie
pour le peuple qu'en tant qu'il est convaincu que le
pouvoir politique, dans une démocratie comme
Athènes, dépend directement des faveurs de la foule.
Il admire les rhéteurs, et surtout Gorgias, il a dû lui-
même recevoir un entraînement rhétorique, et semble
être amateur de discussions et de débats [3]. Mais il
éprouve le même mépris qu'Anytos (dans le *Ménon*) et
Lachès (dans le *Lachès*) à l'égard des sophistes (520a).

1. Cf. note 108.
2. 512c, 515e.
3. 447b, 458d.

Par ailleurs, il est assez violent à l'égard de Socrate, à l'égard de la philosophie aussi, et la prophétie *post eventum* qu'il prononce est si frappante qu'on pourrait voir dans le personnage de Calliclès le représentant des accusateurs de Socrate[1]. Enfin, Calliclès se caractérise aussi par son refus de toute hypocrisie, par la violence de sa franchise, par la volonté de ne rien négliger de ce qui peut éventuellement servir son goût de la puissance, sans oublier une affection un peu inexplicable, et assez brutale, pour Socrate.

Dans l'impossibilité de savoir avec certitude qui était le Calliclès qui aurait inspiré à Platon ce portrait, nous nous arrêterons sur ceci : la signification qu'une telle personnalité pouvait avoir pour les contemporains, le caractère plausible, ou typique, d'un individu comme Calliclès, et les liens entre ce type d'individus et tel et tel groupement ou personnalité politiques. Quelle qu'ait été la personnalité du véritable Calliclès, la jeunesse du personnage platonicien, sa violence, sa richesse, son ambition le rendent en fait assez typique dans l'histoire athénienne de la fin du Ve siècle et du début du IVe siècle. Il incarne une figure, dont les correspondants historiques sont nombreux (les Trente tyrans, Alcibiade, et même Denys II de Syracuse) : tous, à des degrés divers, ont nourri une forte ambition politique qu'ils ont servie par tous les moyens (affirmation de la puissance personnelle, tromperie, mensonge, trahison, séduction) ; ils se sont montrés, pour la plupart, intéressés par les mouvements intellectuels de leur temps (le développement de la rhétorique surtout) et ont éprouvé la même méfiance fondamentale à l'égard de la démocratie politique, de l'égalité des droits et de la culture juridique.

Par exemple, la thèse soutenue par Calliclès, qui défend et légitime la force de la nature, semble avoir

1. 519a.

été partagée par bien des hommes politiques athéniens. On a souvent comparé Calliclès au Thrasymaque de la *République*. En effet, Thrasymaque et Calliclès semblent tous deux faire pareillement la louange de l'action injuste, mais Thrasymaque l'approuve, bien qu'il la reconnaisse comme injuste, tandis que Calliclès la défend parce qu'il y voit la marque d'une justice supérieure. Ce qui rend l'immoralisme de Calliclès particulièrement « pur et dur », si l'on peut dire, vient de ce qu'il récuse la distinction entre justice et injustice, distinction que Thrasymaque, à l'inverse, tient pour vraie. Ce dernier point rapprocherait Thrasymaque davantage de Polos que de Calliclès [1].

L'autre trait caractéristique qui ferait de Calliclès le représentant d'un courant idéologique contemporain est son attitude à l'égard de la philosophie : à la fois intérêt et défiance. Intérêt, parce que la philosophie peut servir comme un instrument de pouvoir, elle confère une certaine réflexivité, et donc une maîtrise accrue, à l'utilisation des moyens rhétoriques. Mais la philosophie n'est alors qu'un moyen, elle n'est pas une fin (qui imposerait quelque chose à l'action), elle est encore moins une exigence qui obligerait à se soumettre au débat, à bien accueillir les questions et objections, à renoncer, au profit de la vérité, à toute volonté de vaincre et d'imposer ses vues. Cette hostilité à l'égard de la philosophie était assez répandue dans les cercles politiques athéniens : on en trouve des échos dans les dialogues de Platon et les textes d'Isocrate, qui mettent en scène des adversaires de la philosophie [2].

Le Calliclès du *Gorgias* est sans doute resté l'un des plus fameux personnages platoniciens. Une tradition philosophique ultérieure l'a même doté d'une certaine

---

1. *République* I 338c-340a.
2. *Euthydème* 304d-305e, *République* VI 487d-497b, *Lois* X 889a-890e et Isocrate *Aréopagitique* 20, *Panathénaïque* 131, *Sur l'échange* 283.

exemplarité. Il devait représenter, pour Nietzsche surtout, le personnage le plus anti-platonicien des dialogues, celui qui s'oppose le plus radicalement à l'idéal socratique[1]. Mais si Calliclès est devenu l'emblème d'un immoralisme radical, qui rejette toute obligation de justice, toute reconnaissance de légalité et toute exigence de philosophie et de vérité, ce qui a contribué à rendre ce personnage si fort, c'est aussi la radicalité du débat qui l'oppose à Socrate. En fait, au moins autant que Calliclès, c'est le conflit entre Socrate et Calliclès (conflit fait de violence, d'accusations réciproques, de silence et de mépris de la part de Calliclès, d'insistance et d'ironie de la part de Socrate) qui est resté exemplaire. La force subversive de Calliclès est rendue encore plus frappante par l'ardeur philosophique et morale de Socrate.

4. *Socrate.*

Le Socrate du *Gorgias* est l'une des évocations les plus poignantes que Platon ait données de son ancien maître. Tous les engagements forts qui ont pu guider son existence (le retrait à l'égard de la vie publique, le courage, sinon la violence, des critiques adressées aux valeurs de prestige athéniennes, la défense de la philosophie, l'énergie des convictions morales, la lucidité à l'égard du caractère impitoyable de la politique à Athènes, la certitude de sa propre impuissance et la prescience de son destin) sont, dans le *Gorgias*, explicitement énoncés, soumis à la menace, mais l'un après l'autre justifiés et délibérément assumés par Socrate.

La mention, plusieurs fois répétée, du risque inhérent au choix de vie qu'a fait Socrate pèse sur le *Gorgias* et donne au dialogue un ton de gravité, qui le distingue

---

1. Nietzsche, *Le Crépuscule des idoles, Le problème de Socrate* (in *Œuvres complètes*, trad. fr., Gallimard, Paris, 1974, pp. 69-74) ; et aussi, l'annexe de Dodds, *Socrates, Callicles and Nietzsche*, pp. 387-391. Sur la suggestion de Dodds, qui ferait de Calliclès le frère ennemi de Platon, voir pp. 14-15.

de l'enthousiasme et de l'ardeur du *Phèdre* ou du *Banquet*. Au contraire, dans le *Gorgias*, Socrate est grave et lucide, mais à certains moments aussi, désabusé et amer — ce qui ne l'empêche aucunement d'être assuré en ses engagements. Cette assurance a un effet paradoxal : elle fait du *Gorgias* un dialogue positif, en lequel thèses et points de vue sont rigoureusement formulés, démontrés et revendiqués, même si une telle positivité reste empreinte d'inquiétude.

Dans le *Gorgias*, comme dans beaucoup d'autres dialogues, Socrate sollicite ses interlocuteurs pour qu'ils s'entretiennent avec lui. L'exigence dialectique d'une recherche commune de la vérité est ici d'autant plus cruciale que les partenaires de Socrate dans un tel entretien sont des rhéteurs, plus soucieux de faire valoir les effets de leurs discours que de rechercher la vérité. Le Socrate du *Gorgias* est donc le plus souvent celui qui interroge, qui examine et critique plutôt que celui qui expose ses propres opinions. Il fait un peu figure d'exception dans les dialogues platoniciens. Car, non seulement il expose son propre point de vue sur la rhétorique et consent à la définir de la façon la plus précise qui soit, mais surtout, pour donner sa définition, il abandonne le cadre d'un entretien dialectique. En effet, Socrate se lance dans un long discours (macrologie) qu'il justifie en déclarant, non sans paradoxe, que c'est la seule façon de compenser l'insuffisance dialectique de son interlocuteur [1].

Mais, dans le *Gorgias*, la positivité du personnage de Socrate, le fait qu'il découvre sa pensée et s'engage ouvertement en faveur de la philosophie, sont en grande partie motivés par sa défense d'une moralité de justice. Rappelons quelles sont les convictions socratiques réaffirmées dans le *Gorgias* : l'assimilation de la vertu à la connaissance [2] ; la certitude selon

---

1. 465e-466a.
2. 447b-468b.

laquelle personne ne fait le mal volontairement et l'injustice est le seul mal[1] ; l'affirmation que la possession d'une vertu fondamentale entraîne celle de toutes les autres[2] ; la distinction entre la science (*epistémē*), l'opinion (*dóxa*) et la croyance (*pístis*)[3] ; l'idée que la vérité de la politique réside en la philosophie et que la légitimité politique doit venir d'un gouvernement des sages[4] ; le besoin d'admettre des réalités uniques et stables qui garantissent la vérité[5]. Toutes ces thèses socratiques qui, pour la plupart, se retrouvent dans d'autres dialogues, font voir, dans le *Gorgias*, un Socrate beaucoup plus assignable (par ses opinions et ses convictions) qu'il l'est ailleurs. Comment comprendre alors les reproches d'ironie et d'atopie (ou extravagance) qui lui sont faits, à plusieurs reprises, par ses interlocuteurs[6] ?

Même si le Socrate du *Gorgias* soutient sans nuances des thèses déterminées et sans équivoque, il demeure paradoxal. En effet, il prend le contre-pied de la plupart des opinions communes et des valeurs admises par ses interlocuteurs, comme si une telle force d'opposition était destinée à montrer que ces prétendues valeurs ou bien sont injustifiées ou bien contredisent les principes dont elles sont censées s'inspirer. La véritable atopie — au sens propre : l'impossibilité d'assigner un *tópos*, un lieu stable — de Socrate se joue donc à l'égard des valeurs de la Cité et des opinions politiques ordinaires qui sont exposées par Gorgias, Polos et Calliclès. Par rapport aux valeurs sociales et politiques de ces trois interlocuteurs, Socrate représente le véritable anticonformiste. A plusieurs reprises, il emploie des formules qui le

1. 477e-478e.
2. 507a-d
3. 454c-455a.
4. 521d.
5. 503e.
6. 480e, 505c-d, 511a, 513c.

mettent en position d'extériorité à l'égard de la Cité et du groupe formé par ses interlocuteurs (« Je ne suis pas homme à m'occuper des affaires de la Cité », « Presque tout le monde, Athéniens et étrangers, sera d'accord pour défendre ta cause [1] »).

Mais cette extériorité socratique est aussi doublée d'une véritable intimité avec la Cité et les valeurs de justice et d'ordre, sur lesquelles cette Cité est censée être fondée. En effet, un des idéaux politiques de Socrate serait de restaurer la littéralité et la rigueur des valeurs d'Athènes, valeurs dont l'application a été détournée par l'opportunisme et la lâcheté. C'est au nom de ses valeurs qu'il prononcera sa propre défense dans l'*Apologie de Socrate* : les jurés athéniens l'accusent de compromettre, sinon de détruire, des valeurs qu'en fait ils ne respectent plus, car, s'ils les respectaient encore, ils reconnaîtraient aisément en Socrate leur plus sûr défenseur [2]. Ainsi, les valeurs fondatrices et les valeurs idéales sont, les unes comme les autres, repoussées à l'extérieur de la Cité réelle, dans laquelle elles n'interviennent quasiment plus. Quand Socrate déclare à Polos qu'il n'est pas un politique, c'est une telle extériorité qu'il veut désigner ; quand, à rebours, il soutient être le seul citoyen d'Athènes qui sache ce qu'est la politique, il se réfère à une politique fondée sur ces valeurs exclues, qu'elles soient celles de la Cité originaire ou celles de la « belle cité » platonicienne [3].

D'où la double position de Socrate. Etre à la fois au centre de l'espace politique et tout à fait en dehors, telle est la loi de l'atopie socratique. Cette atopie est la condition logique destinée à montrer le décalage entre les valeurs fondatrices de la Cité et celles qui guident l'action politique concrète des citoyens d'Athènes. L'atopie sert donc à démonter le mécanisme général

1. 473e-474b, 471e-472d.
2. *Apologie de Socrate* 30c-31c, 36c-38b, 38c-41b.
3. 421d.

de l'hypocrisie sociale. Chéréphon, citoyen d'Athènes et ami de Socrate, représente, aux côtés de celui-ci, la possibilité qu'une telle critique soit entendue par la Cité.

5. Chéréphon.

C'est de Chéréphon, son compagnon de jeunesse, que Socrate déclare, dans l'*Apologie de Socrate*, qu'il se rendit à Delphes et eut le front de consulter l'Oracle pour lui demander s'il y avait un homme plus sage que son ami Socrate. Dans le même passage, Socrate rappelle l'impétuosité de Chéréphon et sa fidélité politique à la cause démocratique[1]. Chéréphon était aussi un des plus fidèles amis de Socrate[2], on le voit à ses côtés au début du *Charmide*[3]. Mais l'ardeur de son tempérament a fait de lui une cible favorite pour les auteurs comiques[4]. Dans le *Gorgias*, il paraît représenter la sympathie d'une petite partie de l'opinion publique athénienne pour les moins paradoxales des thèses socratiques.

IV. Le *Gorgias* : l'espace et le temps.

1. *Le décor et le rythme du* Gorgias.

Les cinq personnages du *Gorgias* se rencontrent sur une scène déjà dotée d'un décor et d'un public. Le décor, c'est la maison de Calliclès, chez qui Gorgias est descendu et dans laquelle pénètrent, au début du dialogue, Socrate et Chéréphon. Même si ce décor n'est pas précisément décrit, le seul fait qu'il s'agisse de la maison de Calliclès n'est sans doute pas sans influencer l'entretien. Par exemple, quand Calliclès insiste

---

1. *Apologie de Socrate* 20e.
2. Xénophon, *Mémorables* I, 2, 48.
3. *Charmide* 153b.
4. Aristophane *Les Nuées* 104, 144 sqq., 503-4, 831, 1465 ; *Les Guêpes* 1408 sqq. ; *Les Oiseaux* 1296, 1564.

pour que la discussion entre Socrate et Gorgias se poursuive, les deux interlocuteurs y consentent comme à une gratification qu'ils doivent à leur hôte[1]. En revanche, à mesure que le ton monte entre Socrate et Calliclès — en particulier, lorsque Socrate, invité par Calliclès, s'adresse à celui-ci, qui ne lui répond pas —, la présence de Calliclès, silencieux et hostile dans son propre logis, devient de plus en plus menaçante et rend passablement provocante sa non-participation à l'entretien dialectique[2] ; Calliclès se met délibérément en porte à faux par rapport à ses devoirs d'hôte.

Par ailleurs, dans le *Gorgias*, le temps de l'entretien dialectique n'est pas non plus exempt d'irrégularités. Dès le début du dialogue, Socrate arrive trop tard, après l'*epídeixis* ou démonstration d'apparat de Gorgias. Les amis de Gorgias s'en désolent, Chéréphon tente d'y remédier, tandis que Socrate s'en réjouit plutôt[3]. En effet, que la « démonstration » sophistique ait déjà eu lieu, au moment où Socrate arrive, ouvre la possibilité d'un entretien dialectique, c'est-à-dire, d'une recherche méthodique de la vérité, recherche que l'exposé de Gorgias aurait été tout à fait incapable d'amorcer. Car, si, pour Gorgias, la prestation rhétorique a commencé dès le début de son *epídeixis*, pour Socrate, en revanche, l'entretien ne commence qu'avec la première question qu'il pose à Gorgias. Ce qui explique la différence d'attitude de Socrate et de Gorgias à l'égard du temps de l'entretien : Socrate est impatient de poursuivre, Gorgias est réticent à continuer de parler. Mais Chéréphon et Calliclès interviennent pour se ranger au côté de Socrate et affirmer que le seul temps qu'on doive prendre en compte est celui de l'entretien dialectique dont tout le public exige, semble-t-il, l'achèvement[4].

---

1. 458c-d.
2. 505c-e.
3. 447a-c.
4. 458c-d.

Le développement méthodique de l'entretien dialectique dépend souvent de la liberté du temps, et donc
de la possibilité de disposer d'une durée qui ne soit
pas mesurée (comme la clepsydre mesure le temps de
l'orateur), qui ne soit pas interrompue par des interlocuteurs qui coupent la parole, ricanent ou injurient,
mais qui ne soit pas non plus prolongée ou distendue
par l'absence de réponse de l'interlocuteur. Le bon
entretien dialectique est donc celui dont le temps est
réglé par le rythme des échanges, par la liberté d'user
de tous les détours nécessaires, même s'ils allongent la
discussion, par la faculté aussi d'emprunter tous les rac-
courcis qui évitent une vaine recherche[1]. La demande
d'un tel loisir du temps est explicitement formulée par
Socrate lorsque, présentant un entretien inachevé
comme un discours sans tête, il exige qu'on lui laisse le
temps de le mener à son terme[2]. Prière qui ne sera
pas vraiment exaucée, car, même si Socrate peut aller
jusqu'au bout de ce qu'il a à dire, le temps d'achever
l'entretien n'est pas un temps abstrait ou neutre, c'est
un temps qualifié, qui demande la participation active
de l'interlocuteur ; or le refus de Calliclès de participer
activement à l'entretien dialectique laissera Socrate
dans l'impuissance à conclure la recherche sur l'accord
mutuel des participants.

Enfin, si l'entretien dialectique n'est pas indifférent
à la qualité du temps durant lequel il se déroule, cet
entretien, dans le *Gorgias*, porte également sur le
temps. Mais il s'agit cette fois du temps de la vie.
Quelle valeur donner au temps de la vie ? La vie la plus
longue est-elle la meilleure ? Ou bien la vie se juge-
t-elle par la façon dont on vit, selon que c'est une vie
pleine d'activités et d'occupations, mesurée par un
temps d'action, ou une vie consacrée à la philosophie
et à la méditation, qui connaît donc une tout autre

1. *Politique* 285c-287b.
2. 505d-506b.

expérience de la temporalité ? De plus, l'interrogation sur le temps de la vie amène à considérer le passé et l'avenir, souvent évoqués par les interlocuteurs du *Gorgias* : le passé, où Calliclès recherche les modèles de la grandeur d'Athènes ; l'avenir, chargé de menaces, pour Socrate, mais aussi pour Calliclès [1]. Dans cette perspective, le temps prend une valeur bien différente, liée à l'histoire réelle. Car cette histoire est souvent rappelée dans le dialogue par le présent de la scène de l'entretien. Celle-ci représente une actualité qui dramatise l'évocation du passé et du futur et incite à s'interroger sur la date dramatique du dialogue.

2. *La date dramatique du* Gorgias.

Le temps présent du dialogue, le moment précis où les différents personnages sont censés se rencontrer, s'appelle date dramatique. On détermine cette date en rassemblant tous les indices temporels donnés par le dialogue et en recherchant la référence chronologique unique (la date dramatique du dialogue) qui peut les concilier — avec la supposition, bien sûr, qu'une telle référence existe réellement. En effet, si la recherche de la date dramatique a une importance moindre dans un dialogue plus doctrinal ou dogmatique (comme le *Sophiste* ou le *Politique*), elle paraît au contraire être tout à fait décisive dans un texte comme le *Gorgias* dont la portée critique et polémique est évidente et où toute allusion au réel historique est censée servir cette fonction critique.

Mais avant de reprendre le dossier de la date dramatique du *Gorgias*, on précisera l'enjeu d'une telle recherche de date. Ce qui importe n'est pas que la scène du dialogue puisse être en effet datée, et donc référée à un moment historique unique, mais surtout que les événements évoqués dans le dialogue (lesquels, le plus souvent, devaient être bien connus des

---

1. 519a-b, 521a-522d.

contemporains) puissent être rapportés à un ou à plusieurs événements réels, même si ces événements ne se sont pas tous produits à un seul et unique moment. En ce sens, la recherche d'une date à laquelle corresponde la scène évoquée dans le *Gorgias* devrait servir à montrer que les critiques menées dans ce dialogue ne sont pas fantaisistes, qu'elles se rapportent au contraire à des faits historiques réels — qu'elles les condamnent ou les apprécient —, mais elle ne pourra guère servir à certifier qu'en telle année du Ve siècle, Socrate a rencontré Gorgias, Polos et Calliclès dans la maison de ce dernier[1]. L'essentiel est de garantir l'existence d'un rapport étroit entre la scène du dialogue et son contexte historique, non pas de parvenir à toute force à replacer cette scène en un seul lieu de ce contexte.

Quelques-unes des indications temporelles données dans le *Gorgias* se réfèrent à des événements précis qu'on peut aisément dater. D'abord, l'allusion faite par Socrate à Périclès, laquelle indique que Périclès est mort récemment[2]. Or Périclès est mort en 429. La conversation du *Gorgias* ne peut donc avoir lieu qu'après cette date. Par ailleurs, l'allusion de Socrate à Démos, l'amoureux de Calliclès, n'est pertinente que si elle est prononcée aux alentours de l'année 422, puisque c'est, semble-t-il, à peu près à ce moment-là que Démos était jeune et beau[3]. Pareillement, la référence à Alcibiade comme à un jeune homme promis à un brillant avenir politique oblige à situer la scène du *Gorgias* avant l'année 415, date de la trahison d'Alcibiade[4]. Enfin, le rappel par Polos de

---

1. Sur cette question de la date dramatique, voir la remarquable analyse de P. Vidal-Naquet, Platon, l'histoire et les historiens, in *Histoire et structure*, à la mémoire de V. Goldschmidt, Vrin, Paris, 1985, pp. 149-152 ; et M. Canto, *L'Intrigue philosophique*, Paris, Les Belles Lettres, 1987, pp. 208-211.

2. 503c.

3. 481d ; Aristophane, *Les Guêpes* 98.

4. 519a.

l'intrigue qui permit à Archélaos d'accéder au pouvoir, n'est possible qu'après 413, puisque c'est l'année
où Archélaos a pris le pouvoir en Macédoine [1].

Il y a donc, au moins, deux dates dramatiques possibles pour la scène du *Gorgias* : d'une part, avant 415,
d'autre part, dans les années 413-412. Mais, dans les
deux cas, la mort de Périclès (429) peut difficilement
être désignée comme un événement qui vient de se produire. Par ailleurs, qu'on choisisse l'une ou l'autre date,
une seconde difficulté apparaît : l'*Antiope* d'Euripide,
que cite à plusieurs reprises Calliclès, fut représentée en
411, c'est-à-dire au moins un an après la date la plus
avancée dans le temps ; d'un autre côté — mais là, le
sens de l'allusion est beaucoup plus incertain —, si,
lorsqu'il évoque la circonstance où il dut faire voter
l'Assemblée, Socrate pense au procès des Arginuses,
qui eut lieu en 406 [2], cette dernière indication serait
tout à fait incompatible avec les deux moments retenus
(415, 413-412) pour dater la scène du *Gorgias*.

En fait, la seule certitude qu'on puisse avoir à propos de cette date dramatique est qu'elle se situe entre
427 (date de la première visite de Gorgias à Athènes)
et 404 (année de la fin de la guerre du Péloponnèse
et de l'installation de la tyrannie des Trente [3]). Dans
le *Gorgias*, Platon multiplie les références aux événements compris dans ce laps de temps de quelque
vingt-quatre ans, sans paraître soucieux de les faire
converger vers un seul et unique moment de cette
période. Sans doute cette confusion chronologique
est-elle assez choquante pour nous, elle devait l'être

---

1. 470d.
2. 473e. Le procès des Arginuses se tint l'année où Socrate fut
membre (ou président ?) du Conseil. Il résista, d'abord avec le sup-
port de quelques-uns, puis tout à fait seul, à la condamnation illégale, par un verdict collectif, des généraux vainqueurs de la bataille
des Arginuses, auxquels il était reproché de n'être pas allés recueillir
les morts et les blessés. Voir note 65, p. 326.
3. *Lettre* VII 324c-d ; pour le récit des événements, voir pp. 55-56.

aussi pour les contemporains de Platon, qui se trou-
vaient en face d'accusations et d'éloges chargés de
réalité, mais auxquels aucune référence précise ne
pouvait correspondre. Pourtant, même s'il est difficile
de trouver la date historique à laquelle corresponde la
scène du *Gorgias* — date que Platon, semble-t-il, n'a
pas voulu nous faire reconnaître parce qu'il n'a sans
doute pas voulu l'établir —, on peut, au lieu de parler
de l'anachronisme des références historiques du
Gorgias, tenter de mesurer les degrés de précision
différents que requiert chacune de ces indications
historiques.

Un premier ensemble groupe des références événementielles ou anecdotiques : elles se rapportent à des
faits politiques contemporains ou servent à caractériser la personnalité des acteurs du dialogue. Dans la
mesure où elles n'ont de sens que parce qu'elles sont
précises, il n'y a aucune raison de contester leur littéralité : on leur donnera donc la valeur d'indications
concrètes. Dans ce groupe, on rangera, par exemple,
les allusions à la mort de Périclès ou à la prise de
pouvoir d'Archélaos.

Par ailleurs, des allusions sont faites au contexte
culturel de l'époque ; elles se présentent sous forme
de références littéraires, de citations ou d'appels à
l'opinion commune. L'allusion à l'*Antiope* d'Euripide
et au fameux débat qu'on y trouve sur les avantages
respectifs de la vie contemplative et de la vie active,
le rappel du dédain ressenti par certains cercles athéniens à l'égard des sophistes, ou par l'ensemble de
l'opinion publique à l'endroit des métiers manuels [1],
en feraient partie. Ces allusions ne peuvent pas être
créditées d'une précision aussi grande que celle dont
sont dotées les références événementielles. Dans la
mesure où le débat de l'*Antiope* était devenu exemplaire du choix d'un style de vie, rien n'empêcherait

---

1. 520a-c, 512b-c.

les interlocuteurs du *Gorgias* de s'y référer, sans aucun scrupule d'anachronisme, comme à une situation humaine universelle.

Enfin, un troisième groupe d'indications se rapporte à la personnalité de Socrate qu'elles évoquent dans telle ou telle circonstance marquante de sa vie. La fin servie par ces allusions contribue à les détacher de tout contexte historique précis et à les rendre pour ainsi dire intemporelles : elles servent à l'illustration de la personnalité de Socrate qu'elles rendent exemplaire, comme une sorte de modèle de vie, dont les épisodes d'existence peuvent être évoqués chaque fois qu'un exemple concret, emprunté à la vie socratique, est nécessaire pour confirmer un propos. L'intention d'apologie et de justification qui anime le *Gorgias*, dialogue écrit quelque vingt ans après la mort de Socrate pour le défendre et le justifier, est telle qu'aucune déformation chronologique ne semble devoir être évitée pour servir ce dessein. Toutes les allusions au passé de Socrate et à son avenir sont donc à rapporter au présent du dialogue, à cette fin de magnification de la personnalité socratique, qui est un des plus constants soucis du *Gorgias*.

Ce classement des différentes indications chronologiques qu'on trouve dans le *Gorgias* ne fait au fond que confirmer la date de 412-413, sur laquelle la plupart des commentateurs ont fini par s'accorder ; mais un tel accord n'a, le plus souvent, été obtenu qu'avec la décision de ne pas tenir compte de toutes les références peu compatibles avec cette date, sans qu'une telle omission ait souvent été justifiée. En fait, si nous revenons sur le laps de temps (427-404) susceptible de fournir une date dramatique pour le *Gorgias*, nous remarquerons que cette période nous fait retrouver à peu près le début et la fin de la guerre du Péloponnèse (431-404). Or cette période de la guerre représente, sur le plan politique et militaire, l'époque la plus mouvementée de l'histoire d'Athènes, qui devait inéluctablement conduire Socrate jusqu'à la mort. Ces années, au cours desquelles la rencontre du *Gorgias* aurait pu se produire, sont donc celles d'une crise, dont Platon s'est si obstinément attaché à reconnaître les composants qu'il n'y a pas lieu de s'étonner que tous ces composants soient affectés d'une même forme d'actualité. Ce peut être une justification (politique et biographique) à la simultanéité maintenue entre la scène du dialogue et cette période doublement cruciale, pour Athènes et pour Socrate, qui va de la mort de Périclès jusqu'à la tyrannie des Trente.

Ces caractères du *Gorgias* (objet, acteurs, lieu et date dramatique) forment la situation en laquelle sont placés les différents thèmes du dialogue — la rhétorique, la critique philosophique de la politique, l'éducation et l'engagement philosophique. Mais pour mieux faire sentir leur portée historique, il faut au préalable retracer l'arrière-plan de cette temporalité de crise à laquelle appartient le *Gorgias*.

L'ARRIÈRE-PLAN DU « GORGIAS » : L'ATHÈNES POLITIQUE ET MILITAIRE DE 432 A 399

Pour comprendre le caractère mouvementé de cette période, il faut remonter à la fin des guerres médiques. Après la victoire de Salamine, Thémistocle fut convaincu que la force d'Athènes serait à l'avenir essentiellement maritime. Athènes fortifia ses enceintes (celles de la ville, celles du Pirée) et se construisit une flotte considérable. Sparte et Corinthe, les deux grandes cités dont la puissance aurait pu être comparée à celle d'Athènes, laissèrent faire. Athènes eut vers 476 l'initiative de la création de la Ligue de Délos, qui groupa les principales cités de la mer Egée. Cette ligue fut en fait l'instrument de l'impérialisme athénien, elle servit surtout à payer la flotte d'Athènes, et devait contribuer à étendre et développer les réalisations politiques et sociales de la démocratie.

Jusqu'en 446, Athènes continua de lutter contre les Perses, contre Sparte et Corinthe et contre ses anciens alliés, révoltés contre elle (Naxos, Eubée). En 449-448, elle signa avec la Perse la paix dite « de Callias ». Avec Sparte, une paix de trente ans fut conclue en 446 : l'hégémonie spartiate était garantie sur terre, et la domination athénienne sur mer. Mais cette trêve n'interrompit pas l'effort d'expansion athénien. En effet, Athènes était contrainte à multiplier ses succès militaires afin de confirmer, avec eux, la toute-puissance de sa démocratie.

La rivalité croissante entre Sparte et Athènes rendait l'affrontement inévitable. De plus, les alliées de Sparte (Corinthe et Mégare) enviaient à Athènes la maîtrise des mers. Par ailleurs, Sparte était partout considérée comme le représentant de l'aristocratie tandis qu'Athènes obligeait ses alliés à se gouverner démocratiquement. « Par un paradoxe apparent, la libre et démocratique Athènes représentait l'impérialisme brutal et conquérant, tandis que Sparte prétendait défendre l'autonomie et la liberté des cités [1]. »

Un Congrès péloponnésien se réunit à Corinthe en 432 et, dans l'impossibilité de rétablir un accord entre Athènes et les cités alliées de Sparte, la guerre reprit. Certes, Athènes disposait d'une grande puissance maritime et d'une richesse commerciale considérable, mais Sparte pouvait compter sur un territoire plus étendu et sur davantage d'alliés.

Pendant dix ans, la lutte resta confuse. L'Attique fut ravagée, les habitants d'Athènes frappés par la peste ; de plus, la mort de Périclès [2] en 429 désorganisa la

---

1. P. Petit, *Précis d'histoire ancienne*, P.U.F., Paris, 1962, p. 105.
2. Voir note 24, p. 319.

défense athénienne. En 421, le stratège athénien, Nicias, obtint une paix de compromis.

C'est alors qu'entra en scène Alcibiade [1], pupille de Périclès et ami de Socrate. Il parvint à faire accepter le projet d'un débarquement en Sicile, destiné à ruiner la puissance commerciale de Corinthe. Alcibiade prit le commandement de l'expédition, mais, rappelé à Athènes, il préféra gagner Sparte et trahir sa patrie. Nicias, qui se trouvait désormais commander une expédition dont il avait combattu le principe, ne put éviter la catastrophe : les restes de l'armée athénienne furent exterminés aux Latomies en 413.

A Athènes, la démocratie fut renversée en 411 et remplacée par la tyrannie des Quatre Cents. Les démocrates revinrent au pouvoir en 408, tandis que Sparte s'était alliée aux Perses ; ses troupes étaient désormais dirigées par le remarquable stratège, Lysandre. En 404, Athènes demanda la paix. Elle échappa à la destruction totale réclamée par Corinthe et Thèbes, mais perdit son empire, sa flotte, et ses remparts [2]. Lysandre favorisa l'établissement d'un régime aristocratique (la tyrannie des Trente) et fit entrer Athènes dans la ligue péloponnésienne.

Le régime oligarchique des Trente fut renversé dès 403. Le procès de Socrate eut lieu en 399, peu de temps après le rétablissement démocratique. Les remparts furent reconstruits et Athènes tenta de mettre sur pied une seconde ligue des cités, dirigée cette fois contre la puissance spartiate, et destinée à garantir leur autonomie. La création de cette seconde ligue maritime fut un succès qui donna de nouveau à Athènes la maîtrise de la mer. Au cours de ces années de guerre et de crise, le régime démocratique athénien s'était modifié. L'évolution du rôle des stratèges en témoigne. Au Vᵉ siècle, leurs responsabilités n'étaient

---

1. Voir note 75, pp. 327-328.
2. Voir note 174, p. 345.

pas seulement militaires, mais aussi politiques, puisque la magistrature de la stratégie donnait accès au Conseil, lequel préparait les avant-projets proposés à l'Assemblée. Au IVe siècle, en revanche, les stratèges sont de plus en plus réduits à n'être que des généraux, l'autorité politique se déplaçant vers les orateurs ou les magistrats chargés de fonctions financières. L'Athènes politique du IVe siècle laisse donc une grande place à la rhétorique.

LA RHÉTORIQUE

I. *La faveur de la rhétorique.*

Pour un moderne, il est sans doute assez difficile de comprendre l'extrême influence qu'a connue la rhétorique, à Athènes, au cours du Ve siècle. Les premiers orateurs étaient originaires de Sicile. Aristote rattache la naissance de la rhétorique aux innombrables procès en revendication de biens que provoqua l'expulsion des tyrans de la dynastie de Théron à Agrigente (471) et de Hiéron à Syracuse (463) et l'annulation des confiscations prononcées par eux. « Le développement parallèle de l'éloquence politique et judiciaire dans la démocratie sicilienne aurait amené le clair génie grec à exercer sa réflexion sur le problème de la parole efficace : de l'observation empirique, on aura dégagé peu à peu des règles générales qui, codifiées en corps de doctrine, servirent de base à un apprentissage systématique de l'art oratoire[1]. » Mais c'est assurément avec l'arrivée de Gorgias, en 427, que la rhétorique pénétra à Athènes et commença à y gagner

---

1. H. I. Marrou, *Histoire de l'éducation dans l'Antiquité*, Paris, Seuil, éd. de 1964, p. 96 ; et Platon, *Phèdre* 261a-262c.

la faveur qu'on sait, provoquant cette fascination, de nature magique ou incantatoire, que Platon a souvent décrite[1].

Cette nouveauté de la rhétorique permet de comprendre que ses défenseurs comme ses critiques aient voulu, pour la définir, la comparer aux autres arts du langage déjà existants. Si Gorgias a transporté l'expression poétique dans les discours politiques, c'est « parce qu'il pensait que l'expression oratoire ne devait pas ressembler à la prose courante[2] ». Pour confirmer ce jugement, on rappellera que la rhétorique de Gorgias se servait des principales ressources poétiques (métrique, correspondances sonores, équilibre des périodes, etc.[3]) ; ces ressources permettaient d'organiser dans le discours, l'inattendu, le relief, le contraste qui dramatisent la parole et favorisent l'effet de conviction. C'est la même assimilation de la rhétorique à la poésie qui autorise Platon, dans le *Gorgias*, à les condamner ensemble. Parce qu'ils font usage des mêmes moyens de dissimulation, de dépréciation ou d'embellissement, ces deux arts du langage — l'un avec mètre, l'autre sans mètre — produisent les mêmes phénomènes d'illusion et d'altération de la vérité[4].

Mais cette comparaison de la rhétorique à la poésie donnerait à penser que, pour les contemporains, la discontinuité était réelle entre la prose courante et la prose rhétorique. De fait, que la rhétorique de Gorgias ait paru relever, non pas de l'achèvement ou de la perfection de l'art du langage, mais de la décision d'employer le langage à des fins spécifiques, les sarcasmes et condamnations dont cette rhétorique a été l'objet le montrent suffisamment. Par exemple,

---

1. *Ménéxène* 234c-235c.
2. Syrianus, in Denys d'Halicarnasse, *De l'imitation* 8, p. 31, 13, éd. Usener (D. K. 82 129).
3. Cicéron, *L'Orateur* 12, 39.
4. 502a-503b.

Diodore de Sicile souligne qu'après un premier enthousiasme, on taxa les procédés de Gorgias « de maniérisme, et leur fastidieuse répétition les fit paraître ridicules[1] » ; quant à Denys d'Halicarnasse, il n'hésite pas à qualifier ce style « d'insupportable, boursouflé et non éloigné du dithyrambe[2] ». Certes, on ne peut pas préjuger de ce que l'opinion publique athénienne pensait de la rhétorique à partir du jugement qu'une part de cette opinion portait sur l'art rhétorique de Gorgias. Mais ces critiques contemporaines nous rappellent que la rhétorique ne signifiait pas seulement l'art de bien parler, elle désignait aussi la capacité de parler d'une certaine façon en persuadant plutôt qu'en enseignant, en se servant du plausible et du probable plutôt que du nécessaire, en proposant des exemples, des témoignages et des images plutôt qu'en énonçant des faits et des preuves.

Par ailleurs, entre l'arrivée de Gorgias à Athènes (427) et les années 380, période où le *Gorgias* fut probablement composé, la rhétorique avait connu presque un demi-siècle d'histoire, au cours duquel elle avait dû subir quelques transformations. En particulier, aux maîtres, créateurs de la discipline (dont Gorgias est le meilleur représentant), avait succédé, semble-t-il, une génération de rhéteurs (à laquelle appartient sans doute Polos), qui se servaient des ressources de la rhétorique pour justifier une politique de pouvoir (dont ils étaient du reste les défenseurs plutôt que les maîtres d'œuvre) et restaient à mi-chemin entre le maître de rhétorique et le politicien professionnel[3].

Ces rhéteurs politiciens prônaient une politique sans scrupules, bien que leur souci de la respectabilité les empêchât de l'assumer ouvertement et les contraignît

---

1. Diodore de Sicile, *Histoire* XII, 53, 1 sq. (D. K. 82 A4).
2. Denys d'Halicarnasse, *Lysias* 3 (D. K. 82 A4).
3. *Euthydème* 305c-e.

à être hypocrites. Enfin, parmi les héritiers de Gorgias, devait exister aussi un groupe d'hommes politiques professionnels, formés à l'art rhétorique, qui, tel Calliclès, disposaient d'un art de convaincre les foules et étaient prêts à recourir à tous les moyens possibles pour réaliser leur politique. Leur souci n'était pas tant de sauver les apparences que d'être dans une situation de pouvoir telle qu'ils n'eussent plus à se soucier de leur propre impunité. Leur attitude fondamentale était le cynisme, d'autant plus justifié que la rhétorique se trouvait de plus en plus requise par le fonctionnement du pouvoir politique[1].

II. *L'exercice de la rhétorique.*

Dans quels cadres, publics et privés, la rhétorique s'exerçait-elle pour se trouver dotée d'une si grande influence ? Les lieux d'exercice public de la rhétorique étaient au nombre de trois : le Tribunal, l'Assemblée ou le Conseil, les grandes manifestations panhelléniques. Au Tribunal, l'orateur était ordinairement chargé de défendre une personne ou une cause : c'était l'occasion majeure de faire jouer toute la puissance de la rhétorique. De fait, l'organisation des institutions judiciaires athéniennes, fondamentalement populaires, appelait et favorisait la présence et l'efficacité de la rhétorique. Par ailleurs, la rhétorique était particulièrement influente à l'Assemblée et au Conseil, lieux de la parole publique et politique, où, sous couvert de servir l'intérêt général, elle pouvait souvent permettre de légitimer une politique personnelle — qu'elle fût celle du rhéteur ou de tout autre homme politique qui aurait sollicité l'intervention du rhéteur. En effet, l'argument fondamental, qu'utilisait le rhéteur, visait à convaincre l'audience que c'était

1. 483a-d.

au nom du bien public que l'orateur s'adressait à elle et s'exprimait comme il le faisait[1]. Une autre occasion, enfin, moins fréquente, mais plus spectaculaire, d'exercer la rhétorique était donnée par le discours idéologique, exposant ou défendant les intérêts d'une politique ou d'une cause. Gorgias et Isocrate se sont illustrés tous deux dans ce genre de prestations où, à la fois ils soignaient leur notoriété et pouvaient exposer leurs idées politiques[2].

La rhétorique athénienne, du moins dans son exercice public, est donc une rhétorique de la foule (foule des jurys au Tribunal, foule des citoyens à l'Assemblée, foule des Grecs rassemblés, par exemple, à Olympie). En effet, la foule est l'élément majeur de la situation de séduction instaurée par la rhétorique. Elle représente la nécessité d'une conviction massive, sans possibilité d'objections ou de critiques, puisqu'il est impossible, aux auditeurs d'une prestation rhétorique, de poser des questions ou d'interroger les effets de la séduction des discours. Face à une foule, la réalité persuasive, sinon contraignante, du discours rhétorique, si bien décrite par Gorgias[3], s'aménage facilement.

1. Sur la puissance de la rhétorique au Tribunal, à l'Assemblée et au Conseil, cf. 452e, et note 15, p. 316.
2. Sur le *Discours olympique* de Gorgias, voir Aristote, *Rhétorique* III, 14, 1414b29, Clément d'Alexandrie *Stromates* I, 51 (D. K. 82 B8) et Plutarque *Les Préceptes du mariage*, in *Moralia* 37, 2, 546a (D. K. 82 B8a) ; sur le *Discours pythique*, Philostrate, *Vies des sophistes* I, 9, 1 sq. (D. K. 82 B9). L'idéal politique d'Isocrate (à savoir l'unité panhellénique) s'est également exprimé dans des discours d'apparat (tel le *Panathénaïque*), mais de façon un peu différente, puisque ce manifeste politique n'était pas destiné à être prononcé en public.
3. « Discours est un grand tyran. [...] Innombrables sont les gens qui par d'innombrables magiciens, touchant d'innombrables sujets, ont été et sont persuadés par la fiction du discours mensonger. [...] C'est donc à celui qui a exercé la persuasion que l'injustice est imputable, pour avoir exercé sur l'âme une contrainte nécessaire ; mais l'âme qui, ayant subi la persuasion, n'a fait que subir la nécessaire contrainte du discours, c'est en vain et à tort qu'on l'accuse », *Éloge d'Hélène* 12 (D. K. 82 B10).

Mais la situation évoquée dans le *Gorgias* montre aussi l'existence d'un tout autre usage de la rhétorique — son usage privé. En effet, au début du dialogue, on apprend que Gorgias, hôte de Calliclès, vient de donner une prestation. Il s'agit de cette fameuse *epídeixis* (démonstration, exhibition, parade d'un échantillon du savoir), commune aux rhéteurs et aux sophistes, et à l'occasion de laquelle le rhéteur proposait un concentré de son ingéniosité dans l'idée, de son inventivité dans l'argument et de ses ressources dans le style. Quelques exemples célèbres de telles *epídeixeis* sont évoqués dans les dialogues platoniciens [1] ; quant à l'*epídeixis* dont il est question au début du *Gorgias*, rien n'indique quel en fut le sujet, mais on peut penser, étant donnée l'inspiration qui transparaît encore dans les propos de Polos, qu'elle avait trait aux beautés de l'art rhétorique [2]. Certes Socrate n'a rien entendu de la prestation de Gorgias, il ne peut donc pas la critiquer ; mais, dans la suite de l'entretien, il condamne toute tentative d'avoir recours aux moyens de la rhétorique. Cette critique par omission cède rapidement la place, dans le *Gorgias*, à une attaque systématique des prétentions de la rhétorique. Et c'est sur le lien indéfectible de la rhétorique à la foule que porte l'essentiel de la critique platonicienne.

III. *Platon, critique de la rhétorique.*

Le *Gorgias* est un texte précieux en ce qu'il reprend l'essentiel de la critique platonicienne de la rhétorique. Quels en sont les thèmes principaux ? D'abord, d'après Platon, la rhétorique ne s'occupe pas du vrai bien des hommes auxquels elle s'adresse, mais

1. *Hippias Majeur* 286a-b, *Euthydème* 275a-b, *Hippias Mineur* 363c-d, *Ménon* 70c.
2. 448c.

uniquement de leur plaisir, de ce qui les gratifiera et vaudra au rhéteur la faveur de la foule. La rhétorique n'est donc qu'un moyen de faire de l'effet : un moyen en fait incontrôlable et qui reste en grande partie indéterminé, puisqu'il ne représente — pour reprendre l'expression de Socrate dans le *Gorgias* — qu'un ensemble de procédés (*empeíria kaí tribê*[1]). Par ailleurs, l'indétermination inhérente à ce pseudo-art qu'est la rhétorique, le soumet à la fatalité d'une prétention excessive et d'un défaut total de régulation : la rhétorique est privée de tout rapport réel à l'être et à la vérité[2].

La conséquence de tels défauts est d'abord l'incapacité où se trouve la rhétorique de satisfaire aux exigences de vérité et de méthode qui sont si bien servies par l'entretien dialectique[3]. Mais il y a un autre trait constitutif de la rhétorique qui fait aussi l'objet des critiques platoniciennes. Il s'agit du rapport entre rhétorique et politique. Platon reproche à cette part de la rhétorique qui se donne une destination politique d'ignorer la véritable nature du bien de la cité et de celui des citoyens, et d'y substituer tous les faux biens (la richesse surtout) destinés à produire du plaisir. C'est à cause d'une telle erreur sur les fins que Platon désigne la rhétorique comme un « fantôme de la politique » (*politikês eídōlon*[4]), même s'il lui reconnaît ailleurs une certaine positivité, positivité qui lui vient précisément de son souci de la politique et de la nécessité d'entretenir l'activité de penser qui en dépend[5]. Cet intérêt pour la politique n'est pas sans ouvrir la possibilité d'une réhabilitation de la rhétorique, à

---

1. 462c, 464a-c.
2. *Phèdre* 277e-278c.
3. 457c-458b, 461d-462b, 465d-466a, et *Euthydème* 305c-e.
4. 463c-d.
5. *Euthydème* 306c-e.

condition bien sûr que l'art du rhéteur reste entièrement sous le contrôle du philosophe, contrôle qui permettrait de soumettre la rhétorique à une norme et donc de la transformer en art véritable ou *tékhnē*.

Il est donc sans doute un peu trop simple de dire que le *Gorgias* condamne la rhétorique. Ce que ce dialogue condamne, ce sont les prétentions de la rhétorique à l'omniscience, à l'universalité du savoir et à l'autonomie des fins. Pour Platon, la rhétorique peut être partiellement légitimée à condition qu'elle se limite à fournir les moyens de réaliser des fins qui lui sont prescrites par ailleurs. C'est à cette condition seulement qu'elle sera un art véritable. A l'inverse, la prétention à une totale autonomie peut la rendre indéterminée, l'exclure radicalement d'une réglementation générale des *tékhnai* et donc lui interdire d'être elle-même une *tékhnē*.

La rectification établie d'emblée par Socrate, qui souligne que la rhétorique n'est pas un art, vise surtout à instaurer une distinction entre deux sortes de pratiques : d'une part, celles qui sont des arts parce que leurs normes et leurs critères sont fixés par une instance architectonique ; d'autre part, les pratiques qui, jouissant d'une apparente autonomie, sont privées d'une détermination interne. La rhétorique est de cette seconde espèce. En effet, si la rhétorique était un art, elle serait soumise à des normes et à des règles. Elle ne pourrait donc se dérégler que par accident, restant généralement soumise aux normes du bien, de la rectitude, de l'efficacité d'un juste fonctionnement technique[1]. Mais ces contraintes dues à l'art, appliquées à la rhétorique, auraient pour conséquence que la *tékhnē* rhétorique — si elle existait — ne pourrait pas être influencée par un critère extérieur comme la satisfaction ou le plaisir du public. Or la recherche de

---

1. 507d-e, et *Cratyle* 386e-387b, *Politique* 284a-285c, *Philèbe* 27a-31a.

la gratification de l'auditeur est un facteur essentiel à la mise en œuvre de la rhétorique. Quand elle se soumet à un tel facteur, la rhétorique peut assurément prétendre choisir sa fin, mais elle s'exclut en même temps du domaine des *tékhnai*. D'où le dilemme, clairement évoqué dans le *Gorgias*, en lequel Platon place la rhétorique : soit elle recherche le pouvoir en gratifiant son public, mais cette quête du plaisir la rend trop indéterminée pour être une *tékhnē* véritable, soit elle renonce à faire plaisir à son public, et donc à se fixer à elle-même ses objectifs. Certes, elle perd sa toute-puissance, mais le contrôle que la philosophie peut en ce cas exercer sur elle lui donne un statut comparable à celui d'un art[1].

La discussion sur le fait de savoir si la rhétorique est un art a donc pour enjeu la possibilité de faire d'elle ou bien un art déterminé en ses buts et ses moyens, sans finalité de plaisir, ou bien une pratique qui n'a d'autre loi que le plaisir. Mais ce qui rend un tel débat aussi crucial, c'est que le pouvoir propre à la rhétorique se joue sur les mots et sur la capacité qu'ont les mots de créer une réalité factice, plus convaincante que la réalité, de simuler le vrai et d'entrer en concurrence avec le réel. Le danger est ici immense car la fausseté et le mal qu'un tel pouvoir peuvent engendrer sont sans recours[2]. En effet, l'homme, accusé par les discours d'un rhéteur, mais qui refuserait de se servir des mêmes armes que son accusateur, se trouverait placé dans une situation d'impuissance et de malheur. C'est la description d'une telle situation que Platon met dans la bouche de Calliclès quand celui-ci essaie de montrer à Socrate le danger qu'il y a à vivre sans cultiver la rhétorique[3]. La vérité de Socrate ne vaudrait rien face à la vérité du rhéteur en situation de l'accuser.

---

1. *Politique* 304c-e.
2. *République* III 397d-398b, *Sophiste* 234b-235c.
3. 521b-522e.

Mais justement, ce danger provoqué par la rhétorique est aussi grand que le moyen de le réduire est beau : ce moyen consiste en la possibilité de soumettre la rhétorique à la philosophie. Aussi les propos de Socrate ne visent-ils pas à supprimer la rhétorique. Loin de là. L'essentiel pour Platon est de la domestiquer, d'expurger les mots, dont la rhétorique se sert, de leur puissance de fausseté, et de la soumettre au contrôle de la philosophie. Replacée dans cette perspective, l'injonction socratique adressée à la rhétorique — qu'elle serve à s'accuser soi-même — n'est pas aussi paradoxale qu'il paraît à première vue [1]. L'examen de soi-même, telle serait en effet la première tâche d'une rhétorique soumise à la philosophie. Reformulée dans le contexte judiciaire, cette nécessité d'examen, souci premier de l'existence selon Socrate, s'exprime assez naturellement comme l'exigence d'une auto-accusation.

Mais que ferait donc la rhétorique au service de la philosophie ? Elle serait chargée, non pas d'exposer les raisons de la philosophie, mais de soutenir celles-ci dans une perspective d'apologie ou de défense. Quelques textes platoniciens nous donnent des indications concrètes en ce sens. Dans le *Phèdre*, par exemple, Platon laisse entrevoir l'idéal d'une rhétorique qui serait tournée vers le bien et soumise à la philosophie [2]. Dans un autre passage, moins connu, du livre VI de la *République*, Socrate, pour répondre aux accusations d'inutilité et de perversion, lancées à la philosophie, répond par une défense en règles (et donc inspirée de la rhétorique : défense faite d'exemples, de métaphores, de citations de témoins et de figures de style) que son interlocuteur Glaucon repère comme telle. « Quelle merveilleuse hyperbole ! », s'écrie-t-il, réduisant les propos socratiques à n'être que la reprise d'un

1. 480a-481b.
2. *Phèdre* 269d-272b.

procédé rhétorique[1]. Dans le *Politique* enfin, le même point de vue est défendu. La transformation de la rhétorique de procédé et façon de faire en art véritable est équivalente à l'allégeance que la rhétorique doit montrer à l'égard de la philosophie : celle-ci signifie la sujétion de la rhétorique aux normes de toute autre *tékhnē*, son intégration dans l'ensemble des *tékhnai* (arts, sciences et techniques) qui appartiennent au corps social, et l'abandon par la rhétorique de toute prétention à occuper une position hégémonique sur toutes les autres activités[2].

La critique de la rhétorique et celle de la politique sont donc liées. Elles sont toutes les deux inspirées par la philosophie qui adopte, face à la politique, une attitude tout à fait opposée à celle de la rhétorique. L'une, la rhétorique, sert la politique par l'adhésion et la reproduction des valeurs du pouvoir en place. L'autre, la philosophie, est au service de la politique — service paradoxal, puisqu'il consiste à examiner sans cesse et à critiquer systématiquement. Evidemment, rhétorique et philosophie ne pourront jouir ni des mêmes avantages ni de la même fortune auprès du pouvoir politique. Et la philosophie est la seule exposée à la réprobation de la cité.

LA CRITIQUE PHILOSOPHIQUE
DE LA POLITIQUE

I. *Une politique de la foule.*

Le ton du *Gorgias* est particulièrement violent, et pas seulement à l'égard de la rhétorique. Le dialogue formule une des critiques les plus radicales qui aient

1. *République* VI 509c.
2. *Politique* 303d-304d.

été adressées à la démocratie athénienne, à ses valeurs dominantes et à sa politique de prestige. En effet, Socrate s'en prend à tous les aspects de cette politique, du plus concret au plus idéologique. Mais l'essentiel de la critique vise la condition qui donne à la démocratie athénienne ses principaux caractères. Or cette condition est la même que celle qui assurait l'influence de la rhétorique. Il s'agit de la foule comme sujet dominant de la scène politique. Le gouvernement de la liberté est un gouvernement de la foule, c'est-à-dire de l'illusion, du faux-semblant et de la séduction. La critique de la rhétorique débouche donc directement sur la critique de la démocratie.

Une circonstance assez fréquente de la vie politique athénienne le montre bien : c'est la définition des compétences qui, lorsqu'elle a lieu devant une foule, peut être totalement trompeuse. Un passage fameux du *Gorgias* rappelle comment la déclaration publique de tel ou tel savoir-faire ne donne pas la possibilité de distinguer entre la véritable compétence et la fausse prétention de savoir. Le rhéteur pourra donc se faire passer pour plus compétent que n'importe quel autre spécialiste, plus compétent que le médecin, l'architecte ou le stratège. Quand, face à une foule, un homme déclare qu'il sait, même s'il ne donne aucune preuve de sa compétence, une telle prétention de savoir aura autant de chances d'être tenue pour vraie qu'en aurait une véritable connaissance. Car la reconnaissance du savoir n'est pas le résultat d'une mise à l'épreuve de la compétence, mais elle est produite par un vote, donc par une procédure formelle, incapable de juger de la réalité de la connaissance et susceptible d'être fortement influencée par les plaidoiries et les témoignages [1].

Le plus souvent, l'influence de la rhétorique est assurée par la gratification du public. Elle consiste en

1. 456a-c.

une véritable mise en scène du plaisir de la foule, moyen essentiel du pouvoir politique, qui n'est pas seulement le but visé par la rhétorique, mais représente aussi le but visé par la tragédie et la poésie. La condamnation de la tragédie, la méfiance à l'égard de la poésie et la volonté de contrôler le pouvoir de la rhétorique — thèmes si souvent exposés dans les dialogues platoniciens — sont inspirées par la même réticence platonicienne à l'égard de ces arts du discours, entièrement dévoués au plaisir des auditeurs-spectateurs [1]. Mais la critique qu'en fait Platon est plus politique que morale, elle condamne l'impunité qu'il y a à éprouver publiquement ce que tout citoyen aurait honte de ressentir en privé [2]. Que la gratification publique des passions soit possible (ce que montrent l'existence et le succès de la rhétorique, de la tragédie, de la poésie) condamne le gouvernement politique en lequel cette gratification se réalise. Car ce gouvernement devra faire du plaisir de la foule, au lieu de la recherche de ce qui lui est réellement utile et avantageux, la fin de l'ordre politique.

II. *Une politique de prestige.*

Si la rhétorique au service de la politique recherche le plaisir de la foule, elle l'obtient surtout grâce aux représentations de prestige qu'elle peut proposer au peuple. Une grande partie des réalisations militaires et urbaines d'Athènes pouvait fournir de telles représentations de prestige. Dans le *Gorgias*, Socrate fait la liste des grands travaux entrepris par les hommes politiques athéniens dans les années qui précédèrent immédiatement le début de la guerre du Péloponnèse (la construction des Longs Murs, des ports et des

1. 501d-503d.
2. *République* X 605c-608c.

arsenaux[1]). Pour critiquer cette prétendue grandeur
d'Athènes, Platon met en évidence un paradoxe : la
politique de prestige, pratiquée par ces hommes
d'Etat, ne peut jamais satisfaire les citoyens qu'elle
doit pourtant combler, au contraire, elle oblige les
hommes politiques à une surenchère renouvelée. Car
si les réalisations ou exploits militaires qu'elle permet
lui confèrent en effet une forme de légitimation, ce
succès même lui impose de se développer. Mais si, en
revanche, en dépit de ces prestiges, aucun succès n'est
obtenu, les seuls responsables, aux yeux de la foule,
seront les gouvernants, auteurs d'une politique dont
ils ont eux-mêmes exagéré la grandeur[2]. Dans un tel
système de gouvernement, les gouvernants ne peuvent
être que des hommes ingrats et cupides, et les gouvernés des bêtes féroces et sauvages. Les citoyens et
les gouvernants de la Cité se font mutuellement du
tort, leur conflit est inévitable, et c'est souvent au nom
de valeurs identiques qu'ils s'opposent les uns aux
autres.

III. *La critique des valeurs et des attitudes politiques
représentées par Polos et par Calliclès.*

Le discours politique dominant, celui que Platon
critique dans le *Gorgias*, n'est pourtant pas dépourvu
de tout rapport aux valeurs. Au contraire, ce discours
ne peut se dispenser de défendre certaines valeurs, de
prôner un certain moralisme, afin de réaliser une
forme de consensus politique, celui-ci fût-il constamment récusé par la pratique des citoyens. Cette
contradiction est dénoncée par Platon dans la plupart
des attitudes politiques contemporaines. Le *Gorgias*
nous présente au moins deux d'entre elles. Il y a, d'un

1. 518e-519b.
2. 519b-520d.

côté, un homme comme Polos, qui défend une attitude d'hypocrisie sociale, sans bien voir les contradictions qui affectent les principes d'une telle attitude. Il
y a, d'autre part, des hommes comme Calliclès et ses
amis, tels probablement Critias et Alcibiade, qui pro-
fessent un cynisme sans scrupules et qui n'hésitent
pas à assumer les contradictions qui font reculer les
premiers. La critique de la politique, dans le *Gorgias*,
s'adresse essentiellement à ces deux attitudes politiques, toutes deux sans doute assez récentes et probablement marquées par le développement du
mouvement rhétorico-sophistique, en dépit de la
méfiance nourrie par Calliclès à l'égard des
sophistes[1].

Une première attitude qu'on pourrait désigner
comme celle du laisser-faire et des apparences crimi-
nelles semble avoir, dans le *Gorgias*, Polos pour porte-
parole[2]. Il n'y a pas, selon Polos, de réalité transcen-
dante des valeurs. Certes, l'Etat est fondé sur un certain nombre d'interdits qu'on ne peut pas ne pas
accepter. Ainsi, on s'expose à être puni si on commet
ouvertement une injustice. Mais ces interdits sanc-
tionnent l'action criminelle commise au vu et au su
de tout le monde, ils n'empêchent pas l'injustice, si
elle est accomplie discrètement, à condition bien sûr
de continuer à proclamer que les interdits et les
valeurs sont à respecter — et cela, quelle que soit la
façon d'agir. On peut donc faire ce qu'on veut, mais
en cherchant à ne pas se faire voir. Cette hypocrisie
sociale trouve son mode de fonctionnement idéal dans
tout stratagème capable de garantir l'impunité au criminel, que celui-ci agisse dans le secret ou qu'il se

---

1. 520a-c, et aussi : *Euthydème* 304c-305b, *Ménon* 91b-c ; cf.
Kerferd, pp. 15-24.
2. Cette attitude pourrait être rapprochée de celles de Thrasymaque et de Polémarque, exposées dans le livre I de la *République* ;
voir p. 24.

rende invisible [1]. La carrière d'Archélaos, évoquée par
Polos, est comme l'illustration de cette hypocrisie.

Soumettre cette attitude « hypocrite » à un examen
dialectique et l'obliger ainsi à rendre compte de ses
principes la poussent à la contradiction. En effet, un
certain consensus social est nécessaire : même sous le
règne de l'hypocrisie politique, on doit publiquement
reconnaître que la fin de l'organisation politique n'est
pas la violence et la puissance, mais le bien. Cette
finalité de la politique ne peut être que difficilement
récusée. Polos ne peut pas ne pas accorder que ce qui
est utile est aussi bel et bon pour l'Etat [2]. Mais, en
admettant cela, il s'oblige en quelque sorte à être sincère — c'est-à-dire à reconnaître qu'il défend l'injustice à condition qu'elle soit discrète — ou à se
contredire. Dans l'un ou l'autre cas, l'hypocrisie
sociale est réfutée : c'est le résultat espéré par la mise
à l'épreuve et l'examen socratiques. Encore faut-il que
Polos accepte de répondre aux questions de Socrate
et qu'il se prête à la réfutation. La mise à l'épreuve
socratique tient donc à deux conditions : que Polos
reconnaisse l'universalité de la méthode dialectique et
qu'il accepte de s'y plier, qu'il reconnaisse aussi l'exigence des valeurs, à savoir que la politique est fondée
sur le bien. Mais Polos aurait pu aussi bien imposer à
Socrate un discours rhétorique, puis, devant l'absence
de réponse de son interlocuteur, le juger et le
condamner, comme l'ont fait les jurés athéniens
devant lesquels Socrate avait à se défendre [3] ; il aurait
pu aussi se taire et laisser Socrate parler seul, comme
le fera Calliclès.

La seconde attitude politique, que critique Platon
dans le *Gorgias*, est représentée par Calliclès. Attitude
faite à la fois de cynisme et de la volonté de défendre

---

1. 469c-e.
2. 468c-e, 477c-e, 478d-e.
3. *Apologie de Socrate* 38c-41c.

un certain naturalisme du social, mais dont il est difficile de préciser les liens avec la théorie de Polos. Platon essaie-t-il de faire d'un tel naturalisme une option politique concurrente de celle de l'hypocrisie sociale ou bien la thèse de Polos et celle de Calliclès représentent-elles deux facettes d'une même attitude qui va de l'hypocrisie au cynisme ? Dans l'exposé que Calliclès fait de ses convictions, il faut distinguer deux choses : d'une part, la séparation radicale établie entre le droit de la nature et le droit positif, le premier étant aussi légitime que l'autre est usurpé et destiné à se soumettre au premier ; d'autre part, l'affirmation de la force individuelle comme une force de la nature à laquelle tout doit se plier : c'est la justice selon la nature, qui consiste en ce que l'homme fort doive vivre en exerçant sa toute-puissance et en satisfaisant ses passions. Les lois et les conventions des hommes ne servent qu'à contrarier la force de la nature et à domestiquer le surhomme. L'idéal de la nature, c'est le tyran impitoyable. Par ailleurs, cette idée d'un gouvernement de cynisme, qui récuse l'ordre entier des lois, des conventions et des droits juridiques et seulement destiné à défendre et justifier la force, a des précédents rappelés par Calliclès : ils consistent en références littéraires qui exaltent le pouvoir aristocratique[1], en l'évocation des modèles naturels et animaux qui prouvent la toute-puissance de la force[2] et dans le choix d'exemples historiques, empruntés à la tentative d'une hégémonie perse ou à l'impérialisme athénien contemporain[3].

1. 484a-c, voir aussi note 91, p. 331. C'est un point de vue fort proche de celui de Calliclès que rapporte Platon dans *Lois* X 890a.

2. 483c-e ; voir aussi : Aristophane, *Les Nuées* 1427, Hérodote II 64, et Hobbes, *Léviathan*, 13.

3. 483d-484e. Sur le caractère despotique des règnes de Darius et Xerxès, voir Hérodote IV 126-7, VII 35, et Eschyle, *Les Perses* 739-831. La mention faite par Calliclès à ces deux épisodes historiques est un peu étrange, dans la mesure où l'échec de ces deux attaques perses était censé prouver l'insuccès promis à de telles

Manifestement, la critique de l'attitude politique représentée par Calliclès est difficile à manier pour Platon. Un signe en est que la réflexion sur les rapports de la force et du droit est vite déportée sur la question de la valeur de la philosophie, comme si, en préalable à la critique politique, Socrate voulait que Calliclès admît la nécessité des exigences dialectiques et le bienfait d'une recherche désintéressée, entièrement destinée à la vérité[1]. Certes, le silence ultérieur de Calliclès montrera que cette demande, implicite et préalable de Socrate, n'a pas été honorée et que la réfutation est de ce fait déjà vouée à l'impuissance. La critique de Calliclès n'aboutira donc pas, et, face à son interlocuteur, le seul recours du philosophe sera de réaffirmer les valeurs au nom desquelles il s'exprime, quitte à délaisser le domaine des arguments rationnels pour exposer, à l'aide d'un mythe, ses convictions et faire voir à Calliclès que son raisonnement « n'a aucune valeur ».

La première critique de Socrate vise à amener Calliclès à reconnaître que l'être « le plus fort et le meilleur » est par excellence la foule ou la majorité politique au pouvoir ; or, si celle-ci défend l'égalité pour tous, c'est en une telle égalité qu'il faudra reconnaître la loi de la nature[2]. Calliclès, offusqué par l'interprétation que Socrate donne de sa pensée, précise les meilleurs sont les hommes qui savent le mieux gouverner et dont la justice consiste dans le courage et la capacité de satisfaire leurs propres passions. Socrate réplique à cela que Calliclès ne fait qu'identifier plaisir et bien, ce qui est inadmissible ; de fait, Calliclès ne tardera pas à revenir sur ses positions : c'est alors qu'il préférera se taire plutôt que reconnaître qu'il avait tort. Le débat s'arrêtera là,

agressions. Sur les événements athéniens correspondants, voir Thucydide I 75-6, V 85-113, VI 83.
1. 486d-488b.
2. 489a-e.

même si Socrate ne cesse de réaffirmer son opposition à l'idée que le culte de l'injustice soit la justice de la nature. Cette opposition est telle que, aussi énigmatique que soit le personnage de Calliclès, il semble difficile d'inférer, à partir du *Gorgias*, que Platon ait éprouvé à son égard la moindre sympathie ou complicité[1].

IV. *La politique platonicienne.*

L'attitude politique de Platon est exposée dans de nombreux dialogues. La *Lettre* VII représente le témoignage le plus complet, puisqu'elle nous informe des critiques spécifiques que Platon adresse à la démocratie athénienne et nous propose une réflexion plus générale sur les rapports entre politique et philosophie en laquelle ces critiques s'enracinent. Dans la *Lettre* VII, en effet, Platon formule ses principaux griefs : il nous fait le récit de son itinéraire politique et analyse ce que furent ses rapports avec la cité d'Athènes. Mais on y lit aussi l'espoir qu'il eut de pouvoir y jouer un rôle politique, la déception qu'il ressentit lorsqu'à la fin de la guerre de Péloponnèse, il lui apparut impossible de procéder à une restauration politique, le désespoir qui suivit la condamnation de Socrate et la lucidité acquise sur le fonctionnement du pouvoir politique[2]. Cette histoire complexe des rapports qu'un philosophe a eus avec sa propre cité est évidemment liée au rôle crucial que la philosophie devait jouer, selon lui, dans toute organisation politique.

La réforme de la politique doit s'articuler autour d'une reformulation des rapports entre philosophie et

---

1. Dodds soutient la thèse d'une complicité secrète de Platon à l'égard de Calliclès, pp. 13-15 ; c'est aussi le point de vue de G. Rensi (cité par M. Untersteiner, *Sophists*, trad. angl. 1957, p. 344, n. 40, critiqué par Levinson, *In defense of Plato*, Cambridge, Mass., 1953, p. 471).
2. *Lettre* VII 324b-331d.

politique. Dans son aspect le plus concret d'abord.
Platon semble avoir toujours été à la recherche d'un
individu exceptionnel, qui réunirait en lui le politique
et le philosophe. Chose qui dut lui paraître possible
quand on lui parla des intérêts philosophiques de
Denys II ; aussi la difficulté qu'il connut à se détacher
de ce projet sicilien est-elle sans doute la conséquence
de l'espoir démesuré qu'il avait mis dans le tyran
de Syracuse[1]. Mais, avec Dion, le beau-frère de
Denys I[2], ce projet d'une réforme philosophique de
l'Etat devait prendre un aspect plus positif, puisque,
jusqu'au moment de leur dernière rencontre à
Olympie (360), Platon, sans soutenir les projets sub-
versifs de son ami, lui a renouvelé son amitié et sa
confiance[3]. Mise à part la question de la personnalité
du roi-philosophe capable de promouvoir ce nouvel
Etat, fondé sur le bien et inspiré par la pensée, reste
à savoir si Platon a imaginé que son projet philosophique était réalisable à Athènes. Et, si cela avait été
possible, quel usage aurait été fait des institutions
athéniennes, quelle destination leur aurait été donnée ? La question n'est pas sans intérêt, eu égard au
Gorgias, de savoir si un projet politique positif sous-
tend les critiques platoniciennes, mais les indications
de la *Lettre* VII semblent devoir nous orienter vers une
réponse négative[4].

1. *Lettre* VII 331e-333a.
2. Dion de Syracuse rencontra Platon au cours de son premier
voyage en Sicile et se convertit rapidement aux idéaux philosophiques platoniciens. Il fit pression sur Platon pour que celui-ci
revienne en Sicile au moment de l'accession au pouvoir de
Denys II. Mais son cousin, Denys II, le fit exiler, et l'insistance
mise par Platon à réclamer son retour contribua beaucoup à dété-
riorer les rapports entre le philosophe et le tyran. Dion rencontra
Platon pour la dernière fois en 360, à Olympie, et fit part à son ami
de son projet de débarquement en Sicile, où, quelque temps après,
il devait être traîtreusement assassiné.
3. *Lettre* VII 350b-351e.
4. *Lettre* V 322a-b, *Lettre* VII 325e-326b, et aussi *République* VI 495c-501a.

Le *Politique*, la *République* et les *Lois* présentent trois essais de réforme politique. Sans entrer dans le détail de ces exposés, on remarquera qu'il ne s'agit en aucun cas d'une réforme de détail, où certaines dispositions antérieures sont supprimées et d'autres, nouvelles, ajoutées, mais d'une recomposition totale du champ politique, où l'articulation générale des *tékhnai* est modifiée et où se trouve établie une recomposition de tous les aspects politiques du Même et de l'Autre, recomposition que réglerait la dialectique [1]. Cette nouvelle constitution politique, la belle *politeía* comme l'appelle Platon, aurait pour effet de réaliser le bien dans la Cité (c'est-à-dire de l'effectuer et de le rendre réel) : la conséquence première de cette réalisation étant de modifier le statut de la justice et la fonction de la morale. Car la justice dont il est souvent question dans le *Gorgias* n'est pas simplement la qualification d'une action qui pourrait aussi bien être injuste, c'est, plus fondamentalement, la seule façon de rapporter cette action au réel et à la vérité, de la fonder sur une ontologie de l'ordre (celle, par exemple, d'un *kósmos* géométrique capable d'en assurer la réalité [2]). La justice de la Cité fonctionne donc de façon parallèle à l'ordre du monde et au bien de l'univers. Si telle est la finalité de la réglementation de la politique par la philosophie, restent encore à préciser les domaines où la philosophie peut intervenir pour réglementer la politique. Le principal d'entre eux est l'éducation.

Dans un beau passage de la *République*, Socrate insiste sur le fait qu'il n'y a pas « d'éducation privée [3] ». La véritable éducation, dit-il, est nécessairement publique, organisée et prise en charge par l'Etat, depuis sa condition première (la sélection des natures et des aptitudes) jusqu'à sa destination (l'utilisation

---

1. *Politique* 308b-311c, *Lois* XII 963a-966c.
2. 507e-508a.
3. *République* VI 497b-502c.

politique des compétences de chaque citoyen). Mais
en fait, tous les autres domaines d'intervention de la
philosophie dans la politique — à savoir la façon dont
les citoyens se représentent leur action dans la Cité,
l'idée qu'ils se font de la légitimité de leur activité ou
de la nature de leur bonheur — dépendent également
de l'organisation de l'éducation.

La *paideía* apparaît donc comme l'effet concret de
la philosophie dans la politique. Elle représente le seul
moyen qui permette l'instauration d'une *politeía* véritable (ou constitution orientée vers le bien), mais elle
est aussi le premier effet, le plus important succès,
d'une constitution réussie. Au sens propre, on peut
dire qu'il n'y a de véritable éducation, comme il n'y a
de véritable philosophie, que dans une condition politique parfaite, qui serait gouvernée par un philosophe-
roi[1]. A partir d'une telle constitution, pourrait être
proposée une nouvelle définition de ce que sont la
politique et la philosophie — ce qui modifierait radicalement la condition intellectuelle et la situation pratique de la philosophie dans la Cité.

Mais cette étroite association de l'éducation et de
la philosophie ne vaudrait que pour la « belle constitution » décrite dans la *République*. Car dans cette
constitution seulement, philosophie et éducation sont
assurées d'être véritables. En effet, dans tout autre
type de constitution, n'existent que des apparences,
des faux semblants d'éducation et de philosophie, lesquels sont toujours susceptibles d'être dévoyés,
détournés de leur but, jamais assurés de leur légitimité, et constamment menacés par ces rejetons illégi-
times que sont la sophistique et la rhétorique[2]. Cette
dissociation entre philosophie et éducation, d'une
part, politique et rhétorique, d'autre part, est la condition, mauvaise d'après ses propres termes, dans

---

1. *République* V 473b-474c, VI 498d-499e, VII 535a-536d.
2. *République* VI 495c-496a.

laquelle le philosophe Platon a vécu. Elle explique le sens particulier que reçoivent dans le *Gorgias* la défense de l'éducation et l'engagement philosophique.

ÉDUCATION ET PHILOSOPHIE

I. *Le débat sur l'éducation.*

Quand Polos demande à Socrate comment il peut juger du bonheur d'Archélaos, le tyran de Macédoine, sans le connaître, Socrate répond que la qualité de l'éducation (*paideía*) est pour lui le seul critère qui serve à mesurer l'excellence d'un être. Ce à quoi Polos réplique, indigné, que le pouvoir et la notoriété acquise sont des critères beaucoup plus sûrs [1]. Par ailleurs, lorsque Calliclès sollicite brutalement Socrate et lui demande s'il est sérieux ou s'il plaisante quand il affirme que le seul bien qui vaille est de vivre selon la justice, Socrate, en négligeant pour un temps l'objet explicite du débat, répond à Calliclès de façon assez détournée : il rappelle d'abord les raisons qu'il a de croire à la bienveillance de Calliclès à son égard ; surtout, il fait allusion aux bonnes dispositions que Calliclès, dans sa jeunesse, a éprouvées à l'égard de la philosophie. Et Calliclès de répliquer que, précisément, la philosophie, considérée comme une discipline éducative à pratiquer durant sa jeunesse, est pour lui une bonne chose, mais qu'en faire une activité d'homme mûr et donc prolonger l'éducation, proprement dite, plus que de raison est une vilenie [2].

1. 470e-471d.
2. 484c-486d.

Ces deux situations du *Gorgias* montrent bien l'ambiguïté qui affectait au Vᵉ siècle l'usage du terme *paideía*. Le débat entre Socrate, d'une part, Polos et Calliclès, d'autre part, qui se résume ou bien à donner à l'éducation le rôle d'un critère moral absolu et à la concevoir comme fondée sur la philosophie ou bien à la considérer comme une formation propédeutique dont la philosophie est une discipline parmi d'autres, résume assez bien les débats tenus au Vᵉ et au IVᵉ siècle, qui opposaient les philosophes, les rhéteurs et les sophistes.

L'éducation athénienne traditionnelle, fondée sur l'apprentissage des savoirs fondamentaux (écriture, musique, gymnastique), inspirée par les valeurs aristocratiques et dotée d'une forte orientation militaire, avait connu, dès la seconde moitié du Vᵉ siècle, une rapide évolution, venue surtout de l'influence des sophistes et des rhéteurs. Cette nouvelle orientation n'a pas seulement contribué à changer l'ordre des disciplines et des priorités dans la formation de la jeunesse, elle a également modifié l'idée générale d'une éducation, le but qui lui était assigné et les valeurs dont elle s'inspirait. En effet, l'éducation rhétorico-sophistique prétendait pouvoir donner les moyens de la réussite personnelle et politique. Surtout, elle présentait cette réussite comme indépendante des valeurs adoptées par l'individu et de la moralité qu'il avait choisie[1].

Par ailleurs — et c'est là l'innovation restée la plus spectaculaire —, les sophistes avaient rompu avec la pratique libérale et disons « pédophilique » de la *paideía* traditionnelle[2]. En effet, ils demandaient que leur enseignement leur fût rétribué. Certes, cette rétribution était pour eux le moyen de rehausser la valeur de leur propre pratique, mais elle devait contribuer à modifier le sens même de la transmission du savoir.

1. Voir Kerferd, pp. 131-139.
2. Voir Marrou, pp. 61-73.

Pour vendre leur enseignement, il fallait bien que les sophistes le présentassent comme une marchandise, c'est-à-dire, qu'ils indiquassent avec une assez grande précision ce en quoi cet enseignement consistait, ce qu'on pouvait en attendre et le laps de temps au bout duquel son effet se ferait sentir[1]. Une telle hypothèque prise par l'enseignant sur le devenir intellectuel de l'élève, une telle comptabilisation de la discipline enseignée, de sa valeur marchande et de son temps d'apprentissage, reposaient sur une promesse d'enseignement, qui faisait des sophistes les premiers « professeurs » — c'est-à-dire les premiers maîtres à présenter leur enseignement comme l'objet d'un engagement contracté auprès de leurs élèves et rétribué[2]. La sagesse morale ou politique et toute la vertu sont donc deux effets parmi d'autres de l'enseignement sophistique — au même titre que l'habileté, le pouvoir, la capacité à se tirer d'un mauvais pas — et ne représentent aucunement, comme c'est le cas pour la pensée platonicienne, des valeurs absolues[3].

Dans quelle mesure l'enseignement de la rhétorique a-t-il pris part à ce renouveau de l'éducation et jusqu'à quel point a-t-il été l'objet des critiques conservatrices qui défendaient le retour aux formes d'éducation les plus traditionnelles ? A première vue, l'enseignement simplement technique de la rhétorique n'avait rien qui pût le rendre incompatible avec les valeurs les plus fondamentales de la cité[4]. Mais

1. *Protagoras* 318a, *Euthydème* 274a-d.
2. *Professeur*, du verbe latin *profiteri*, promettre. Cf. Marrou, pp. 91-93. Rappelons que, d'après Diogène Laërce (IX, 52), Protagoras demandait en paiement la somme de 10 000 drachmes ; si l'on sait que le salaire journalier d'un ouvrier qualifié était d'une drachme environ, on comprendra que l'énormité de ce salaire ait scandalisé plus d'un Athénien.
3. *Phédon* 69a-d.
4. L'évolution des mœurs politiques rendait de plus en plus décisive l'influence de la rhétorique. Nombreux sont les personnages des dialogues platoniciens qui déclarent être à la fois favorables à la rhétorique et hostiles aux valeurs nouvelles introduites par la sophistique ; par exemple : *Gorgias* 520a-b, *Euthydème* 305b-e.

lorsque la rhétorique cherchait à s'émanciper de cette
tutelle exercée sur elle par la politique, lorsqu'elle prétendait fournir une discipline politique et faire de sa
propre habileté stylistique la ressource essentielle
d'une politique, elle devenait passible des mêmes
reproches — la subversion des valeurs de la Cité —
que les courants les plus conservateurs adressaient à
la sophistique [1]. Le partage entre Gorgias, d'une part,
— le rhéteur professionnel, qui ne semble pas mettre
son savoir-faire rhétorique au service d'une politique
déterminée —, Polos et Calliclès, d'autre part, — les
jeunes rhéteurs politiciens pour lesquels la rhétorique
n'est qu'un moyen destiné à se gagner la puissance
politique —, illustrerait sans doute assez bien cette
ambiguïté du rôle joué par la rhétorique dans la nouvelle éducation athénienne. Ambiguïté qui appartient
aussi à la notion de *paideía*, comme le montre l'opposition entre Platon et Isocrate.

II. *Éducation selon Socrate et selon Isocrate.*

Les dialogues platoniciens représentent souvent
Socrate dans la situation paradoxale d'être à la fois
celui auquel on demande conseil dans toute question
d'éducation et celui qui affirme ne rien connaître d'assuré en la matière et avoir besoin plus que tout autre
d'une éducation. Par exemple, les pères, qui se sou-
cient de l'éducation de leurs fils, demandent à Socrate
d'évaluer pour eux les différentes formes d'enseignement qu'on leur propose ; or Socrate leur fait part de
son incertitude sur le sujet et se dit prêt, pour tester
l'enseignement en question, à s'y soumettre lui-
même [2]. Bref, Socrate est le défenseur d'une idée de
l'éducation comme discipline de vie, synonyme d'examen intérieur et qui vaut pour tous les moments de

1. *Gorgias* 520a, *République* VI 495c-496a.
2. *Euthydème* 272c-d, 285c-d.

l'existence : pour les jeunes gens dont les pères lui demandent d'orienter l'éducation, mais pour les pères aussi et pour lui-même enfin [1]. Or, Socrate fut accusé de corrompre les jeunes gens, de leur enseigner des faux cultes et de les détacher des valeurs de la cité, bref de s'opposer à l'éducation communément pratiquée à Athènes. Il faut donc penser que la nouvelle exigence d'éducation que Socrate cherchait à faire valoir ne pouvait guère être perçue et appréciée pour elle-même : elle était hâtivement assimilée à l'éducation sophistique et confondue avec elle [2]. Mais s'il était particulièrement difficile de reconnaître à Socrate la volonté de promouvoir un autre type d'éducation, c'était que l'éducation socratique était passablement paradoxale, puisque fondée sur une valeur essentielle : la philosophie.

Il n'y a en fait que cette donnée — la place de la philosophie — qui puisse permettre de résoudre la complexité du débat sur l'éducation. Pour Socrate, la philosophie représente la condition même de l'éducation, la discipline (non pas une discipline particulière mais une formation intellectuelle générale) qui garantit la justesse du savoir et de son usage [3]. En revanche, les rhéteurs et les sophistes ont de la philosophie une conception bien différente de la conception socratique : pour les sophistes, la philosophie permet de fonder la prétention à une science universelle, mais elle ne semble avoir d'autre contenu qu'un savoir-faire dialectique qui permet de réfuter l'adversaire, de l'obliger à se contredire et de le réduire au silence, tandis que pour les rhéteurs, la philosophie joue le rôle d'une formation préalable à leur art et souvent destinée à le mettre en valeur [4].

---

1. *Euthydème* 307b-c, *Lachès* 200e-201c.
2. *Apologie de Socrate* 19d-20c, *Ménon* 91a-c, 94b-e, *Euthydème* 304e-305a.
3. *Euthydème* 281c-282b, *Alcibiade* 117e-119a, 127e-132b, *République* VI 484a-487b.
4. *Euthydème* 305d-e, *Phèdre* 267c-269e.

Sur ce point, le cas d'Isocrate est assez exemplaire. Rhéteur et professeur de rhétorique, Isocrate (436-338) fut élève de Gorgias, qu'il alla rejoindre en Thessalie et auprès duquel il passa plusieurs années, avant d'adopter une position plus critique à l'égard de son maître[1]. Isocrate commença une carrière de logographe (rédacteur de discours) avant de se consacrer à l'éducation. Le but explicite de l'enseignement qu'il prodiguait était de préparer ses élèves à la vie publique et politique de la Cité. Il semble qu'à l'école d'Isocrate l'essentiel de l'enseignement était consacré à la rhétorique, art suprême, dont l'étude occupait les dernières années du cycle d'études. Isocrate refusait une rhétorique trop formelle, celle que pratiquait par exemple son maître Gorgias, et il insistait sur l'utilité de l'exercice, sur la nécessité des dons innés et des qualités personnelles. La formation rhétorique dispensée était partagée entre l'enseignement des principes généraux de composition et d'élocution et les travaux pratiques[2].

Malgré tout, loin de négliger l'étude de la philosophie, Isocrate donnait à celle-ci une place décisive dans son idéal d'éducation. Mais elle recouvrait un contenu bien spécifique. En effet, la philosophie représente pour Isocrate une formation intellectuelle, une sorte de culture générale, laquelle n'implique ni règles de vie ni discussion sur les valeurs, mais doit favoriser l'apprentissage rhétorique ultérieur[3]. De plus, la philosophie doit être étroitement associée à l'action. C'est donner une fonction essentiellement pragmatique à la philosophie. Dans la vie pratique, il n'y a pas de place pour la science ou la sagesse, telles que les entend Platon, l'homme cultivé est toujours confronté à des problèmes précis : savoir que faire,

---

1. Isocrate, *Hélène* 3, et *Sur l'échange* 268.
2. Isocrate, *Contre les sophistes* 16, *Sur l'échange* 184 et *Panathénaïque* 200.
3. Isocrate, *Sur l'échange* 180-185, *A Nicoclès* 13.

que dire, quelle conduite adopter et, grâce à la justesse de ses opinions, formées par la rhétorique, tomber juste sur la solution[1]. La dialectique est donc dépourvue de la fonction décisive que lui reconnaît Platon. Pour Isocrate, elle n'est plus qu'un art de la discussion, auquel doivent s'exercer les jeunes gens, mais qui rend ceux qui le pratiquent, passé un certain âge, particulièrement ridicules[2]. A l'inverse, l'action, essentiellement politique, était, pour Platon, requise comme la seule voie pour rendre effective et réelle la philosophie[3]. Une formule de la *République* résume une telle nécessité de l'action pour accomplir la philosophie : « on forcera les philosophes à gouverner[4] ».

III. *L'engagement philosophique.*

La question de l'engagement philosophique reçoit dans le *Gorgias* une expression immédiate, précise, concrète : quel genre de vie faut-il mener ? Socrate mentionne la question pour la première fois après que Calliclès a exposé sa conception des rapports entre la nature et la loi et d'un droit fondé exclusivement sur la nature. En effet, la première conséquence de ce manifeste du droit du plus fort, prononcé par Calliclès, est de condamner la philosophie. D'où la nécessité où Socrate se trouve de défendre la philosophie et de proposer un mode de vie uniquement inspiré par elle[5]. Mais comment comprendre cette condamnation de Calliclès et quelle idée de la philosophie permet-elle de dégager ?

La proclamation du droit souverain de la nature n'est justifiée que par les faits. Calliclès, citant Pindare à l'appui, affirme que la loi du plus fort règle

1. Isocrate, *Sur l'échange* 184, 271, et *Panathénaïque* 13.
2. Isocrate, *Sur l'échange* 261, *Panathénaïque* 28-27.
3. *République* VII 519c-521b.
4. *République* VII 520b-d.
5. 487e-488b.

le monde naturel, le monde animal et le monde des humains, du moins ceux qui sont restés les plus proches de la nature[1]. L'immédiateté de cette constatation, la force du fait qu'elle affirme, sont censées assurer la vérité des propos de Calliclès. Ce qui laisse penser que la thèse inverse qui, en s'opposant au droit du plus fort, défend une certaine autonomie du droit, se détache des faits et représente une plus grande exigence de distance et d'universalisation, exigence communément désignée comme philosophique. La condamnation de la philosophie, mise dans la bouche de Calliclès, signifie donc d'abord la critique d'une attitude réflexive qui s'éloigne des faits et récuse l'urgence de l'action pour défendre l'autonomie des valeurs.

Si telle est l'orientation générale de la critique de Calliclès, l'enjeu véritable du débat qui l'oppose à Socrate a rapport à l'éducation. L'opposition entre Socrate et Calliclès consiste très vite à savoir dans quelle mesure la philosophie peut contribuer à la formation d'un homme, c'est-à-dire à son éducation sociale, politique, humaine. L'avis de Calliclès sur le rôle que la philosophie doit jouer est net et sans appel. La philosophie est une discipline éducative qui, certes, doit figurer dans un programme de formation, mais seulement afin de faciliter l'acquisition ultérieure des connaissances les plus fondamentales, qui sont d'ordre politique et pratique. On voit que la part de la philosophie est doublement limitée, à la fois dans l'époque de son apprentissage et dans sa capacité formatrice[2].

Pour Socrate, en revanche, la philosophie est un objet d'étude digne qu'on y consacre toute sa vie. En effet, la conception socratique de la philosophie en fait la condition actuelle et toujours renouvelable de

1. Voir pp. 72-74.
2. 485a-e.

l'activité intellectuelle et politique. Mais comment définir la vie philosophique telle que Socrate la défend ? Le reproche essentiel que Calliclès adresse à Socrate est de vivre détaché des affaires de la Cité[1]. Dans la mesure où la vie menée par Socrate est souvent prise comme exemplaire de la vie philosophique, on pourrait être tenté de faire du désintérêt à l'égard des affaires de la Cité la condition première d'une telle existence. Or ce désintérêt est imposé par la force des choses (en l'occurrence, l'état dans lequel se trouvent tous les gouvernements existants), il n'est pas une conséquence de la philosophie. Car le dévouement à la philosophie a pour contrepartie la revendication d'une politique réelle, celle-là même dont Socrate affirme, dans le *Gorgias*, être l'unique représentant[2]. En fait, cette exigence de vraie politique, qui donne son contenu réel à la philosophie, nous livre une autre composante de la vie philosophique : l'examen et l'épreuve.

Au cours de sa défense, que Platon nous a rapportée dans l'*Apologie de Socrate*, Socrate déclare qu'une vie sans examen ne vaut pas la peine d'être vécue[3]. Le punir d'exil et l'envoyer dans une cité où il n'aurait pas la faculté d'interroger et de critiquer, c'est donc le priver de l'essentiel de l'existence. Mais l'examen dont parle Socrate ne représente pas seulement une obligation morale et philosophique, c'est une pratique de vie, qui consiste en la mise en œuvre de la question, de l'incessant débat, de l'insistance ou harcèlement dans la critique de toute prétention de savoir. Par ailleurs, l'exigence d'examen ne se limite pas seulement à l'examen de soi-même et de ceux qui consentent à s'y plier. Il faut aussi solliciter les interlocuteurs, sinon les adversaires, aussi hostiles soient-ils,

1. 485e-486d.
2. 521d, et *République* VI 484a-487b.
3. *Apologie de Socrate* 38a.

en particulier, ceux qui prétendent à un savoir si glo-
rieux qu'ils n'accepteraient pas de le soumettre à la
critique et ceux qui récusent la discussion comme
mode d'épreuve du savoir. En fait, Socrate prend le
contre-pied systématique de ces deux attitudes qui
refusent l'examen.

L'*Euthydème* le montre clairement. Socrate est aux
prises avec deux sophistes, il questionne leur prétention à tout connaître et se déclare prêt, si c'est le seul
moyen pour lui de savoir en quoi consiste cette
science universelle, à suivre leur enseignement.
Quand un rhéteur, témoin silencieux de la discussion
menée entre Socrate et les sophistes, condamne en
aparté cette façon de faire socratique qui s'attache à
discuter avec n'importe qui, Socrate, dans l'incapacité
de provoquer une discussion à laquelle son accusateur
participe, suggère que le malheur de la philosophie
vient de ce qu'elle ne peut pas contraindre ceux qui
la condamnent à venir s'entretenir avec elle pour justifier leur condamnation[1]. En effet, s'il n'y a aucune
autorité intellectuelle dont la philosophie puisse prétendre qu'elle la possède — autorité qui la dispenserait d'avoir à discuter avec tel ou tel interlocuteur
dans la plus vive et la plus concrète discussion —, il
n'y a non plus aucun moyen qui lui permettrait de
contraindre ses interlocuteurs à s'entretenir avec elle
et à justifier leurs attaques.

Après le lien nécessaire à la politique et l'exigence
de l'examen, le troisième aspect qui pourrait caractériser l'engagement philosophique a rapport à la
décision rationnelle de vie. L'importance de la philosophie se mesure à ceci qu'un argument, dûment
débattu, justifié, accepté, doive engager une résolution fondamentale à l'égard de la vie. L'entretien de
Socrate dans sa prison avec son ami Criton est à cet
égard exemplaire. Quand Criton propose à Socrate de

1. *Euthydème* 306a.

s'évader, celui-ci lui demande de reconsidérer l'argument dont ils sont si souvent convenus. L'argument était qu'il ne fallait pas s'opposer aux lois de son pays ; or cet argument, qui valait avant que Socrate ne fût jugé, vaut encore au moment où Socrate doit mourir. Dans la mesure où aucun argument contraire, aucune réfutation, ne sont venus en compromettre la vérité, il n'y a aucune raison de refuser de l'appliquer, fût-ce au prix de la vie [1]. Il n'y a donc aucune valeur, attachée à la vie, qui autorise à récuser cette toute-puissance de la pensée. Le rapport entre vie et pensée est fondamental : c'est la pensée qui donne son sens à la vie, c'est la pensée qui détermine le bien le plus précieux. Ce bien ne consiste pas seulement à épargner sa vie, mais il exige de valoriser la vie par l'activité de pensée qui s'y établit, cette véritable valeur de la vie ne pouvant parfois être acquise qu'au prix d'un réel risque de mort.

IV. *Le protreptique à la philosophie et le mythe de la vie future.*

Un exercice littéraire très en vogue à l'époque de Platon associe la défense de la philosophie à l'exhortation à pratiquer la vie de vertu et de philosophie. Il s'agit du protreptique, exercice dont il semble qu'il ait été traditionnellement pratiqué par les rhéteurs et les sophistes avant même que Platon n'en donnât, dans l'*Euthydème* par exemple, une présentation philosophique [2]. Le protreptique est avant tout un exercice de conversion : il faut tourner vers un but — la philosophie — l'esprit de l'interlocuteur, qu'on doit convaincre rationnellement, mais chez qui on doit également provoquer une résolution pratique par le moyen de l'anecdote exemplaire, de l'allégorie ou de l'histoire édifiante.

1. *Criton* 48b-50c.
2. *Euthydème* 278e-282d.

C'est sans doute dans une telle perspective de défense de la philosophie, qui fait de l'exhortation que Socrate adresse à Calliclès, en lui recommandant de changer de vie, une sorte de protreptique déguisé, que s'inscrit également le mythe proposé par Socrate à la fin du *Gorgias*. En effet, ce mythe est exposé, à la suite de ce qu'on peut considérer comme une impasse dialectique : Socrate est arrivé à bout de ses arguments, mais sans parvenir à convaincre Calliclès que la justice vaut mieux que l'injustice et que l'intérêt de la vie, si on la considère comme se prolongeant au-delà de la mort, est d'être juste dans l'existence présente [1]. A défaut de la conviction, c'est la croyance de Calliclès que Socrate sollicite, la croyance dans ce bienfait qu'est la justice.

Mais, d'un autre côté, la sanction du mythe rejoint la rationalité. En effet, pour conclure à la fois le mythe et le dialogue, Socrate déclare à Calliclès : « ton argument ne vaut rien, Calliclès ». Ce sont les derniers mots du *Gorgias*. Mais si la réfutation logique que cet argument exprime n'a pas été acquise au terme d'une argumentation logique, il reste que le mythe se substitue ici facilement à l'argument parce qu'il apparaît comme la seule possibilité de démontrer, de convaincre, de provoquer un engagement pratique dans un contexte où la rationalité dialectique n'a plus aucun droit. En effet, le refus de Calliclès de jouer la règle dialectique et de répondre aux questions de Socrate a pour conséquence que les propos de Socrate sont comme suspendus en l'air, sans aucune assise qui puisse les rendre vrais.

Une telle situation représente, de façon emblématique, l'impuissance de la philosophie. Or cette impuissance, comme le remarque Socrate, est actualisée en de nombreuses circonstances. Face à la Cité d'abord, face aux orateurs et aux sophistes ensuite

1. 522c-e et 527d-e.

(puisque la philosophie ne peut les contraindre à parler le langage qu'elle a défini comme langage de la vérité), face au rire, au sarcasme, face au silence enfin. Dans une telle situation, le seul recours qui reste à la philosophie est de défendre le caractère « naturel » — inscrit dans la nature même de l'homme — de l'engagement qu'elle propose. Telle est la réussite philosophique d'un protreptique : parvenir à convaincre l'auditeur que le désir de philosophie est enraciné dans les plus fondamentaux et les plus généraux désirs que l'être humain éprouve, au nombre desquels se trouve le désir d'être heureux et donc de cultiver le seul bien réel : la philosophie [1].

Si l'intention du mythe est manifestement protreptique, la finalité particulière de cette exhortation est de décrire les conditions de la vie *post mortem*, laquelle révèle, de façon évidente, le bénéfice d'un engagement philosophique. En effet, le jugement des morts est organisé de telle façon qu'aucune hypocrisie n'y est possible, que toutes les conduites et moyens de dissimulation mis en place dans la vie sociale, tous les calculs du risque n'ont plus lieu d'être. Le moyen qui permet cela consiste en ceci : les traces laissées par le type d'existence qu'on a eu, sur le corps comme sur l'âme, sont indélébiles, elles ne peuvent donc pas être camouflées ; or, c'est en fonction d'elles que les morts seront jugés [2]. La thèse proposée par Calliclès, qui demande l'assouvissement de tous les plaisirs, est ainsi réfutée par un argument qui place cette thèse dans le temps, dans toute l'étendue du temps, laquelle rend éphémère et dérisoire la satisfaction des passions. Quand le temps est infini, il est absurde de considérer comme le bien suprême le plaisir passager qui vient de la réplétion du corps [3].

---

1. *Euthydème* 282c-d, et *Philèbe* 62e-64c.
2. 524d-525b.
3. 527b-d, et *Philèbe* 63a-d.

Certes, d'autres allégories et exemples du *Gorgias* avaient montré la même chose que le mythe. Mais la différence vient de ce que, après l'exposé des exemples précédents, aucune leçon n'avait été explicitement tirée, et sans doute ne pouvait-elle pas l'être : les motifs pour être convaincu n'avaient pas encore été exposés à Calliclès de façon assez complète et la nécessité de passer des raisons de prouver aux raisons de croire n'avait pas été suffisamment montrée [1]. A cet égard, on peut presque dire que c'est le refus de Calliclès d'en entendre davantage qui fait du mythe la conclusion du *Gorgias*. Mais cette conclusion n'est possible que parce que, dans les moments qui précèdent, Socrate aura suffisamment parlé tout seul. Cette inefficacité en laquelle se trouve placé l'entretien dialectique amène assez directement à sortir des raisons argumentatives pour exposer un mythe.

Entretien dialectique mouvementé, actif, fructueux, ou bien débat incessant, conduit envers et contre tout devant un interlocuteur récalcitrant, ou encore allégories et mythes, il semble que, dans le *Gorgias*, tous les moyens soient bons pour défendre la philosophie. La nécessité d'une telle défense, les formes qu'elle adopte et les types d'adversaires auxquels elle s'oppose donnent sans doute le plus sûr moyen de dater le *Gorgias* : par la critique, la polémique, et la netteté de la résolution philosophique.

LE « GORGIAS » DANS L'ŒUVRE DE PLATON

Le grand nombre de thèmes abordés dans le *Gorgias* et la diversité des fins que ce dialogue paraît servir (engagement militant et critique radicale de la politique et de la rhétorique), bref, la richesse même du

---

1. 494a-e.

Gorgias, devrait en rendre la datation fort délicate. De toute façon, plutôt que de rechercher une date exacte à laquelle le *Gorgias* aurait été écrit, on tentera de déterminer à quel moment d'élaboration de sa pensée Platon était parvenu quand il composa ce dialogue. Sa pensée était-elle encore à la recherche des thèmes majeurs de sa constitution ou était-elle déjà établie en ses déterminations essentielles ? On répondra en gros que, dans le *Gorgias*, la pensée semble déjà fixée sur les valeurs essentielles de la philosophie et sur les attitudes fondamentales de la pensée.

On inclura donc le *Gorgias* dans une période de prématurité où les principales orientations de la philosophie platonicienne sont acquises, même si leurs démonstrations ne sont pas encore tout à fait achevées et si les modes de leur présentation sont encore très dépendants des buts, polémiques et apologétiques, qui ont pu animer Platon durant la période qui correspond en gros à la fondation de l'Académie. Les résultats de la stylométrie [1] confirment du reste cette datation, qui rapproche le *Gorgias* du *Ménon*, du *Charmide*, du *Protagoras* et de l'*Euthydème*. Pour situer plus précisément le *Gorgias* parmi les dialogues qui lui sont contemporains, on essaiera de préciser comment les mêmes thèmes sont abordés dans des dialogues contemporains et de comparer les modes d'exposition, adoptés dans le *Gorgias*, avec ceux choisis dans d'autres textes qu'anime une même intention de critique et d'engagement.

---

1. La stylométrie a permis, grâce à l'observation d'un ensemble de procédés stylistiques (usage des particules, fréquence du hiatus, formules de réponses et d'acquiescement, etc.), de grouper les dialogues platoniciens en quatre groupes (dialogues de jeunesse, de maturité — les uns, contemporains de la fondation de l'Académie et du premier voyage en Sicile ; les autres, écrits avant le second séjour à Syracuse —, et dialogues tardifs). Le *Gorgias* appartiendrait au deuxième groupe, cf. p. 367.

I. *Les thèmes platoniciens du* Gorgias.

Ce qui est le plus frappant dans le *Gorgias* a trait à la force de l'affirmation morale. Si on la retrouve formulée à peu près de la même façon dans d'autres dialogues [1], le *Gorgias* la revendique et la démontre à l'aide d'un argument dialectique extrêmement précis, avant de la rapporter à une spéculation sur la vie future. L'affirmation morale a donc une définition logique tout autant qu'éthique. Certes, dans le *Criton*, Socrate rappelle l'accord renouvelé dont a fait l'objet la thèse selon laquelle « il n'y a de rectitude ni à commettre l'injustice, ni à répondre à l'injustice par l'injustice », mais cette thèse n'est pas prouvée [2]. Ce qui laisserait penser à l'antériorité du *Criton* par rapport au *Gorgias*. Par ailleurs, on retrouve dans le *Phèdre* et dans le *Phédon*, les thèmes de la destination des âmes et du choix d'une vie future, choix motivé surtout par une existence antérieure de justice ou d'injustice [3], mais la différence majeure avec ces deux dialogues est que, dans le *Gorgias*, l'idée d'une vie après la mort n'est à aucun moment explicitement liée à l'idée de l'éternité de l'âme. A cet égard, le *Phèdre* et le *Phédon* donnent un approfondissement des conditions du mythe ; d'où la confirmation de leur date plus tardive de composition.

Par ailleurs, le lien de la vertu au savoir est exposé, dans le *Gorgias*, comme un moyen de confirmer les principes de la moralité par les démonstrations de la science. Cette thèse mérite d'être rapprochée de celle qu'on trouve dans le *Protagoras*, où Socrate parvient en effet à prouver que la vertu est une science, mais

---

1. *Apologie de Socrate* 38e-39d, *Hippias Mineur* 375d-376c, *Charmide* 172a, 175e-176a.
2. *Criton* 49b.
3. *Phédon* 107a-d, *Phèdre* 245c-246a ; on trouve aussi quelques allusions à l'immortalité de l'âme dans *Apologie de Socrate* 40c-41c, *Criton* 54b-c et *Ménon* 81a-e.

sa démonstration reste soumise à une perspective hédoniste qui fait du plaisir l'équivalent du bien[1]. Le fait que les démonstrations du *Gorgias* soient détachées d'une telle hypothèse confirmerait l'antériorité du *Protagoras*. Mais l'étude des rapports entre les différentes vertus ne se limitent pas à comparer vertu et science. Des allusions sont faites dans le *Gorgias* à la façon dont on pourrait définir, à partir de la vertu, la piétié (*hosiótēs*) et le courage (*andreía*[2]). Mais les rapports faits entre la vertu et les autres qualités morales ne sont pas aussi développés qu'ils le sont dans l'*Euthyphron* (à propos de piété[3]) et dans le *Lachès* (au sujet du courage[4]). Peut-on penser que le *Gorgias* ne donne pas un exposé complet de la question pour cette raison, précisément, qu'elle a été traitée dans ces deux dialogues, lesquels auraient donc été écrits avant que ne soit composé le *Gorgias* ?

Dans le souci d'une mise en ordre hiérarchique des modalités du savoir (autre thème important du dialogue), l'acquis principal du *Gorgias* est la gradation établie entre la croyance (*pístis*), l'opinion (*dóxa*), la science (*epistémē*[5]). Certes, une telle organisation des facultés reste superficielle si on la compare avec l'ordre des facultés établi dans le livre VI de la *République*[6], mais il reste que le *Gorgias* aborde là un problème dont on ne trouve, pour ainsi dire, aucun équivalent dans les dialogues réputés contemporains du *Gorgias*, lequel est donc, à cet égard, plus proche des écrits d'une période ultérieure. Il en va de même pour les quelques allusions, encore triviales, faites

---

1. *Protagoras* 350c, *Lachès* 194c-d, *Charmide* 165c-166b et *Euthydème* 288d-292e.
2. 507b.
3. *Euthyphron* 12e.
4. *Lachès* 191e, 192d.
5. 454c-455a, 457b, 458b, 469c, 472e, 486d, 487c, 501c.
6. *République* VI 509d-511e.

dans le *Gorgias* à la théorie des Formes[1], et, plus particulièrement à la définition du beau. Bien sûr, un
rapport est à faire avec l'*Hippias Majeur*, tout entier
occupé par cette question, mais qui ne parvient pas
à poser les conditions d'une caractérisation du
beau[2]. En revanche, les recherches menées dans le
Gorgias paraissent plus soucieuses de dégager une
définition générale du beau, souci qui induirait encore
à reconnaître la postérité du *Gorgias* par rapport à
l'*Hippias Majeur*.

Enfin, la critique de la rhétorique impose le rappro-
chement avec le *Ménéxène*, où Socrate n'examine pas
les conditions de possibilité de la rhétorique politique,
mais en donne une parodie sous la forme d'une orai-
son funèbre imaginaire. La charge critique des deux
dialogues est comparable, quoi qu'elle soit exprimée
par des moyens différents ; d'où la tentation d'admettre qu'ils sont contemporains. Or la date de la
composition du *Ménéxène* est connue avec une relative
certitude[3], sans doute dans les années 386, époque
dont la date de composition du *Gorgias* ne devrait
donc pas être trop éloignée.

Mais c'est à partir de la réflexion sur la destination
politique de la philosophie qu'on peut recueillir les éléments d'une datation plus précise du *Gorgias*.
D'abord, la tentative de définir la compétence véritable dont un homme d'Etat doit se trouver doté est
exposée également dans l'*Euthydème*. Mais tandis que
Platon, dans le *Gorgias*, répond à cette question en

---

1. 503e.
2. *Hippias Majeur* 304a-b.
3. Paradoxalement, c'est au moyen d'un anachronisme que le
Ménéxène semble donner une indication, à peu près assurée, de sa
date de composition. En effet, le discours de Socrate mentionne un
événement qui eut lieu en 386, donc après sa propre mort. Le
Ménéxène n'a donc pas pu être composé avant cette date, et comme
il ne fait état, dans l'historique de la cité athénienne, d'aucun événement ultérieur à cette date, il n'y a aucune raison de supposer
que le *Ménéxène* ait été écrit longtemps après cette date.

faisant allusion à une alliance possible de la philosophie et du pourvoir[1], elle est livrée, dans l'*Euthydème*,
à une aporie, qui semble montrer un traitement de la
question antérieur à celui proposé dans le *Gorgias*[2].
Mais surtout les réflexions menées dans le *Gorgias*
semblent être liées à quelques événements détermi-
nants de la vie de Platon, tels ses rapports avec Denys I
de Syracuse. Or, dans la *Lettre* VII, Platon déclare que,
peu après la mort de Socrate, donc dans les années
390 au plus tard, il comprit que tous les gouvernements étaient mauvais et qu'il devait se consacrer à la
philosophie — c'est dans cet état d'esprit qu'il s'est
rendu en Sicile (389-387[3]). Dodds fut le premier à
remarquer que le même état d'esprit anime le *Gorgias*,
ce qui induit à situer la date de composition du *Gorgias*
immédiatement avant ou immédiatement après le
départ en Sicile, les quelques sicilianismes mis par Platon dans la bouche de Gorgias[4] ou les brèves allusions
à la cuisine sicilienne[5] ne permettant guère d'établir
que Platon était déjà revenu de Sicile quand il écrivit
le *Gorgias*. Rappelons cependant l'ordre proposé par
Dodds : *Euthydème*, voyage en Sicile, *Gorgias*,
Ménéxène, *Ménon*, et insistons plutôt sur le fait que la

---

1. 521d.
2. *Euthydème* 291c-292e.
3. *Lettre* VII 326b.
4. 450b.
5. 518b. En fait, le problème se pose de la façon suivante. Si on
fait crédit à l'histoire selon laquelle, au terme de son premier séjour
en Sicile, Platon aurait été vendu comme esclave à un homme se
rendant aux jeux Olympiques de 388, il faut faire remonter la date
du *Gorgias* à 390 (si on pense que le dialogue a été écrit avant le
voyage à Syracuse) ou à 388 (si on pense qu'il a été écrit après). En
revanche, si on refuse d'accorder foi à cet épisode, on peut admettre
que le *Gorgias* a été écrit en 388 (si on considère qu'il est antérieur
au voyage en Sicile) ou vers 386-385 (si on l'estime postérieur). Cf.
Swift-Riginos A., *The anecdotes concerning the life and writings of Plato*,
Leyden Brill, 1976 (anecdotes 33 à 36) pp. 80 à 92 ; voir aussi les
allusions d'Aristote *Métaphysique* Δ 30 1025a 25-30 et Δ 5 1015a 25-
26. Nous penchons pour cette dernière solution.

perfection et l'achèvement du *Gorgias* ne résident
peut-être pas tant dans le contenu doctrinal du dialogue que dans la maturité et la précision avec lesquelles sont rapportées les unes aux autres les raisons
de la philosophie et celles de la critique et de l'engagement. Pour ce faire, la stratégie des modes d'exposition est absolument décisive.

II. *Les modes d'exposition du* Gorgias.

Dans le *Gorgias*, les références concrètes à l'histoire
et à la politique athéniennes (sous forme d'exemples
précis, d'allusions à des événements historiques et aux
débats qu'ils ont suscités) sont particulièrement fréquentes. Mais ces références ne sont pas seulement historiques, elles consistent aussi dans ces nombreux
emprunts que Platon fait à la pensée pythagoricienne et
à ses formulations mathématiques. Tout cela montre
que le *Gorgias* est un dialogue qui s'interroge sur son
époque, sur les événements qui s'y déroulent et les styles
philosophiques qu'on y trouve ; il peut donner le sentiment que Platon interpelle son temps et le prend à
témoin. L'exemple le plus marquant est fourni par la
façon dont est représentée l'opposition irréductible qui
existe entre Socrate et sa Cité[1]. La même chose se
retrouve dans d'autres dialogues (L'*Apologie de Socrate*,
bien sûr, et le *Ménon*), mais son caractère irréductible
n'est nulle part montré de façon plus dépouillée que
dans le *Gorgias*. De plus, ce qui confère à la figure de
Socrate une force encore plus grande est qu'elle s'oppose à son illustration négative qu'est la personnalité
d'Archélaos. Dans l'ensemble, le Socrate du *Gorgias* est
un Socrate plus abstrait, plus fort, moins didactique, qui
mentionne, en les associant à des preuves, les raisons de
croire ou de condamner.

1. 473e-474a, 522a-b.

D'où l'idée que des causes plus particulières, plus spécifiquement liées à la personnalité de Socrate, aient pu jouer pour expliquer la violence du *Gorgias*. Le *Gorgias* a parfois l'air d'une autre *Apologie de Socrate*, destinée à répondre à un pamphlet anti-socratique, paru dans les années 385, et dont un certain Polycrate aurait été, d'après ce que dit Isocrate dans le *Busiris*, l'auteur[1]. Anytos aurait été chargé de le prononcer. Le texte est perdu, mais on peut partiellement le reconstituer à partir de la réponse qu'y fit Xénophon[2]. Ce pamphlet serait postérieur à 394, il aurait mentionné la reconstruction des Longs Murs et cité le même passage de Pindare que rappelle Calliclès[3]. Mais s'il y a un lien entre le *Gorgias* et l'écrit de Polycrate, comment l'interpréter et lequel des deux textes a provoqué la rédaction de l'autre ? L'allusion à Alcibiade, le fait que Platon, dans le *Gorgias*, ne cherche guère à disculper Socrate de l'accusation d'être un ennemi du peuple laisserait penser que le pamphlet de Polycrate est une réponse au *Gorgias* plutôt que l'inverse[4].

Dans le *Contre les sophistes* qu'Isocrate publia peu de temps après la fondation de son école, une polémique est engagée contre les maîtres qui donnent une formation philosophique essentiellement théorique, qui prétendent que la science vaut beaucoup plus que l'opinion, et qui négligent de cultiver les qualités sociales de l'individu[5]. Si Platon est visé dans ce pamphlet d'Isocrate, il est cependant assez difficile d'admettre que le texte d'Isocrate réponde spécifiquement aux idées platoniciennes exposées dans le *Gorgias* ; il aurait donc précédé ce dialogue. La même incertitude est de mise à

---

1. Isocrate, *Busiris* 4.
2. Xénophon, *Mémorables* I, 1-2.
3. Favorinus, ad. Diogène Laërce II, 39, mentionné par Dodds, p. 28.
4. Mais la question est controversée, cf. J. Humbert, *Polycrates. L'accusation de Socrate et le Gorgias*, Paris, 1930. Xénophon, *Mémorables* I, 2-9 sqq ; voir les autres références bibliographiques données dans ma traduction du *Ménon* (GF-Flammarion), 1991, pp. 320-321.
5. Isocrate, *Contre les sophistes* 8.

l'égard du prétendu traité d'Antisthène : *Archélaos ou sur
la souveraineté*, qui était, semble-t-il, une condamnation
en règle de tous les gouvernements existants, comme à
l'égard de l'*Alcibiade* d'Eschine le Socratique puisque la
date de ces deux textes est inconnue.

Pour qui lit un dialogue de Platon, il est toujours
tentant de faire quelques rapprochements avec le
Gorgias. Par sa richesse et les certitudes qu'il exprime,
ce dialogue est en correspondance étroite avec
d'autres œuvres platoniciennes. Certes, la complexité
du personnage de Socrate et l'ardeur de sa défense
de la philosophie favorisent ces rapports : ces deux
éléments semblent donner la cohérence d'une théma-
tique qui se retrouve, plus dispersée, dans d'autres
dialogues. Mais, paradoxalement, ce serait la part la
plus anecdotique du *Gorgias* (sa part critique, ses allusions et références historiques) qui contribuerait le
plus à son exemplarité. Car cette critique, qui est
essentiellement celle de la politique, donne une des
clés de la philosophie de Platon. Elle explique à la fois
le retrait du philosophe à l'égard de la Cité, mais aussi
l'intérêt, constant, fondamental, qu'il éprouvait pour
la politique et les conditions de l'exercice de la philosophie dans la Cité. Or cette double position du philosophe est la condition en laquelle se sont élaborées
presque toutes les œuvres platoniciennes.

De fait, le *Gorgias* n'est pas seulement un dialogue
exemplaire pour la compréhension d'autres dialogues.
C'est aussi un dialogue qui, si on le rapproche de la
plupart des œuvres platoniciennes, est doté d'une
grande actualité. Entre le *Gorgias* et la *Lettre* VII
— pour choisir un cas extrême — le lecteur est surpris
de voir à quel point les rapports sont étroits. En effet,
le récit détaillé de la *Lettre* VII semble expliquer l'attitude philosophique défendue dans le *Gorgias*, et le
Gorgias permet de mieux apprécier le comportement
du philosophe Platon auprès du tyran Denys.

Mais le *Gorgias* n'est pas seulement une des voies
d'accès à l'œuvre platonicienne. Si on cherche à

savoir, plus précisément, ce qu'il peut représenter pour le lecteur d'aujourd'hui, on répondra qu'il enseigne une façon de définir une morale (à la fois d'action et de vie) et qu'il permet de comprendre le fonctionnement du pouvoir, son recours à la pensée, qu'il permet aussi de démonter le mécanisme du double discours (ou hypocrisie) du pouvoir. Autour de ces deux thèmes : critique du pouvoir, de ses moyens, de ses discours, et défense d'une vie de justice et de philosophie, on trouverait la formule d'une actualité présente de Platon. C'est une telle « actualité du platonisme », pour reprendre l'expression de Victor Goldschmidt, qui contribuerait à donner à notre époque, sinon les réponses à ses questions — surtout si elles portent sur la pensée dans la vie et dans la Cité —, du moins le sens que ces questions peuvent avoir et la lucidité ou le courage de les poser.

Monique CANTO.

REMARQUES PRÉLIMINAIRES

Le texte.

Le texte que nous avons traduit est, en général, le texte établi par Dodds. Là où les propositions de Dodds, bien qu'intéressantes, nous ont paru un peu contestables ou aventureuses, nous sommes revenue au texte établi par Burnet (*Platonis opera*, Oxford Classical Texts, Oxford, 1903). Dans l'édition bilingue (grec, français) la plus accessible pour le lecteur français (Platon, *Œuvres complètes*, Tome III, 2e partie, Les Belles Lettres, Paris, 1923), le traducteur, Alfred Croiset propose deux leçons que nous avons retenues (478c et 484b).

Par ailleurs, le texte que nous proposons est divisé en pages et en paragraphes reproduits strictement à partir de l'édition standard faite par Henri Estienne à Genève en 1578. Comme il arrive que cette division originale tombe au milieu d'un membre de phrase, sinon au milieu d'un mot, il nous a fallu apprécier, dans la traduction, l'équivalent le plus exact de cette coupure — ce qui est aussi délicat qu'arbitraire quand la traduction ne suit pas l'ordre des mots du texte grec. Nous avons évidemment renoncé à couper les mots et essayé, autant que possible, de faire coïncider les divisions en paragraphe avec les unités sémantiques de la traduction.

La traduction.

Nous avons voulu traduire le *Gorgias* en respectant deux exigences : exactitude et précision, par rapport à la lettre du texte grec, fidélité et respect, à l'égard de son mouvement et de son humeur. Nous avons tenté de satisfaire la première exigence par la clarté : en essayant de traduire les termes grecs qui ont une parenté sémantique, laquelle fait argument dans le texte original, par des équivalents français appartenant aussi à une même famille sémantique ; en traduisant systématiquement les particules qui jouent un rôle décisif dans la cohérence et l'enchaînement d'un argument ou d'un échange ; en cherchant à respecter l'ordre des mots grecs (dans la mesure où cela ne rendait pas la compréhension plus difficile en français), surtout lorsque la construction met nettement en évidence tel ou tel membre de phrase.

Mais la traduction devait aussi donner une idée précise du mouvement du *Gorgias*, du ton qui l'inspire, des humeurs et affects qui l'animent. Car le *Gorgias* est un dialogue auquel les différences de ton et de rythme donnent beaucoup de relief. Chacun des interlocuteurs de Socrate a son style : Gorgias, sophistiqué et magnanime ; Polos, plein d'enflure et de prétention ; Calliclès, agressif et impétueux. En face d'eux, le ton de Socrate peut paraître relativement neutre, mais non pas homogène. Socrate peut en effet se transformer en auteur de pastiches, devenir inspiré, ironique, et amorcer sa propre défense et celle de la philosophie. Le mouvement du dialogue est ainsi fait de ces confrontations de tempéraments différents, de ces interruptions, ruptures, retournements qui en scandent la progression. Le *Gorgias* est un dialogue dramatique, dont la dramaturgie se joue aussi dans la langue et dans le style. C'est la dynamique du dialogue qui donne tout son relief à l'expression de la pensée, et le jeu des contrastes à l'œuvre dans la *Gorgias* en favorise déjà la compréhension.

Les notes.

Les notes ont une fonction première : faciliter l'intelligibilité de la traduction. D'où leur rôle essentiellement informatif : elles précisent quelles sont les institutions politiques, religieuses et culturelles mentionnées dans le dialogue ; elles expliquent en quoi consiste tel ou tel événement ou évolution historique, auxquels le texte du *Gorgias* fait allusion ; elles développent les significations liées à l'usage de tel ou tel terme ou expression, les contextes auxquels ceux-ci renvoient et la charge symbolique qui y est attachée ; enfin, elles signalent la polysémie de certains termes grecs ou la complexité du texte traduit, afin de permettre au lecteur d'apprécier, sinon l'arbitraire de la traduction, du moins le fait que celle-ci dépend d'une décision dont il peut être juge.

Mais les notes doivent également servir à comprendre le texte du dialogue comme ses contemporains pouvaient le faire. Elles doivent faire savoir, par exemple, si Platon cite ou non exactement les passages auxquels il se réfère, s'il donne une présentation, fidèle ou bien légèrement tendancieuse, des événements dont il parle ; elles peuvent aussi expliciter le scandale et le paradoxe que devait représenter, pour les Athéniens de l'époque, l'exposé des thèses socratiques.

Enfin, puisque le *Gorgias* répond à des questions posées dans les dialogues antérieurs, puisqu'il anticipe des modes de traitement et de résolution que Platon développera dans ses œuvres ultérieures, les rapprochements que tel ou tel passage du *Gorgias* impose avec l'ensemble de la pensée platonicienne sont mentionnés dans les notes.

La bibliographie.

Dans la bibliographie, on trouvera d'abord les indications de lecture qui ont trait au texte : les principales éditions, analyses et traductions du *Gorgias*, présentées dans un ordre chronologique et auxquelles pourra se référer le lecteur soucieux d'approfondir sa connaissance du texte.

Nous mentionnerons ensuite les instruments de lecture (commentaires anciens et modernes) qui nous ont aidée à dégager le sens philosophique du *Gorgias*.

Sur des questions plus générales liées à l'interprétation du platonisme, nous donnerons, d'une part, deux bibliographies succinctes qui peuvent aider, l'une, à la mise en place politique et culturelle de la pensée platonicienne et, l'autre, à sa compréhension d'ensemble, et, d'autre part, trois bibliographies, plus limitées dans leurs objets, mais plus détaillées dans leur contenu, portant respectivement sur les personnalités de Gorgias, Polos et Calliclès, sur l'opposition de la nature et de la loi, enfin, sur les paradoxes socratiques.

BIBLIOGRAPHIE

ÉDITIONS, COMMENTAIRES ET TRADUCTIONS DU GORGIAS
Bibliographie sélective.

Un ouvrage est à distinguer, qui, par sa richesse et sa précision, dispenserait presque de consulter les commentaires antérieurs, que nous citons souvent et qui nous a été d'un constant secours dans la préparation de cette traduction. Il s'agit du livre de E. R. Dodds : *Plato, Gorgias*, A revised text with introduction and commentary, Oxford, At the Clarendon Press, 1959.

Dans la liste suivante, nous ne mentionnerons que les ouvrages les plus accessibles au lecteur moderne et susceptibles d'aider sa lecture.

ROUTH M. J. : *Euthydemus* et *Gorgias* cum notis, 1784.

HEINDORF L. F. : *Platonis Dialogi Selecti* cura L. F. Heindorf, vol. II, 1805.

SCHLEIERMACHER F. : *Platons Werke* übers. F. Schleiermacher, vol. II, 1, 1818 (2ᵉ éd.).

AST F. : *Platonis Opera* rec. F. Ast (1819-1827).

BEKKER I. : *Platonis Opera* rec. I. Bekker, vol. III, 1826.

COUSIN V. : *Les Dialogues de Platon*, Paris, 1831.

HERMANN C. F. : *Platonis Dialogi* rec. C. F. Hermann, vol. III, Teubner, 1851.

STALLBAUM G. : *Gorgias* rec. Stallbaum, 1861 (3ᵉ éd.).

CHAUVET et SAISSET : *Les Dialogues de Platon*, Paris, 1861, V, trad. Dacier et Grou.

COPE E. M. : *Gorgias* translated by E. M. Cope, 1864.

THOMPSON W. H. : *Gorgias* ed. by W. H. Thompson, 1871.

JOWETT B. : *The Dialogues of Plato* translated by B. Jowett, vol. II, 1871.

HIRSCHIG R. B. : *Gorgias* ed. by R. B. Hirschig, 1873.

SCHANZ M. : *Platonis Opera* ed. by M. Schanz, vol. III, 1880.

BURNET J. : *Platonis Opera* rec. J. Burnet, vol. III, 1903.

CHAMBRY E. : *Platon, Œuvres choisies*, Paris, Garnier, 1912. Introduction, traduction française et notes.

APELT O. : *Gorgias* übers. O. Apelt, 1922.

LAMB W. R. M. : *Plato*, Loeb Library, vol. V, 1932 (éd. révisée). Texte grec (Zurich, ed. M. Baiter, Orelli and Winckelmann, 1839) et traduction anglaise.

CROISET A. : *Platon, Œuvres*, Les Belles Lettres, vol. III, 2, 1923. Edition du texte et traduction française.

ROBIN L. : *Platon, Œuvres complètes*, Gallimard, vol. I, 1940. Traduction française et notes.

HELMBOLD W. C. : *Gorgias*, trans. W. C. Helmbold, New York, 1952.

WOODHEAD : *Plato, Socratic Dialogues*, 1953.

JOWETT B. : *The Dialogues of Plato*, trans. B. Jowett, vol. II, 1953, 4ᵉ éd. radically revised.

HAMILTON W. : *Gorgias*, The Penguin Classics, 1959-1960. Introduction, traduction et notes.

ARANGIA-RUIZ : *Gorgias*, Bibl. dei Class. della Filos., Firenze, Vallechi, 1958, XXX. Traduction, introduction et commentaire.

REALE G. : *Gorgias*, Il pensiero, Brescia (La scuola), 1966. Traduction, introduction et commentaire.

ADORNO F. : *Gorgias*, Piccola biblioteca filosofica, Laterza 39, Bari, Laterza, 1968.

BRUNA J. : *Gorgias* ou a oratoria, São Paulo, Difusao Européia di Livro, 1979. Traduction portugaise, présentation et notes.

SCHMIDT OSMANCZIK U. : *Gorgias*, Biblioteca Scriptorum Graecorum et Romanorum Mexicana, Mexico, 1980. Introduction, traduction espagnole et notes.

IRWIN T. : *Gorgias*, Clarendon Plato series, Oxford, Clarendon Press, 1979. Introduction, traduction anglaise, notes, bibliographie, index général analytique.

LES INSTRUMENTS DE LECTURE

Bibliographie succincte.

1. *Les commentaires anciens.*

Le *Gorgias* a fait l'objet, semble-t-il, d'un grand nombre de commentaires anciens. Dans les écoles néo-platoniciennes, ce dialogue était régulièrement étudié entre l'*Alcibiade* et le *Phédon*. Les plus grands philosophes néoplatoniciens (Plutarque, Proclus, Ammonius, Olympiodore) l'ont commenté, mais seul le commentaire d'Olympiodore, philosophe d'Alexandrie, qui vécut au VIᵉ siècle après J.-C., a subsisté. Il se présentait sous la forme d'une cinquantaine de conférences, ayant trait, chacune, à une ou deux pages du texte platonicien. Ce commentaire, qui consiste souvent en une paraphrase du *Gorgias*, nous renseigne sur l'état du texte à la fin de l'Antiquité et sur les principes de l'interprétation néoplatonicienne :

Olympiodore, *In Platonis Gorgiam Commentaria*, ed. L. G. Westerink, Leipzig, Teubner, 1970.

Les scolies trouvées dans les marges des manuscrits médiévaux du *Gorgias* ont fait l'objet d'une édition récente : Carbonara Naddei M. : *Gli scoli greci al Gorgia di Platone*, Bologna, 1976.

Le *Gorgias* a été aussi un des textes les plus cités par la tradition philosophique antique, surtout par les écoles néoplatoniciennes et les maîtres de rhétorique (Quintilien, Cicéron, etc.). Pour le passage en revue des témoignages de la tradition indirecte sur le *Gorgias*, voir les indications données par Dodds, pp. 62-66.

2. *Les commentaires modernes* : bibliographie succincte.

Nous citons par ordre alphabétique les textes parus récemment (des articles, le plus souvent), qui fournissent un commentaire de la totalité du dialogue ou d'une sélection de passages d'interprétation difficile. Les ouvrages, déjà cités dans la liste des éditions, explications et commentaires, sont simplement signalés par le nom de leur auteur et la date de leur publication :

BONITZ H. : *Platonische Studien*, Berlin, 1858.

COURCELLE P. : *Connais-toi toi-même*, recueil, Tombeau de l'âme (*Gorgias* 493a, *Cratyle* 400c, *Phèdre* 250c) II, 1975, 394-414.

DODDS E. R., 1959.

DUNCAN R. B. : Philia in the *Gorgias*, *Apeiron* VIII, 1, 1974, 23-25.

COULTER J. A. : The relation of the *Apology of Socrates* to Gorgias *Defense of Palamedes* and Plato's critique of gorgianic rhetoric, *Harvard Studies in Classical Philosophy* 68, 1964, 269-303.

FIELD G. C. : *Plato and his contemporaries*, 1903, Londres/-New York, 1967.

GROTE G. : *Plato and the other companions of Socrates*, I, 1865, Londres/New York, 1974.

HARRISON E. L. : Was Gorgias a sophist ?, *Phoenix* 18, 1964, 183-192 ; et : Plato, *Gorgias* 449d sqq., *Eranos* 61, 1963, 63-65.

IRWIN T., 1979.

KERFERD G. B. : Plato's treatment of Callicles in the *Gorgias*, *Proceedings of the Cambridge Philological Society* 20, 1974, 48-52.

KUCHARSKI P. : La rhétorique dans le *Gorgias* et le *Phèdre*, *Revue des Etudes Grecques* 74, 1961, 371-406.

LAFRANCE Y. : La problématique morale de l'opinion dans le *Gorgias* de Platon, *Revue Philosophique de Louvain* 67, 1969, 5-29.

RIGOBELLO A. : Il *Gorgia* platonico in « seconda lettura », *Proteus* 2, 1971, 145-159.

SCHUHL P. M. : Sur un passage du *Gorgias*, repris dans *La Fabulation platonicienne*, Paris, 1968, pp. 29-32.

TAYLOR A. E. : *Plato, the man and his work*, 1926, Londres, 1960.

VLASTOS G. : Was Polus refuted ? *American Journal of Philology* 88, 1967, 454-460.

WILAMOWITZ-MOELLENDORF U. von : *Platon*, Berlin, 1919.

Lexiques

BRANDWOOD L. : *A Word index to Plato*, Leeds, Maney & Son, 1976.

PERSPECTIVES À PARTIR DU GORGIAS

1. *Sur l'histoire et le monde politico-culturel grec du temps de Platon :* indications de lecture.

Austin M. et Vidal-Naquet P. : *Economies et sociétés en Grèce ancienne*, Paris, A. Colin, 1972.

Burnet J. : *Early Greek philosophy*, Londres, 1892 ; trad. fr. par A. Reymond : *L'Aurore de la philosophie grecque*, Paris, Payot, 1919.

Dodds E. R. : *The Greeks and the Irrational*, U.C.P., Berkeley, 1959 ; trad. fr. par M. Gibson : *Les Grecs et l'irrationnel*, Paris, Aubier, 1965.

Ehrenberg V. : *From Solon to Socrates*, 2e éd., Londres, 1973.

Gernet L. : *Anthropologie de la Grèce antique*, Paris, Maspéro, 1968.

Gernet L. et Boulanger A. : *Le Génie grec dans la religion*, Paris, 1939, rééd. Paris, Albin Michel, 1970.

Gomperz T. : *Les Penseurs de la Grèce*, trad. fr., Paris, Payot, 1928.

Lévêque P. et Vidal-Naquet P. : *Clisthène l'Athénien*, Paris, Les Belles Lettres, 1964.

Marrou H. I. : *Histoire de l'éducation dans l'Antiquité*, Paris, Seuil, 6e éd., 1965.

Mossé C. : *Les Institutions grecques à l'époque classique*, Paris, Colin, 1967. Et : *La Tyrannie dans la Grèce antique*, Paris, P.U.F., 1969.

de Romilly J. : *Histoire et raison chez Thucydide*, Paris, Les Belles Lettres, 1956. Et : *Problèmes de la démocratie grecque*, Paris, Hermann, 1975.

Vernant P. et Vidal-Naquet P. : *Mythe et tragédie en Grèce ancienne*, Paris, Maspéro, 1972. Et : *Mythe et tragédie, II*, Paris, Editions La Découverte, 1986.

Vidal-Naquet P. : *Le Chasseur noir*, Paris, Maspéro, 1981.

Will E. : *Le Monde grec et l'Orient*, Tome II, IVe siècle et époque hellénistique, Paris, P.U.F., 1975.

2. *Sur l'œuvre platonicienne :* bibliographie très succincte.

Brisson L. : *Platon, les mots et les mythes*, Paris, Maspéro, 1982.

Descombes V. : *Le Platonisme*, Paris, P.U.F., 1971.

Friedländer F. : *Platon*, 3 vol., trad. angl., New York, (1. *An introduction*, 1958 ; 2. *The dialogues, first period*, 1964 ; 3. *The Dialogues, second and third period*, 1969).

Gauss H. : *Handkommentar zu den Dialogen Platos*, Berne, 1956.

GOLDSCHMIDT V. : *Les dialogues de Platon. Structure et méthode dialectique*, Paris, 1947. — *La religion de Platon*, Paris, 1949. — *Platonisme et pensée contemporaine*, Paris, 1970. — *Questions platoniciennes*, Paris, 1970.

GROTE G. : *Plato and the other companions of Socrates*, Londres, 1875.

JAEGER W. : *Paideia, La formation de l'homme grec*, trad. fr. du tome I, Paris, 1964.

JOLY H. : *Le renversement platonicien, logos, epistèmè, polis*, Paris, 1974.

ROBINSON R. : *Plato's earlier dialectic*, Oxford, 2e éd. 1953.

TAYLOR P. : *Plato, the man and his work*, Londres, 1926.

3. *Sur Gorgias, Polos et Calliclès* : bibliographie succincte.
— *Les textes*.

DIELS H. et KRANZ W. : *Die Fragmente der Vorsokratiker*, vol. II, Berlin, 1952, 6e éd., Section C « Aeltere Sophistik », citée avec les abréviations des noms des auteurs, D. K.

DUMONT J. P. : *Les Sophistes, fragments et témoignages*, Paris, P.U.F., 1969.

SPRAGUE R. K. : *The older Sophists, a complete translation*, Columbia South Carolina, 1972.

UNTERSTEINER M. : *Sofisti, Testimonanze e frammenti*, fasc. I-IV, Florence 1949-62, fasc. I-III, 2e éd. 1962-67, trad. angl. K. Freeman, Londres, 1957.

— *Les études*.

CLASSEN C. J. éd. : *Sophistik*, Darmstadt, 1976.

DUPRÉEL E. : *Les Sophistes*, Neuchâtel, 1948.

GUTHRIE W. K. C. : *A History of Greek philosophy*, vol. III, *The fifth century enlightenment*, Cambridge, 1971, trad. fr. : *Les Sophistes*, Paris, 1971.

KERFERD G. B. éd. : *The Sophists and their legacy*, Proceedings of the four international colloquium on ancient greek philosophy at Bad Homburg 1979, Wiesbaden 1981. Et : *The Sophistic Movement*, Cambridge, 1981. Et aussi : Gorgias on nature or that which is not, *Phronesis* 1 (1955-1956), pp. 3-25.

LEVI A. : *Storia della sofistica*, Naples 1966.

UNTERSTEINER M. : *I sofisti*, 2e éd. Milan, 1967.

4. *Sur l'opposition de la loi et de la nature.*

EFFE B. : Das Gesetz als Problem der politischen Philosophie der Griechen, Sokrates, Platos, Aristoteles, *Gymnasium* 83, 1976, 302-324.

GOROSPE V. R. : Plato's natural-law theory in the *Republic*, *The Modern Schoolman* 43, 1965-1966, 143-178.

JOHANN H. T. : Hippias von Elis und der Physis-Nomos-Gedanke, *Phronesis* 18, 1973, 15-25.

HAHM D. E. : Plato's noble lie and political brotherhood, *Classica & Mediaevalia* 30, 1969, 211-227.

HEINIMANN F. : *Nomos und Phusis*, Bâle 1945.

MASSIMI A. : Introduzione all'ellenismo, II : La fine della polis e la nuova società, *Giornale Italiano de Filologia* 13, 1960, 114-133.

OTSWALD M. : Plato on law and nature, in *Interpretation of Plato* (recueil), 1977, 41-63.

SCHUETRUMPF E. : Kosmopolitismus oder Panhellenismus ? Zur Interpretation des Ausspruchs von Hippias in Platons *Protagoras*, *Hermes* 100, 1972, 5-29.

5. *Les paradoxes socratiques :* bibliographie succincte (1. la vertu équivaut à la connaissance, et le vice à l'ignorance ; 2. personne ne désire le mal, tout le monde désire le bien ; 3. personne ne commet le mal de son plein gré).

ALLEN R. E. : The socratic paradox, *Journal of the history of ideas*, 21, 1960, 256-65.

BAMBROUGH R. : *Socratic paradox*, The Philosophical Quarterly 10, 1960, 289-300.

CALOGERO G. : Gorgias and the socratic principle « Nemo sua sponte peccat », 1957, repris dans *Essays in ancient greek philosophy* (recueil), 1971, 176-186.

CAPIZZI A. : Nemo sua sponte peccat, Comprensività socratica o autoritarismo platonico ? *Giornale Critico de la Filosofia italiana*, 1974, 161-174.

CAZENEUVE J. : Un panorama des commentaires sur la morale de Platon, *Revue Philosophique* 151, 1961, 69-72.

COPI, I. M. : A problem in Plato's *Laws*, *Mélanges Y. Bar-Hillel*, 1976, 627-639.

DAVIDSON D. : How is weakness of will possible ?, in *Moral Concepts*, éd. J. Feinberg, Oxford, 1969, 93-113, tr. fr. in *Philosophie* 3, 1984, 21-46.

GOOCH P. W. : *Socratic paradoxes in Plato, A study in virtue, knowledge, and related concepts in Plato's dialogues*, Diss. Univ. of Toronto, 1971.

GULLEY N. : The interpretation of « No one does wrong willingly » in Plato's dialogues, *Phronesis* 10, 196.

HACKFORTH R. : Moral evil and ignorance in Plato's ethics, with special reference to *Sophist* 227-229 and *Laws* 863-864, *Proceedings of the Cambridge Philosophical Society* n° 179, 1946-1947, 5.

HATAWAY R. F. : Law and the moral paradox in Plato's *Apology, Journal of the History of Philosophy* 8, 1970, 127-142.

HOULGATE L. D. : Virtue is knowledge, *The Monist* 54, 1970, 142-153.

IRWIN T. H. : *Theories of virtue and knowledge in Plato's early and middle dialogues*, Diss. Princeton Univ., 1973 ; and : Recollection and Plato's moral theory, *Review of Metaphysics* 27, 1973-1974, 752-772.

JANNONE A. : Sur les notions *ekousion* et *akousion* dans la morale platonicienne, *Diotima* 2, 1974, 57-71.

MOREAU J. : Le paradoxe socratique, *Revue de Théologie et de Philosophie* 110, 1978, 269-279.

NAKHNIKIAN G. : The first Socratic paradox, *Journal of the History of Philosophy* 11, 1973, 1-17.

O'BRIEN M. J. : *Virtue, knowledge and the thumœidès*, a study in platonic ethics, Diss. Princeton Univ., 1956 ; and : Modern philosophy and platonic ethics, *Journal of the History of ideas* 19, 1958, 451-472 ; and : *The socratic paradox and the greek mind*, Chapel Hill, N. C., 1967.

REILLY R. : Socrates Moral Paradox, *Southwestern Journal of Philosophy* 8, 1977, 101-107.

SANTAS G. : The socratic paradoxes, *Philosophical Review* 73, 1964, 147-164 ; et : Socrates at work on virtue and knowledge in Plato's *Lachès, Review of Metaphysics* 22, 1969, 433-460 ; et : Socrates at work on virtue and knowledge in Plato's *Charmides, Mélanges G. Vlastos*, 1973, 31-51.

SAUNDERS T. J. : Two passages in Plato's *Laws, Classical Review* 11, 1961, 101-102.

SCHAERER R. : Sur la thèse platonicienne de la vertu-science, *Revue de Théologie et de Philosophie* 111, 1979, 73-74.

SELLARS W. : On knowing the better and doing the worse, *International Philosophical Quarterly* 10, 1970, 5-19.

Sigles et références :
N.B. 1) Ces indications bibliographiques ne sont pas exhaustives. Pour ce qui est de la seconde moitié du XXᵉ siècle, on se reportera à H. Cherniss (« Platon 1950-1957 », *Lustrum* 4 & 5, 1959 & 1960) et à L. Brisson (« Platon 1958-1975 », *Lustrum* 20, 1977 ; « Platon 1975-1980 » [en collaboration avec H. Ioannidi], *Lustrum* 25, 1983, pp. 31-320 ; « *Corrigenda* », *Lustrum* 26, 1984, pp. 205-206). Voir aussi R. D. Mac Kirahan, *Plato and Socrates. A comprehensive Bibliography 1958-1973*, Garland Publishing Inc., New York & London, 1978.

— 2) Sigles :
   S.V.F. *Stoicorum Veterum Fragmenta*, ed. H. von Arnim, Leipzig, 1903-5.
   C.A.F., *Comicorum Atticorum Fragmenta*, ed. T. Kock, Leipzig, Teubner, 1880, tome I.

SUPPLÉMENT BIBLIOGRAPHIQUE
(1993-2007)

TRADUCTIONS
Plato, *Gorgias*, transl. with introduction, notes, and an interpretative essay by James H. Nichols, Agora editions, Cornell paperbacks, Ithaca [N.Y.] / London (Cornell University Pr.) 1998, XI-149 p.

ÉTUDES D'ENSEMBLE
ARENDS, Frederik, « Why Socrates came too late for Gorgias' *epideixis* : Plato's *Gorgias* as political philosophy », *Gorgias-Menon*. Selected papers from the seventh Symposium Platonicum, ed. by Michael Erler and Luc Brisson, Sankt Augustin (Academia Verlag) 2007, 46-51.
AUSLAND, Hayden W., « Socrates' argument with *Gorgias*, the craft analogy, and justice », *Gorgias-Menon*. Selected papers from the seventh Symposium Platonicum, ed. by Michael Erler and Luc Brisson, Sankt Augustin (Academia Verlag) 2007, 158-161.
BATAILLARD, Marie-Christine, « Le bonheur du tyran », *Platon, Analyses et réflexion sur Platon,* Gorgias, Ouvrage collectif dirigé par Guy Samama, Paris (Ellipses) 2003, 84-102.
BÉIS, C., « Une dernière lecture critique du *Gorgias* de Platon », *Philosophia* 33, 2003, 105-128 [en grec moderne avec un résumé en français].

BOSCH-VECIANA, Antoni, « Socrates as a "figure" of the philosopher in the *Gorgias* », *Philosophy and Dialogue. Studies on Plato's Dialogues* (I), edited by Antoni Bosch-Veciana and Josep Monserrat-Molas, Barcelona (Barcelonesa d'Edicions) 2007, 93-136.

BRINGMANN, K., « Prequisites and modalites for the political criticism in Plato's *Gorgias* », *Ideal and Culture of Knowledge in Plato* [Akten der 4. Tagung der Karl-und-Gertrud-Abel-Stiftung, vom 1.-3. September 2000 Frankfurt], Stuttgart, Steiner, 2003, 231-244.

BUTLER, James P., « Questioning irrational desires in Plato's *Gorgias* », *Southwest Philosophical Review* 14, 1998, 169-178.

CASTEL-BOUCHOUCHI, Anissa, « D'un bon usage du mensonge : rhétorique et persuasion dans les dialogues de Platon », *Analyses et réflexions sur Platon*, Gorgias, Ouvrage collectif dirigé par Guy Samama, Paris (Ellipses) 2003, 8-19.

DALFEN, Joachim, « Kann man Menschen wirklich gut machen ? Zu einem unbeachteten Nebensatz in Platons *Gorgias* », *Classica Cracoviensia* 6, 2001, 129-143.

DÍAZ DE CERIO Díez, M[aría Mercedes], SERRANO CANTARÍN, R[amón], « Die Stellung der Handschrift Vindobonensis Phil. gr. 21 (Y) in der Überlieferung des Textes von Platons *Gorgias* », *Wiener Studien* 113, 2000, 75-105.

DIXSAUT, Monique, « Platon et la leçon de Gorgias : pouvoir tout dire de l'être, ne rien pouvoir dire de ce qui est », *Platon, source des Présocratiques. Exploration*, Histoire de la philosophie Nouvelle Série, textes réunis par Monique Dixsaut et Aldo Brancacci, Paris (Vrin) 2002, 191-217.

DORION, Louis-André, « Le *Gorgias* et la défense de Socrate dans l'*Apologie* », *Gorgias-Menon*. Selected papers from the seventh Symposium Platonicum, ed. by Michael Erler and Luc Brisson, Sankt Augustin (Academia Verlag) 2007, 284-289.

DOYLE, J., « The fundamental conflict in Plato's *Gorgias* », *Oxford Studies in Ancient Philosophy* 30, 2006, 87-100.

EUBEN, J. Peter, « Democracy and political theory : a reading of Plato's *Gorgias* », *Athenian Political Thought and the Reconstruction of American Democracy*, ed. by J. Peter Euben, John R. Wallach & Josiah Ober, Ithaca [NY] (Cornell Univ. Press) 1994, 198-216.

FRANKLIN, Lee, « *Techne* and teleology in Plato's *Gorgias* », *Apeiron* 38, 2005, 229-255.

FUSSI, Alexandra, « Socrates' refutation of Gorgias », Proceedings of the *Boston Area Colloquium in Ancient Philosophy* 17, Leiden / Boston (Brill) 2002, 123-145. With a commentary by Mark L. McPherran, p. 146-163.

GERSON, Lloyd P., « Plato's *Gorgias* and "political happiness" », *Gorgias-Menon*. Selected papers from the seventh Symposium Platonicum, ed. by Michael Erler and Luc Brisson, Sankt Augustin (Academia Verlag) 2007, 46-51.

GILL, Christopher, « Form and outcome or arguments in Plato's *Gorgias* », *Gorgias-Menon*. Selected papers from the seventh Symposium Platonicum, ed. by Michael Erler and Luc Brisson, Sankt Augustin (Academia Verlag) 2007, 62-65

GUILLERMIT, Louis, *L'Enseignement de Platon*. 2, *Gorgias, Phédon, Ménon*, texte établi par Alfrieda Pigeaud ; avant-propos de Gilles-Gaston Granger, Polemos, Combas (L'Éclat) 2001, 279 p. 3 index. [Rassemble les cours de l'auteur sur les dialogues socratiques.]

KAHN, Charles, « *Prolepsis* in Gorgias and Meno », *Gorgias-Menon*. Selected papers from the seventh Symposium Platonicum, ed. by Michael Erler and Luc Brisson, Sankt Augustin (Academia Verlag) 2007, 325-332.

LARIVÉE, Annie, « Combattre le mal par le mal. Socrate et sa méthode de soin homéopathique dans le *Gorgias* », *Gorgias-Menon*. Selected papers from the seventh Symposium Platonicum, ed. by Michael Erler and Luc Brisson, Sankt Augustin (Academia Verlag) 2007, 317-324.

LEFEBVRE, David, « Art et puissance dans le *Gorgias* », *Analyses et réflexion sur Platon, Gorgias*, Ouvrage collectif dirigé par Guy Samama, Paris (Ellipses) 2003, 20-31.

LEVETT, Brad, « Platonic parody in the *Gorgias* », *Phoenix* 59, 2005, 210-227.

LEVY, D., « *Techne* and the problem of Socratic philosophy in the *Gorgias* », *Apeiron* 38, 2005, 1-20.

MICHELINI, A.N., « *Pollè agroikia*. Rudeness and irony in Plato's *Gorgias* », *Classical Philology* 93, 1998, 50-59.

MORAVCZIK, Julius, « Goodness trumps pleasure-loving in the *Gorgias* », *Gorgias-Menon*. Selected papers from the seventh Symposium Platonicum, ed. by Michael Erler and Luc Brisson, Sankt Augustin (Academia Verlag) 2007, 122-127.

NESCHKE-HENTSCHKE, Ada, « Der Dialog *Gorgias* und die Tradition des europäischen Naturrechts », *Gorgias-Menon*. Selected papers from the seventh Symposium Platonicum, ed. by Michael Erler and Luc Brisson, Sankt Augustin (Academia Verlag) 2007, 66-71.

NOËL, Marie-Pierre, « *Kairos* sophistique et mises en forme du *logos* chez Gorgias », *Revue de philologie* 72, 1998, 233-245 [rés. en angl. p. 326].

NOËL, Marie-Pierre, « Le style poétique de Gorgias et ses interprétations », *Les Cahiers philosophiques de Strasbourg* 12, 2001, 253-273

NOËL, Marie-Pierre, « L'art de Gorgias dans le *Gorgias* », *Papers on Rhetoric* 6, ed. by Lucia Calboli Montefusco, Roma (Herder Editrice) 2004, 2004, 131-149.

PLASTIRA-VALKANOU, Maria, « Medicine and fine cuisine in Plato's *Gorgias* », *L'Antiquité classique* 67, 1998, 195-201.

RENAUD, François, « Rhétorique, dialectique, maïeutique. Le commentaire du *Gorgias* par Olympiodore », *Gorgias-Menon*. Selected papers from the seventh Symposium Platonicum, ed. by Michael Erler and Luc Brisson, Sankt Augustin (Academia Verlag) 2007, 309-316.

ROCCO, Chris, « Liberating discourse : the politics of truth in Plato's *Gorgias* », *Interpretation* 23, 1995-1996, 361-385.

ROWE, Christopher J., « The moral psychology of the *Gorgias* », *Gorgias-Menon*. Selected papers from the seventh Symposium Platonicum, ed. by Michael Erler and Luc Brisson, Sankt Augustin (Academia Verlag) 2007, 90-101.

SAMAMA, Guy, « La rhétorique : un art de la parole fantôme ? D'un discours sans savoir à une vie sans justice », *Analyses et réflexion sur Platon*, Gorgias, Ouvrage collectif dirigé par Guy Samama, Paris (Ellipses) 2003, 172-185.

SEECK, Gustav Adolf, « Meinungsstreit in Platons Dialogen *Phaidros*, *Gorgias* und *Protagoras* », *Würzburger Jahrbücher für die Altertumswissenschaft* 25, 2001, 41-71.

SPATHARAS, D. G., « Patterns of argumentation in Gorgias », *Mnemosyne* Ser. 4 54, 2001, 393-408.

WAKKER, Gerry, « Platon *Gorgias* 509e et le verbe *homologein* », *Études sur l'aspect chez Platon*, textes édités par Bernard Jacquinod, avec la collaboration de Jean Lallot,

Odile Mortier-Waldschmidt et Gerry Wakker, Centre Jean Palerne [CNRS GDR 1038], Mémoires 20, Saint-Étienne (Publications de l'université de Saint-Étienne) 2000, 339-354.

ANALYSE DE PASSAGES

BRICKHOUSE, Thomas C. and SMITH, Nicholas D., « The myth of afterlife in Plato's *Gorgias* », *Gorgias-Menon*. Selected papers from the seventh Symposium Platonicum, ed. by Michael Erler and Luc Brisson, Sankt Augustin (Academia Verlag) 2007, 138-143.

BRISSON, Luc, « La justice et l'injustice mises à nu : le mythe final du *Gorgias* », *Analyses et réflexion sur Platon*, Gorgias, Ouvrage collectif dirigé par Guy Samama, Paris (Ellipses) 2003, 152-158.

DEMOS, M., « Callicles' quotation of Pindar in the *Gorgias* », *Harvard Studies in classical Philology* 96, 1994, 85-107 [sur 484b4-9].

FUSSI, Alessandra, « The myth of the last judgment in the *Gorgias* », *Review of Metaphysics* 54, 2000-2001, 529-552.

MERKER, Anne, « Le châtiment entre corps et âme », *Analyses et réflexion sur Platon*, Gorgias, Ouvrage collectif dirigé par Guy Samama, Paris (Ellipses) 2003, 118-133.

RENAUD, François, « "Commettre l'injustice est pire que la subir" (474b-476a) : structure, prémisse et source de l'argumentation », *Analyses et réflexion sur Platon*, Gorgias, Ouvrage collectif dirigé par Guy Samama, Paris (Ellipses) 2003, 49-58

THESLEFF, Holger, « A symptomatic text corruption : Plato, *Gorgias* 448a5 », *Arctos* 37, 2003, 251-257.

UNGEFEHR-KORTUS, Claudia, « Die richtenden Kinder : zu Platon, *Gorgias* 464 d 6f », *Hermes* 129, 2001, 562-563.

VALLEJO, Àlvaro, « The myth of the afterlife in Plato's *Gorgias* », *Gorgias-Menon*. Selected papers from the seventh Symposium Platonicum, ed. by Michael Erler and Luc Brisson, Sankt Augustin (Academia Verlag) 2007, 138-143.

WAKKER, Gerry, « *Homologeîn* et *hōmologēsámen*. Platon *Gorgias* 509e2-7 », *Syntaktika* n° 15, mars 1998, 5-14.

GORGIAS

C'est le bon moment, Socrate, pour rejoindre le combat, à en croire le dicton[1] !

Comment cela ? Arrivons-nous, comme on dit, quand la fête est finie ? Sommes-nous en retard ?

Oui, c'était bien une fête, et rudement élégante. Juste avant que tu n'arrives, Gorgias nous a présenté sa démonstration[2], pleine de belles choses !

Mais c'est à cause de Chéréphon — que voici —, Calliclès, que nous sommes en retard. Il nous a fait nous attarder sur la Place du Marché[b].

Peu importe, Socrate, je vais remédier à cela tout seul. Gorgias est mon ami, il nous fera donc sa démonstration, maintenant si tu veux, ou, si tu préfères, une autre fois.

Que dis-tu, Chéréphon ? Socrate a envie d'entendre Gorgias !

CHÉRÉPHON

Oui, c'est pour entendre Gorgias que nous sommes venus.

CALLICLÈS

Alors, dès que vous voudrez revenir chez moi, vous l'entendrez. Vous savez, c'est chez moi que Gorgias habite ! Venez, et il vous fera voir sa démonstration.

SOCRATE

Très bien, Calliclès. Mais Gorgias ne voudrait-il pas discuter avec nous ? [c] Je souhaite lui demander quel est le pouvoir de l'art qu'il exerce, ce qu'il s'engage à faire, et ce qu'il enseigne. Le reste, toute sa démonstration, donc, il la fera voir, comme tu le dis, une autre fois.

CALLICLÈS

Tu n'as qu'à le lui demander, Socrate. En fait, ce que tu veux qu'il fasse est déjà compris dans sa présentation. Tout à l'heure, en tout cas, il priait ses auditeurs de l'interroger sur ce qu'ils voudraient, et il affirmait en outre qu'il aurait réponse à tout.

SOCRATE .

Tu as raison. A toi de lui poser une question, Chéréphon.

CHÉRÉPHON

Que vais-je lui demander ? [d]

SOCRATE

Demande-lui ce qu'il est [3].

CHÉRÉPHON

Que veux-tu dire ?

SOCRATE

S'il était un fabriquant de chaussures, il te répondrait sans doute qu'il est cordonnier. Comprends-tu de quoi je parle ?

CHÉRÉPHON

Je comprends. Je vais lui demander. Dis-moi, Gorgias, est-ce vrai, ce que raconte Calliclès ? T'engages-tu à répondre à tout ce qu'on te demande ?

GORGIAS

C'est la vérité [a], Chéréphon. Tout à l'heure, en effet, je m'y engageais. Et je déclare ici que personne, jamais personne, depuis bien des années, ne m'a encore posé question qui me prenne au dépourvu.

CHÉRÉPHON

Bon, il va donc t'être facile de me répondre, Gorgias.

GORGIAS

Il ne tient qu'à toi, Chéréphon, d'en faire l'essai.

POLOS

Ah oui, essaie, par Zeus ! Mais, si tu veux bien, Chéréphon, essaie sur moi. A mon avis, Gorgias doit quand même se reposer. Il a beaucoup parlé tout à l'heure.

CHÉRÉPHON

Quoi, Polos, tu crois répondre mieux que Gorgias !

POLOS

Qu'est-ce que cela fait, si je réponds [b] assez bien pour toi.

CHÉRÉPHON

Cela ne fait rien, en effet. Eh bien, puisque tu le veux, réponds.

POLOS

Pose ta question.

CHÉRÉPHON

Bon, voici ma question. Si Gorgias connaissait le même art que son frère, Hérodicos[4], comment serait-il correct de l'appeler ? comme son frère, n'est-ce pas ?

POLOS

Oui, absolument.

CHÉRÉPHON

On aurait donc raison de dire qu'il est médecin.

POLOS

Oui.

CHÉRÉPHON

Mais s'il connaissait le même art qu'Aristophon, fils d'Aglaophon, ou que, d'ailleurs, le frère d'Aristophon[5], comment serait-il juste de l'appeler ? [c]

POLOS

Peintre, c'est évident.

CHÉRÉPHON

Mais alors quel est l'art que Gorgias connaît ? de quel juste nom faut-il l'appeler ?

POLOS

Cher Chéréphon, nombreux sont les arts qu'on trouve chez les humains et qui, dans l'expérience, furent découverts par l'expérience. Car l'expérience fait que le cours de la vie s'écoule en accord avec l'art, tandis que l'inexpérience le soumet au hasard. A chacun de ces arts, les uns participent, et les autres non. Aux arts les meilleurs vont les meilleurs des hommes. Notre Gorgias est des meilleurs, et l'art qui est le sien est le plus beau de tous[6]. [d]

SOCRATE

Gorgias, Polos a l'air d'être doué pour tenir des discours ; toutefois, il ne fait pas ce qu'il a promis à Chéréphon.

GORGIAS

Quoi, au juste ? Socrate.

SOCRATE

J'ai l'impression qu'il ne répond pas du tout à ce qu'on lui demande.

GORGIAS

Eh bien, interroge-le toi, si tu veux.

SOCRATE

Non, pas si toi, du moins, tu veux bien répondre. A vrai dire, je préférerais de beaucoup que tu répondes, toi. Car il est évident que Polos, parlant comme il parle, s'est exercé à ce qu'on appelle rhétorique [e] plutôt qu'à discuter.

POLOS

Pourquoi ? Socrate.

SOCRATE

Parce que, Polos, quand Chéréphon te demande quel est l'art que connaît Gorgias, tu te mets à faire l'éloge de son art comme si on le blâmait, mais avec ta réponse, tu ne dis pas ce qu'il est.

POLOS

Pourquoi ? N'ai-je pas répondu qu'il était le plus beau des arts ?

SOCRATE

Ah oui, certainement. Seulement, personne ne te demandait si l'art de Gorgias était ceci ou cela, mais

ce qu'était cet art et quel nom il fallait donner à
Gorgias. Quand Chéréphon t'a posé des questions, à
l'instant, tu as bien répondu [a], brièvement. A présent,
fais de même : dis-moi quel est l'art de Gorgias et
comment il faut l'appeler. Ou plutôt, Gorgias, dis-
nous toi-même comment il faut t'appeler et quel est
l'art que tu connais.

SOCRATE

GORGIAS

La rhétorique, Socrate [7].

SOCRATE

Il faut donc t'appeler orateur ?

GORGIAS

Oui, et même bon orateur, si tu veux bien me donner le nom de « ce dont je me fais gloire » — je cite
Homère [8].

SOCRATE

Mais oui, je le veux bien.

GORGIAS

Appelle-moi donc ainsi.

SOCRATE

En ce cas, nous dirons que tu peux aussi [b] former
d'autres orateurs.

GORGIAS

C'est justement à cela que je m'engage, et pas seulement ici, mais ailleurs aussi bien.

SOCRATE

Ne voudrais-tu pas, Gorgias, que nous continuions
à discuter, comme nous le faisons à présent (l'un pose
une question, l'autre y répond), et que nous remet-
tions à une autre fois les trop longs discours, comme

celui que Polos a commencé tout à l'heure ? Mais attention, ne reviens pas sur ta promesse — accepte de répondre brièvement aux questions posées.

GORGIAS

Certaines réponses, Socrate, exigent de longs discours. c Cependant, je ne serai pas sans essayer, assurément, d'être le plus bref possible. Il faut le dire, c'est encore une de ces choses que je prétends faire — personne ne dit ce que je dis en moins de mots que moi.

SOCRATE

C'est juste ce qu'il me faut, Gorgias. Dans ta présentation, montre surtout la brièveté de la réponse — les longueurs du discours, réserve-les pour une autre fois.

GORGIAS

C'est bon, je le ferai ; et il te faudra déclarer que jamais tu n'entendis personne qui parlât aussi bref que moi.

SOCRATE

Eh bien, voyons. Donc, toi, qui connais l'art rhétorique, tu prétends en outre pouvoir former d un orateur. — Mais la rhétorique ? Sur quoi porte-t-elle ? Quel est son objet ? Par exemple, le tissage, lui, est en rapport avec la confection des vêtements, n'est-ce pas ?

GORGIAS

Oui.

SOCRATE

Et la musique, elle, se rapporte-t-elle bien à la composition des chants ?

GORGIAS

Oui.

SOCRATE

Par Héra, la Divine, Gorgias, tes réponses me comblent — le fait est qu'on ne peut répondre plus brièvement que tu le fais.

GORGIAS

Oui, je crois, Socrate, que je réponds assez bien.

SOCRATE

Tu as raison. Eh bien, allons, réponds-moi aussi bien, au sujet de la rhétorique, cette fois. ^e Quel est l'objet que la rhétorique fait connaître ?

GORGIAS

Les discours.

SOCRATE

Quels discours, Gorgias ? Les discours qui indiquent aux malades le traitement qu'ils doivent suivre pour être en bonne santé ?

GORGIAS

Non.

SOCRATE

Donc, déjà, la rhétorique ne porte pas sur la totalité des discours.

GORGIAS

Non certes.

SOCRATE

Mais, tout de même, tu rends capable de parler !

GORGIAS

Oui.

SOCRATE

Et donc de réfléchir sur ce dont on parle !

GORGIAS

Bien sûr.

SOCRATE

Or la médecine, dont il était question à l'instant [a]
ne rend-elle pas capable de réfléchir sur ce qui affecte
les malades et d'en parler ?

GORGIAS

Nécessairement.

SOCRATE

Alors, la médecine aussi, semble-t-il, porte sur les
discours.

GORGIAS

Oui.

SOCRATE

En tout cas, sur les discours qui traitent des
maladies.

GORGIAS

Absolument.

SOCRATE

Or, la gymnastique ne porte-t-elle pas aussi sur les
discours ? — les discours qui traitent de la plus ou
moins bonne forme physique.

GORGIAS

Oui, tout à fait.

SOCRATE

D'ailleurs, Gorgias, tous les autres arts sont dans le
même cas : chaque forme d'art se rapporte à [b] des
discours, qui eux-mêmes portent sur l'objet dont s'occupe l'art en question.

GORGIAS

C'est mon sentiment.

SOCRATE

Mais alors pourquoi n'appelles-tu pas rhétoriques
tous les autres arts qui portent sur des discours, si l'art
qui porte sur des discours, lui, tu l'appelles rhétorique ?

GORGIAS

La raison en est, Socrate, qu'en tous ces autres arts,
toute la connaissance, on peut le dire, se rapporte à
une action manuelle ou une activité de même genre.
Mais la rhétorique, elle, ne consiste aucunement en
un travail manuel. Au contraire, dans toute son
action, dans l'exécution de sa tâche, le discours est
seul instrument[9]. c Voilà pourquoi, moi, je pose en
principe que l'art rhétorique porte sur les discours — et j'ai raison de le dire comme je le dis.

SOCRATE

Bon, est-ce que je comprends bien ce que tu
appelles rhétorique ? Peut-être, je vais y voir un peu
plus clair. Voyons, réponds-moi. Nous, les hommes,
nous avons des arts, n'est-ce pas ?

GORGIAS

Oui.

SOCRATE

Alors, prenons l'ensemble des arts. A mon sens, les
uns s'accomplissent essentiellement à l'aide d'un travail manuel et exigent peu de paroles ; certains arts,
même, n'en ont aucun besoin, au contraire, ils pourraient se pratiquer sans le moindre discours — c'est le
cas de la peinture, de la sculpture et de bien d'autres
arts[10]. d A mon avis, tels sont les arts avec lesquels —

c'est ce que tu affirmes — la rhétorique n'a pas le moindre rapport. N'est-ce pas ?

GORGIAS

Oui, Socrate, tu conçois fort bien la chose.

SOCRATE

En revanche, il y a d'autres arts qui s'accomplissent intégralement par la parole et qui, on peut le dire, n'ont pas besoin, ou bien fort peu, d'action concrète. C'est le cas de l'arithmétique, du calcul, de la géométrie — oui, et aussi des jeux de pions [11]. Et puis, il y a tous les arts qui comportent à peu près autant de discours que d'actions, et ceux, plus nombreux, où toute l'action [e] s'accomplit par la parole. A mon sens, tu as l'air de dire que la rhétorique est l'un de ces arts.

GORGIAS

Tu dis vrai.

SOCRATE

Mais les autres arts qui sont dans le même cas, je ne pense pas que tu veuilles les appeler rhétoriques — en dépit de ce que tu dis dans ta formule : « la rhétorique est l'art dont la tâche s'exécute avec le discours pour seul instrument ». A coup sûr, si on voulait s'en prendre à ce que tu dis, on pourrait répliquer : « L'arithmétique est donc une rhétorique, Gorgias, tu le dis ! » Mais en fait, je crois que tu ne le dis pas, tu ne dis pas que l'arithmétique ou la géométrie sont une rhétorique. [a]

GORGIAS

Oui, tu fais bien de croire que ce n'est pas le cas, Socrate, et tu conçois la chose justement.

SOCRATE

Alors, maintenant, à ton tour de compléter ta réponse à la question que j'ai posée. En effet, puisque la rhétorique est un de ces arts qui se servent surtout du discours, mais que d'autres arts sont aussi dans ce cas, essaie de dire quel est l'objet sur lequel porte la rhétorique, objet qui est réalisé par les discours. Si on me demandait au sujet de l'un des arts dont je viens de parler : « Socrate, qu'est-ce que l'art arithmétique ? » je dirais, [b] comme tu l'as fait à l'instant, qu'il est un des arts qui se servent de la parole pour exécuter leur tâche. Et si on me demandait encore : « Et cet art, sur quoi porte-t-il ? », je répondrais que c'est un art qui porte sur les nombres pairs et impairs, quelle que soit la grandeur de ces nombres. Mais si l'on me demandait de nouveau : « Et le calcul, quel art appelles-tu ainsi ? », je répondrais que c'est bien un art dont tout le travail s'exécute à l'aide de la parole. Et, si l'on me demandait en outre : « Et sur quoi porte-t-il ? », je répondrais, comme on dit dans les amendements lus devant le peuple [12], « toutes choses sont égales par ailleurs » [c] entre l'arithmétique et le calcul, puisque le calcul porte sur les mêmes objets, les nombres pairs et impairs. Mais le calcul diffère de l'arithmétique dans la mesure où il recherche les grandeurs de ces nombres, pris en eux-mêmes ou dans les relations qu'ils entretiennent l'un avec l'autre, que ces nombres soient pairs ou impairs [13]. Enfin, si l'on me posait les mêmes questions, à propos de l'astronomie cette fois, je dirais que c'est un art dont tout l'ouvrage est exécuté par la parole. « Mais les discours de l'astronomie, dirait-on, sur quoi portent-ils, Socrate ? » Je répondrais qu'ils portent sur le mouvement des astres, du soleil, de la lune, et sur leurs vitesses relatives.

GORGIAS

Bien, Socrate, tu t'exprimes correctement.

SOCRATE

Dans ce cas, allons, à ton tour, Gorgias [d] ! La rhétorique est bien un de ces arts qui accomplissent toutes leurs actions en se servant de discours. N'est-ce pas ?

GORGIAS

Oui, c'est ainsi.

SOCRATE

En ce cas, dis-le, sur quel objet porte-t-elle ? Sur quel objet portent les discours dont la rhétorique se sert ?

GORGIAS

Sur les plus importantes des choses humaines, Socrate, et les meilleures.

SOCRATE

Mais, Gorgias, on peut contester ce que tu dis, et puis ce n'est pas encore assez clair. e Écoute, tu as entendu, je pense, des hommes chanter dans les banquets ce quatrain, cette chanson à boire, qui énumère les biens : « le meilleur des biens est la santé, le deuxième est d'être beau, et le troisième — d'après l'auteur de la scolie — est la richesse gagnée sans fraude [14] ».

GORGIAS

Oui, je l'ai entendu, mais pourquoi en parles-tu ?

SOCRATE

Parce que, a si les différents individus qui produisent les biens dont l'auteur du scolie fait l'éloge — c'est-à-dire, le médecin, l'entraîneur de gymnastique, l'homme d'affaires — se dressaient en ce moment contre toi, alors, le premier à parler serait le médecin : « Socrate, Gorgias te trompe, car ce n'est pas son art, à lui, qui s'occupe du bien qui est pour tous les hommes le bien suprême, c'est mon art, à moi. » Je lui demanderais alors : « Mais qui es-tu, toi, pour parler ainsi ? » Il répondrait sans doute qu'il est médecin. « En ce cas, que veux-tu dire ? Que le bien suprême est celui que ton art produit ? » A coup sûr, il répliquerait : « Comment nier, Socrate, que ce bien soit la santé ? Y a-t-il chez tous les hommes un bien plus grand [b] que la santé ? » Après le médecin, ce serait au tour de l'entraîneur de gymnastique : « Je serais tout de même bien étonné, Socrate, si Gorgias arrive à te montrer que son art produit un bien plus grand que le mien. » A lui aussi, je demanderais : « Mais qui es-tu au juste, mon brave, et quelle est ta fonction ? » « Je suis entraîneur de gymnastique, dirait-il, ma fonction consiste à rendre les hommes beaux et forts physiquement. » Enfin, succédant à l'entraîneur, c'est l'homme d'affaires, je pense, qui parlerait, plein de dédain pour tout le monde : [c] « Essaie de voir, Socrate, si tu découvres, auprès de Gorgias ou de qui tu veux, un bien plus grand que la richesse. » Alors, je m'adresserais à lui : « Qu'y a-t-il ? est-ce la richesse que tu produis ? » — Il répondrait que oui. — « Mais qui es-tu ? » — « Un homme d'affaires. » — « Que veux-tu dire ? Estimes-tu que le bien suprême pour tous les hommes soit la richesse ? », — c'est ce que nous dirons. — « Peux-tu le nier ? » — demandera-t-il. — « En tout cas, Gorgias, lui au moins, le conteste puisqu'il soutient que l'art qu'il exerce est la cause d'un bien supérieur à celui que ton art produit », — nous ne pourrions pas ne pas le lui dire. Or, il est évident qu'après pareille réponse l'homme d'affaires demanderait : « Et quel est ce fameux bien ? Que Gorgias réponde. » [d] — Voilà, Gorgias, fais comme si tu étais interrogé à la fois par eux et par moi. Réponds-nous, dis-nous quel est ce bien, que toi, tu sais produire et dont tu prétends qu'il est pour tous les hommes le bien suprême.

GORGIAS

En vérité, Socrate, ce bien est le bien suprême, il est à la fois cause de liberté pour les hommes qui le possèdent et principe du commandement que chaque individu, dans sa propre cité, exerce sur autrui.

SOCRATE

Mais enfin de quoi parles-tu ?

GORGIAS

Je parle du pouvoir de convaincre, grâce aux ᵉ discours, les juges au Tribunal, les membres du Conseil au Conseil de la Cité, et l'ensemble des citoyens à l'Assemblée, bref, du pouvoir de convaincre dans n'importe quelle réunion de citoyens [15]. En fait, si tu disposes d'un tel pouvoir, tu feras du médecin un esclave, un esclave de l'entraîneur et, pour ce qui est de ton homme d'affaires, il aura l'air d'avoir fait de l'argent, non pour lui-même — mais plutôt pour toi, qui peux parler aux masses et qui sais les convaincre.

SOCRATE

A présent, Gorgias, j'ai l'impression que tu as très précisément indiqué ᵃ pour quelle sorte d'art tu tiens la rhétorique, et, si je saisis bien, tu dis que la rhétorique produit la conviction [16], que c'est tout ce à quoi elle s'occupe et que c'est essentiellement à cela qu'elle aboutit. Peux-tu indiquer un autre pouvoir propre à la rhétorique, en plus du pouvoir de mettre la conviction dans l'âme des auditeurs ?

GORGIAS

Aucunement, Socrate, au contraire, à mon avis, tu la définis comme il faut : la rhétorique consiste pour l'essentiel en ce que tu as dit.

SOCRATE

Écoute bien, Gorgias, sache que ma conviction à moi est que, si ᵇ l'on discute avec quelqu'un, on veut savoir de quoi on parle. Moi, en tout cas, je suis comme ça, et je veux croire que toi aussi.

GORGIAS

Où veux-tu en venir, Socrate ?

SOCRATE

Je vais te le dire tout de suite. Ce sentiment de
conviction dont tu parles, produit par la rhétorique,
en quoi consiste-t-il et sur quelle sorte d'objets porte-
t-il, sache que je ne le vois pas clairement ; malgré
tout, je soupçonne, bien sûr, comment, à mon sens,
tu définis cette conviction et son objet. Cependant, je
ne t'en demanderai pas moins de dire en quoi consiste
ce sentiment de conviction, produit par ᶜ la rhétorique, et sur quels objets il porte. — Mais quoi ! si
je soupçonne ta réponse, dans quel but vais-je te la
demander, au lieu de la dire moi-même ? Vois-tu, ce
n'est pas toi qui est visé, c'est notre discussion, je voudrais qu'elle progressât de façon à rendre parfaitement évident pour nous ce dont elle traite. Alors,
regarde si, à ton avis, j'ai le droit de reprendre ma
question. Si je te demandais quel genre de peintre
était Zeuxis, et si tu répondais qu'il peignait des animaux, n'aurais-je pas le droit de te demander quel
genre d'animaux, et pour les mettre où [17] ?

GORGIAS

Oui, absolument. ᵈ

SOCRATE

Pourquoi ? Parce qu'il y a d'autres peintres qui, eux
aussi, représentent des formes d'animaux.

GORGIAS

Oui.

SOCRATE

Mais, si nul autre peintre que Zeuxis n'en eût
jamais représenté, aurais-tu bien répondu ?

GORGIAS

Bien sûr.

SOCRATE

Allons, en ce cas, réponds, au sujet de la rhétorique maintenant. A ton avis, la rhétorique est-elle seule à produire un sentiment de conviction, ou bien y a-t-il d'autres arts qui font de même ? Voici ce que je veux dire : quand on enseigne quelque chose, quoi que ce soit, convainc-t-on de ce qu'on enseigne ? Oui ou non ?

GORGIAS

Assurément oui, Socrate, on convainc, c'est même le plus important. ^e

SOCRATE

En ce cas, revenons aux arts dont nous parlons en ce moment. L'arithmétique ne nous enseigne-t-elle pas tout ce qui a trait au nombre ? N'est-ce pas ce que fait l'homme qui connaît l'arithmétique ?

GORGIAS

Oui, tout à fait.

SOCRATE

Donc, l'arithmétique sait également nous convaincre.

GORGIAS

Oui.

SOCRATE

En conséquence, l'arithmétique, elle aussi, produit un sentiment de conviction.

GORGIAS

Oui, elle en a tout l'air.

SOCRATE

Or, si l'on nous demande quelle est cette conviction et sur quoi elle porte, nous répondrons sans doute qu'elle est la conviction donnée par la connaissance des nombres, pairs et impairs [18]. [a] Et, pour tous les autres arts dont nous parlions tout à l'heure, nous pourrons démontrer qu'ils produisent un sentiment de conviction, en précisant quelle est cette conviction et sur quoi elle porte. Est-ce exact ?

GORGIAS

Oui.

SOCRATE

La rhétorique, en conséquence, n'est pas seule à produire la conviction.

GORGIAS

Tu dis vrai.

SOCRATE

Et, bien sûr, puisqu'elle n'est pas seule à être productrice de cette fameuse conviction, puisque d'autres arts le font aussi, nous sommes en droit, après pareille réponse, d'interroger à nouveau notre interlocuteur, en lui posant à la suite de cela les mêmes questions que nous posions au peintre. Quelle est donc le genre de conviction dont la rhétorique est l'art ? et ce sentiment de conviction, sur quoi porte-t-il ? N'a-t-on pas le droit, selon toi, [b] de poser encore cette question ?

GORGIAS

Oui, je trouve.

SOCRATE

Alors, réponds, Gorgias, puisque toi au moins, tu trouves que cette question est juste.

GORGIAS

Eh bien, la conviction dont je parle, Socrate, s'exerce dans les tribunaux, ou sur toute autre assemblée [19] — d'ailleurs, je le disais déjà tout à l'heure ; et cette conviction porte sur toutes les questions où il faut savoir ce qui est juste et injuste.

SOCRATE

Certes, Gorgias, moi-même je soupçonnais bien que c'était de cette forme de conviction, portant sur ce genre de questions, que tu voulais parler. — Je dis cela pour que tu ne sois pas étonné si, dans peu de temps, je te demande encore quelque chose, qui a tout l'air c d'être évident, mais dont, malgré tout, je cherche encore une fois à savoir ce que c'est. Vois-tu, je le répète, si je pose des questions, c'est pour que notre discussion puisse se développer d'une façon cohérente, pas du tout pour te mettre en cause ; au contraire, je crains qu'on ne prenne l'habitude de se faire une fausse idée de ce que dit l'autre et d'attraper au vol ses propos. Aussi, toi, tu vas développer ton point de vue, point par point, et comme tu l'entends.

GORGIAS

A mon sens, Socrate, voilà qui est une bonne façon de faire.

SOCRATE

Eh bien, allons, examinons surtout le point suivant. Existe-t-il une chose que tu appelles savoir ?

GORGIAS

Oui.

SOCRATE

Et une autre que tu appelles croire ?

GORGIAS

Oui, bien sûr. ^d

SOCRATE

Bon, à ton avis, savoir et croire, est-ce pareil ? Est-ce que savoir et croyance sont la même chose ? ou bien deux choses différentes ?

GORGIAS

Pour ma part, Socrate, je crois qu'elles sont différentes.

SOCRATE

Et tu as bien raison de le croire. Voici comment on s'en rend compte. Si on te demandait : « Y a-t-il, Gorgias, une croyance fausse et une vraie ? », tu répondrais que oui, je pense.

GORGIAS

Oui.

SOCRATE

Mais y a-t-il un savoir faux et un vrai ?

GORGIAS

Aucunement.

SOCRATE

Savoir et croyance ne sont donc pas la même chose, c'est évident.

GORGIAS

Tu dis vrai.

SOCRATE

Pourtant, il est vrai que ceux qui savent ^e sont convaincus, et que ceux qui croient le sont aussi.

GORGIAS

Oui, c'est comme cela.

SOCRATE

Dans ce cas, veux-tu que nous posions qu'il existe deux formes de convictions : l'une qui permet de croire sans savoir, et l'autre qui fait connaître.

GORGIAS

Oui, tout à fait.

SOCRATE

Alors, de ces deux formes de convictions, quelle est celle que la rhétorique exerce, « dans les tribunaux, ou sur toute autre assemblée », lorsqu'elle parle de ce qui est juste et de ce qui ne l'est pas ? Est-ce la conviction qui permet de croire sans savoir ? ou est-ce la conviction propre à la connaissance ?

GORGIAS

Il est bien évident, Socrate, que c'est une conviction qui tient à la croyance.

SOCRATE

La rhétorique est donc, semble-t-il, [a] productrice de conviction ; elle fait croire que le juste et l'injuste sont ceci et cela, mais elle ne les fait pas connaître.

GORGIAS

En effet.

SOCRATE

Par conséquent, l'orateur n'est pas l'homme qui fait connaître, « aux tribunaux, ou à toute autre assemblée », ce qui est juste et ce qui est injuste ; en revanche, c'est l'homme qui fait croire que « le juste, c'est ceci » et « l'injuste, c'est cela », rien de plus. De toute façon, il ne pourrait pas, dans le peu de temps qu'il a [20], informer une pareille foule et l'amener à connaître des questions si fondamentales.

GORGIAS

Oui, assurément.

SOCRATE

Bon, allons, essayons toujours, voyons ce que nous pouvons dire de la rhétorique, car, moi, en tout cas, [b] je n'arrive pas encore à me représenter ce qu'il faut en penser. Quand on réunit les citoyens pour sélectionner des médecins, des constructeurs de navires, ou toute autre profession, a-t-on jamais prié l'orateur de donner son avis [21] ? Non, car il est évident qu'il faut, dans chaque cas, choisir le meilleur spécialiste. De même, s'il s'agit de construire des murailles, d'aménager des ports et des arsenaux, ce n'est pas non plus aux orateurs, mais bien aux architectes, de donner des conseils. Et pour le choix des généraux, l'ordre des lignes de combat et la résolution d'occuper une place-forte, [c] eh bien, ce seront alors les stratèges [22] qui donneront leur avis, et non les orateurs. — Que dis-tu de tout cela, Gorgias ? En fait, puisque c'est toi qui prétends être orateur et former d'autres orateurs, le mieux est de te demander à toi ce qui définit ton art. Car, en ce moment, c'est moi qui sers ton intérêt, penses-y bien. Regarde, parmi les auditeurs, peut-être y en a-t-il un qui souhaite devenir ton disciple — en fait, je me rends compte qu'il y en a pas mal, un bon nombre même, et ils ont honte, sans doute, de te poser la moindre question. Bien sûr, c'est moi qui t'interroge, [d] mais pense bien qu'eux aussi t'interrogent avec moi : « Quel bien trouverons-nous à te fréquenter, Gorgias ? Dans quels domaines serons-nous capables d'être les conseillers de la Cité ? Seulement sur des questions de juste et d'injuste ? Ou pourrons-nous la conseiller aussi pour tous les choix dont Socrate vient de parler ? » — Eh bien, peux-tu tenter de leur répondre ?

GORGIAS

Certes, ce que je tenterai de faire, Socrate, c'est de te révéler, avec clarté, toute la puissance de la rhétorique. Car tu as, toi-même, fort bien ouvert la voie. Tu n'ignores sans doute pas que les arsenaux dont tu parles, les murs d'Athènes [e] et l'aménagement de ses ports, on les doit, les uns, aux conseils de Thémistocle, les autres, à ceux de Périclès, et non aux conseils des hommes qui eurent à les construire [23].

SOCRATE

On le dit de Thémistocle, Gorgias. Quant à Périclès, je l'ai moi-même entendu parler de la construction du mur intérieur [24]. [a]

GORGIAS

Pour chacun des choix que tu évoquais tout à l'heure, Socrate, tu peux voir que les orateurs sont en fait les conseillers et qu'ils font triompher leur point de vue.

SOCRATE

Justement, voilà aussi ce qui m'étonne, Gorgias, et je me demande depuis longtemps de quoi peut bien être fait le pouvoir de la rhétorique. Elle a l'air d'être divine, quand on la voit comme cela, dans toute sa grandeur [25] !

GORGIAS

Ah, si au moins tu savais tout, Socrate, et en particulier que la rhétorique, laquelle contient, pour ainsi dire, toutes les capacités humaines, les maintient toutes sous son contrôle ! [b] Je vais t'en donner une preuve frappante. Voici. Je suis allé, souvent déjà, avec mon frère, avec d'autres médecins, visiter des malades qui ne consentaient ni à boire leur remède ni à se laisser saigner ou cautériser par le médecin [26]. Et là où ce médecin était impuissant à les convaincre, moi,

je parvenais, sans autre art que la rhétorique, à les
convaincre. Venons-en à la Cité, suppose qu'un orateur et qu'un médecin se rendent dans la Cité que tu
voudras, et qu'il faille organiser, à l'Assemblée ou
dans le cadre d'une autre réunion, une confrontation
entre le médecin et l'orateur pour savoir lequel des
deux on doit choisir comme médecin. Eh bien, j'affirme que le médecin aurait l'air de n'être rien du
tout, ᶜ et que l'homme qui sait parler serait choisi s'il
le voulait. Suppose encore que la confrontation se
fasse avec n'importe quel autre spécialiste, c'est toujours l'orateur qui, mieux que personne, saurait
convaincre qu'on le choisît. Car il n'y a rien dont
l'orateur ne puisse parler, en public, avec une plus
grande force de persuasion que celle de n'importe
quel spécialiste. Ah, si grande est la puissance de cet
art rhétorique !

Toutefois, Socrate, il faut se servir de la rhétorique
comme de tout autre art de combat[27]. ᵈ En effet, ce
n'est pas parce qu'on a appris à se battre aux poings,
à pratiquer le pancrace ou à faire de l'escrime qu'il faut
employer contre tout un chacun l'un ou l'autre de ces
arts de combat[28], simplement afin de voir si l'on peut
maîtriser et ses amis et ses ennemis ! Non, ce n'est pas
une raison pour frapper ses amis, pour les percer de
coups et pour les faire périr ! En tout cas, s'il arrive,
par Zeus, qu'un familier de la palestre[29], un homme
donc en pleine forme physique et excellent boxeur,
frappe son père, sa mère, l'un de ses proches ou de ses
amis, ᵉ ce n'est pas non plus une raison pour honnir
les entraîneurs, non plus que les maîtres d'armes, et les
bannir des cités. En effet, les maîtres ont transmis à
leurs élèves un moyen de se battre dont ceux-ci doivent
se servir d'une façon légitime, contre leurs ennemis,
contre les criminels, pour s'en défendre, pas pour les
agresser. ᵃ Mais ces élèves font un usage pervers à la
fois de leur force physique et de leur connaissance de
l'art, ce sont eux qui s'en servent mal !

Tu vois donc que les criminels, ce ne sont pas les maîtres, ce n'est pas l'art non plus — il n'y a pas lieu à cause de cela de le rendre coupable ou criminel ; non, les criminels, à mon sens, sont les individus qui font un mauvais usage de leur art. Eh bien, le même raisonnement s'applique aussi à la rhétorique. En effet, l'orateur est capable de parler de tout devant toutes sortes de public, sa puissance de convaincre est donc encore plus grande auprès des masses, quoi qu'il veuille obtenir d'elles — pour le dire en un mot. [b] Mais cela ne donne pas une meilleure raison de réduire en miettes la réputation du médecin — pour le simple motif que l'orateur en serait capable — ni, non plus, celle des autres métiers. Tout au contraire, c'est une raison supplémentaire de se servir de la rhétorique d'une façon légitime, comme on le fait du reste pour tout art de combat. Mais, s'il arrive, je peux l'imaginer, qu'un individu, une fois devenu orateur, se serve à tort du pouvoir que lui donne la connaissance de l'art, l'homme qu'il faut honnir et bannir des cités n'est pas son maître de rhétorique. Car le maître a transmis un art dont il faut faire un usage légitime, [c] alors que l'autre, son disciple, s'en est servi tout à l'inverse. L'homme qui doit, à juste titre, être honni, banni, anéanti, c'est donc l'homme qui s'est mal servi de son art, mais pas celui qui fut son maître.

SOCRATE

J'imagine, Gorgias, que tu as eu, comme moi, l'expérience d'un bon nombre d'entretiens. Et, au cours de ces entretiens, sans doute auras-tu remarqué la chose suivante : les interlocuteurs ont du mal à définir les sujets dont ils ont commencé de discuter et à conclure leur discussion après s'être l'un et l'autre mutuellement instruits. [d] Au contraire, s'il arrive qu'ils soient en désaccord sur quelque chose, si l'un déclare que l'autre se trompe ou parle de façon confuse, ils s'irritent l'un contre l'autre, et chacun d'eux estime que son interlocuteur s'exprime avec mauvaise foi, pour avoir le dernier mot, sans chercher à savoir ce qui est au fond de la discussion. Il arrive même, parfois, qu'on se sépare de façon lamentable : on s'injurie, on lance les mêmes insultes qu'on reçoit, tant et si bien que les auditeurs s'en veulent d'être venus écouter pareils individus. [e] Te demandes-tu pourquoi je parle de cela ? Parce que j'ai l'impression que ce que tu viens de dire n'est pas tout à fait cohérent, ni parfaitement accordé avec ce que tu disais d'abord au sujet de la rhétorique. Et puis, j'ai peur de te réfuter, j'ai peur que tu ne penses que l'ardeur qui m'anime vise, non pas à rendre parfaitement clair le sujet de notre discussion, mais bien à te critiquer. Alors, écoute, si tu es comme moi, [a] j'aurais plaisir à te poser des questions, sinon, j'y renoncerais.

Veux-tu savoir quel type d'homme je suis ? Eh bien, je suis quelqu'un qui est content d'être réfuté, quand ce que je dis est faux, quelqu'un qui a aussi plaisir à réfuter quand ce qu'on me dit n'est pas vrai, mais auquel il ne plaît pas moins d'être réfuté que de réfuter. En fait, j'estime qu'il y a plus grand avantage à être réfuté, dans la mesure où se débarrasser du pire des maux fait plus de bien qu'en délivrer autrui. Parce qu'à mon sens, aucun mal n'est plus grave pour l'homme que se faire une fausse idée [b] des questions dont nous parlons en ce moment. Donc, si toi, tu m'assures que tu es comme moi, discutons ensemble ; sinon, laissons tomber cette discussion, et brisons-là [30].

GORGIAS

Voyons, Socrate, pour ma part, j'affirme être en tout point semblable à l'homme que tu as décrit. Cependant, peut-être nous faut-il songer à connaître l'avis de nos auditeurs. Car, tout à l'heure, avant que vous n'arriviez, j'ai fait entendre à cette assistance une assez longue présentation. Or, si, à présent, nous parlons ensemble, cette discussion, sans doute, nous entraînera trop loin. [c] Nous devons donc connaître l'avis de nos auditeurs, pour ne pas les retenir s'ils ont autre chose à faire.

CHÉRÉPHON

Tu n'as qu'à entendre, Gorgias, et toi aussi Socrate, le vacarme que tous ces gens font : ils veulent écouter tout ce que vous dites. Moi aussi, d'ailleurs. Pourvu que je n'aie jamais d'affaire si pressante qu'il me faille renoncer pour un plus grand profit à des discussions de cette qualité, entre des hommes aussi brillants ! [d]

CALLICLÈS

Au nom des dieux, Chéréphon, je peux te dire que j'ai assisté en personne à un tas d'entretiens, et je ne sais pas si j'ai jamais été aussi comblé que maintenant. Alors, pour ce qui est de moi, même si vous aviez envie de passer la journée entière à parler, j'en serais ravi !

SOCRATE

Mais, tu sais, Calliclès, moi, je n'ai rien contre, si Gorgias accepte.

GORGIAS

Après de telles déclarations, je serais vraiment déshonoré, Socrate, de n'y point consentir. Je me suis engagé en personne à ce qu'on me demandât tout ce qu'on voulait. [e] Eh bien, puisque tous sont d'accord, parle avec moi et demande-moi ce qui te plaît.

SOCRATE

Bon, écoute bien, Gorgias, quelque chose m'étonne dans ce que tu dis. D'ailleurs, il est probable que tu as raison, et que je n'ai pas bien saisi. Tu prétends que si un homme souhaite apprendre la rhétorique avec toi, tu peux en faire un orateur.

GORGIAS

Oui.

SOCRATE

Un orateur qui sache donc convaincre son public, quel que soit le sujet dont il parle, sans lui donner la moindre connaissance de ce sujet, mais par persuasion.

GORGIAS

Oui, c'est tout à fait cela. [a]

SOCRATE

Or, tout à l'heure, tu disais bien que, même sur des questions de santé, l'orateur est plus convaincant que le médecin.

GORGIAS

En effet, je l'ai dit — quand l'orateur parle en public.

SOCRATE

Mais que veux-tu dire avec ce « en public » ? est-ce devant des gens qui ignorent ce dont on leur parle ? Car, bien sûr, si l'orateur parlait devant des gens qui s'y connaissaient, il ne serait pas plus persuasif que le médecin !

GORGIAS

Tu dis vrai.

SOCRATE

Mais, si l'orateur est plus persuasif que le médecin, alors, il convainc mieux qu'un connaisseur !

GORGIAS

Oui, parfaitement. [b]

SOCRATE

Pourtant, il n'est pas médecin, n'est-ce pas ?

GORGIAS

Non, bien sûr.

SOCRATE

Or, quand on n'est pas médecin, assurément, on ne connaît rien de ce que connaît le médecin !

GORGIAS

C'est évident.

SOCRATE

Donc, l'orateur, qui n'y connaît rien, convaincra mieux que le connaisseur s'il s'adresse à des gens qui n'en connaissent pas plus que lui : voilà, est-ce bien le cas où l'orateur est plus persuasif que le médecin ? Ou les choses se passent-elles autrement ?

GORGIAS

Non, c'est bien ce qui arrive, dans le cas de la médecine, du moins.

SOCRATE

Et dans le cas des autres arts ? L'orateur et la rhétorique ne se trouvent-ils pas toujours dans une situation identique ? La rhétorique n'a aucun besoin de savoir ce que sont les choses dont elle parle ; ^c simplement, elle a découvert un procédé qui sert à convaincre, et le résultat est que, devant un public d'ignorants, elle a l'air d'en savoir plus que n'en savent les connaisseurs.

GORGIAS

Mais la vie n'en est-elle pas beaucoup plus facile, Socrate ? Il n'y a aucun art à apprendre, sinon un seul, la rhétorique, et on n'est pas moins fort qu'un spécialiste !

SOCRATE

Que l'orateur, avec cette façon de faire, soit plus fort ou moins fort que les autres spécialistes, nous le verrons plus tard, dès que nous aurons besoin de le

savoir pour notre discussion. Maintenant, posons-
nous d'abord cette question : [d] quand l'orateur traite
du juste et de l'injuste, du beau et du laid, du bien et
du mal, agit-il de la même façon que lorsqu'il parle
de la santé et de tous les autres sujets sur lesquels
porte le reste des arts ? Ignore-t-il ce que sont le bien,
le mal, le beau, le laid, le juste et l'injuste ? A-t-il
inventé pour en parler un procédé qui sert à
convaincre, de sorte que lui, qui n'y connaît rien, ait
l'air, devant des ignorants, d'en savoir plus que le
connaisseur ? Ou bien, l'orateur doit-il, nécessairement, connaître ce genre de questions ? [e] Voyons,
quand on vient te trouver pour apprendre la rhétorique, faut-il déjà connaître ces notions ? Sinon, ce
n'est tout de même pas toi, le maître de rhétorique,
qui vas enseigner au nouveau venu le b, a, ba des
questions morales — je veux dire que ce n'est pas ta
fonction. Alors, essaieras-tu de faire que ton élève,
aux yeux du public, semble connaître les notions dont
il est en fait ignorant, et qu'il ait l'air d'un homme de
bien — ce qu'il n'est pas ? A moins que tu ne sois tout
à fait incapable d'enseigner la rhétorique à quelqu'un
qui ne connaît pas encore la vérité des notions
morales. Comment vois-tu les choses, Gorgias ? [a] Par
Zeus, comme tu l'as annoncé tout à l'heure, dévoile-
nous donc la puissance de la rhétorique, dis-nous
enfin ce que c'est !

GORGIAS

Eh bien, je pense, Socrate, que si l'on ne connaît
pas déjà ces questions, on les apprendra chez moi.

SOCRATE

N'en dis pas plus, ta réponse est bonne. Si tu
formes un orateur, il doit nécessairement connaître le
juste et l'injuste, qu'il l'ait su avant d'être ton élève,
ou qu'il l'ait appris plus tard avec toi.

GORGIAS

Oui, absolument.

SOCRATE

Bon. [b] Quand on a bien appris l'art du maçon, on devient maçon, n'est-ce pas [31] ?

GORGIAS

Oui.

SOCRATE

Et quand on a appris la musique, on devient musicien.

GORGIAS

Oui.

SOCRATE

Et médecin, si l'on a appris la médecine ; d'ailleurs, on peut faire la même remarque pour les autres formations : quand on a suivi un apprentissage, le savoir qu'on a appris, n'a-t-il pas déjà, sur soi, comme sur son propre ouvrage, imprimé sa marque [32] ?

GORGIAS

Oui, parfaitement.

SOCRATE

Donc, le même argument s'applique aussi à la justice : quand on a bien appris la justice, on est devenu juste.

GORGIAS

Il n'y a aucun doute là-dessus.

SOCRATE

Or, l'homme juste, me semble-t-il, agit avec justice.

GORGIAS

Oui.

SOCRATE

Il faut donc ^c que l'orateur soit un homme juste ;
en outre, le juste peut-il vouloir agir sans justice ?

GORGIAS

Non, apparemment pas.

SOCRATE

Par conséquent, un homme juste, jamais, ne voudra
être injuste.

GORGIAS

Nécessairement.

SOCRATE

Donc, d'après ce que tu as dit, l'orateur, nécessairement, est un homme juste.

GORGIAS

Oui.

SOCRATE

Par conséquent, jamais l'orateur ne voudra être
injuste.

GORGIAS

Non, apparemment pas.

SOCRATE

Mais, rappelle-toi, un peu avant, ^d tu disais qu'on
ne devait pas accuser les entraîneurs ni les expulser
des cités s'il arrive qu'un sportif, un pugiliste, se serve
de la force de ses poings pour faire du mal. Tu ajoutais que c'était pareil pour l'orateur : s'il se sert de la
rhétorique pour faire du mal, qu'on n'aille pas accuser
son maître ni l'expulser de la cité, mais qu'on l'accuse
plutôt, lui, l'orateur qui a mal agi et qui a employé à

tort les moyens de la rhétorique. C'est ce que tu as dit, oui ou non ?

GORGIAS

Oui, je l'ai dit.

SOCRATE

Or, maintenant, voilà que le même individu [e] — je parle toujours de l'orateur — a tout l'air de n'avoir jamais commis la moindre injustice, n'est-ce pas ?

GORGIAS

Oui, il semble.

SOCRATE

Pourtant, au début de notre discussion, Gorgias, tu déclarais que la rhétorique portait sur les discours, non pas ceux qui étudient les nombres pairs et impairs, bien sûr, mais ceux qui traitent du juste et de l'injuste. Est-ce exact ?

GORGIAS

Oui.

SOCRATE

Eh bien, vois-tu, quand tu affirmais que la rhétorique traitait de la justice, je me suis dit qu'elle ne pourrait jamais être une chose injuste — s'il est bien vrai que les discours qu'elle sait composer ne parlent que de justice. Mais quand, un peu plus tard, tu as déclaré qu'un orateur pouvait se servir sans aucune justice de la rhétorique, [a] j'en ai été tout étonné, j'ai pensé que tes affirmations ne concordaient pas entre elles, et c'est alors que je t'ai fait cette sortie, quand je t'ai dit que, si tu considérais, comme moi, qu'il y avait profit à être réfuté, c'était la peine de discuter, mais que sinon, le mieux était de laisser tomber. Or, maintenant que nous en sommes venus à étudier la

question, tu vois bien que toi-même, tu es d'accord,
à ton tour, pour dire qu'il est impossible que l'orateur
se serve injustement de la rhétorique et qu'il veuille
faire du mal. Comment ces deux affirmations vont-
elles de pair[33] ? Par le chien, Gorgias, **b** nous n'en
avons pas pour un petit moment seulement si nous
voulons examiner la question à fond !

POLOS

Qu'est-ce que tu racontes, Socrate ? Ce que tu dis
en ce moment, est-ce vraiment l'idée que tu te fais de
la rhétorique ? Que te figures-tu ? Parce que Gorgias
a été gêné de ne pas te concéder que l'orateur ne pouvait pas ne pas connaître le juste, le beau et le bien,
et qu'il a admis que, si l'on venait le trouver, tout
ignorant de ces questions, ce serait à lui de les enseigner... — Mais c'est à cause de cette concession, bien
sûr, **c** qu'il a eu l'air de se contredire, oui, c'est cela
qui te fait le plus grand plaisir, surtout si c'est toi qui
y pousses avec tes questions ! — Non, mais quoi ? Tu
te figures qu'on va contester qu'il soit possible de
connaître la justice et de l'enseigner à d'autres ? Eh
bien, pour en arriver à parler comme cela, il faut être
vraiment mal dégrossi[34] !

SOCRATE

Eh là, merveilleux Polos, heureusement qu'en
pareils moments nous pouvons compter sur nos fils et
nos jeunes collègues ! Comme cela, si nous, les vieux,
nous faisons fausse route, c'est à vous, les jeunes,
d'être là pour corriger notre façon de vivre, **d** dans les
actes comme dans les propos. Surtout maintenant, si
Gorgias et moi, nous nous sommes trompés au cours
de notre discussion, toi, tu es là pour nous corriger.
C'est même ton devoir. Et j'exige, si nous nous
sommes mis d'accord sur un point qui te paraît faux,
que tu me fasses rejouer mon coup[35], pourvu que tu
m'assures une seule chose.

POLOS

De quoi veux-tu parler ?

SOCRATE

De ces longs discours que tu fais, Polos, comme celui dans lequel tu t'es lancé, au début. Réprime-les.

POLOS

Pourquoi ? N'ai-je pas le droit de parler autant que je veux ? [e]

SOCRATE

Ce serait bien terrible pour toi, mon cher, si, dès ton arrivée à Athènes, la ville de Grèce où la liberté de parler est la plus grande, tu étais quand même le seul homme qui y connût le malheur d'en être privé. Mais, regarde ce qui se passe de mon côté : si tu parles trop longtemps et si tu ne veux pas répondre à ce que je demande, ne serais-je pas à mon tour dans une situation terrible, si je n'avais pas le droit de m'en aller sans t'écouter ? [a] Voilà, si la discussion que nous avons eue t'intéresse, si tu veux y apporter des correctifs, je te l'ai déjà dit, reprends ce qui te paraît être faux : tour à tour, interroge et puis laisse-toi interroger, réfute et puis laisse-toi réfuter, comme nous l'avons fait, Gorgias et moi. D'ailleurs, je suis sûr que tu prétends savoir faire tout ce que sait faire Gorgias, est-ce vrai ?

POLOS

Oui, je le prétends.

SOCRATE

Donc toi aussi tu demandes à ceux qui t'écoutent de te poser les questions qu'ils veulent, chacun à son tour, parce que tu sais y répondre.

POLOS

Oui, tout à fait.

SOCRATE

Eh bien, c'est le moment ou jamais. ᵇ Que préfères-tu faire ? tu interroges ou tu réponds ?

POLOS

Ah oui, je vais le faire, et toi tu vas me répondre, Socrate. Puisque, à ton avis, Gorgias n'a rien à dire sur ce qu'est la rhétorique, qu'en dis-tu, toi ?

SOCRATE

Tu me demandes bien de dire quelle sorte d'art est la rhétorique ?

POLOS

Oui, je te le demande.

SOCRATE

Ce n'est pas un art — à mon avis du moins, Polos, pour te dire toute la vérité.

POLOS

Mais alors la rhétorique, qu'est-ce que c'est, selon toi ?

SOCRATE

C'est comme cette chose, dont tu traites dans un écrit de toi que j'ai lu récemment, cette chose dont tu as fait un art [36]. ᶜ

POLOS

De quoi parles-tu ?

SOCRATE

Du savoir-faire, voilà de quoi je parle.

POLOS

Un savoir-faire, voilà ce qu'est la rhétorique, pour toi !

SOCRATE

Oui, je le pense, sauf avis contraire de ta part.

POLOS

Et un savoir-faire de quoi ?

SOCRATE

De gratifier, de faire plaisir.

POLOS

Tu vois ! Même toi, tu penses que la rhétorique est une belle chose, puisqu'elle peut faire plaisir aux hommes !

SOCRATE

Du calme, Polos ! Sais-tu donc bien ce qu'est, à mon avis, la rhétorique [d] que tu passes déjà à la suite, en me demandant si je trouve que la rhétorique est belle ?

POLOS

Mais je le sais, n'est-ce pas ce que tu viens de dire, qu'elle est un savoir-faire ?

SOCRATE

Eh bien, puisque tu aimes faire plaisir, ne veux-tu pas me faire un tout petit plaisir ?

POLOS

Oui, je veux bien.

SOCRATE

Demande-moi, dès maintenant, ce qu'est, à mon avis, la cuisine.

POLOS

C'est bon, je te le demande : « Qu'est-ce que la cuisine ? »

SOCRATE

Ce n'est pas un art.

POLOS

Cela ne va pas ! Que veux-tu dire ?

SOCRATE

Je le dis encore, c'est un savoir-faire.

POLOS

Mais de faire quoi ! Dis-le !

SOCRATE

Bon, je te le dis : la cuisine, Polos, e c'est savoir comment gratifier et faire plaisir.

POLOS

Alors, cuisine et rhétorique, c'est la même chose !

SOCRATE

Non, pas du tout, mais la cuisine et la rhétorique appartiennent à une même forme d'activité.

POLOS

De quelle activité parles-tu ?

SOCRATE

J'ai peur que ce ne soit un peu brutal à entendre, si je dis la vérité. En fait, c'est à cause de Gorgias que j'hésite à parler ; j'ai peur qu'il ne croie que je tourne en dérision sa propre activité. Et puis, je ne sais même pas si ce que je vais dire s'applique à la rhétorique que a Gorgias exerce. Car, le fait est que, tout à l'heure, dans notre entretien, nous n'avons rien vu de très évident sur ce qu'il pouvait penser de la rhétorique. Bref, ce que moi, j'appelle rhétorique relève d'une activité qui n'est pas des plus belles.

GORGIAS

Quelle activité, Socrate ? Dis-le, ne te sens pas gêné pour moi.

SOCRATE

Eh bien, d'après moi, Gorgias, la rhétorique est une activité qui n'a rien à voir avec l'art, mais qui requiert chez ceux qui la pratiquent une âme perspicace, brave, et naturellement habile dans les relations humaines [b] — une telle activité, pour le dire en un mot, je l'appelle flatterie [37]. La flatterie comporte, à mon avis, plusieurs parties, différentes les unes des autres. La cuisine est l'une de ces parties : elle a l'air d'être un art, mais j'ai de bonnes raisons de penser qu'elle n'est pas un art, rien qu'un savoir-faire, une routine. La rhétorique aussi, j'en fais une partie de la flatterie, comme l'esthétique, bien sûr, et la sophistique : cela fait quatre parties, avec quatre objets distincts. Bon, si Polos veut en savoir plus, il n'a qu'à essayer de s'informer ; car, je ne lui ai pas encore fait savoir [c] dans quelle partie de la flatterie je dis que se trouve la rhétorique ; en fait, il n'a pas compris que je ne lui ai pas encore répondu, et il s'obstine à me demander si je ne pense pas que la rhétorique est belle. Eh bien moi, je ne répondrai pas à ta question, si je crois que la rhétorique est belle ou qu'elle est vilaine, avant de te répondre en te disant d'abord ce qu'elle est ! Autrement, ce n'est pas juste, Polos. En revanche, si tu tiens à savoir dans quelle partie de la flatterie je dis que se trouve la rhétorique, demande-le-moi.

POLOS

C'est bon, je vais te le demander. Et toi, réponds : dans quelle partie ? [d]

SOCRATE

Tu ne vas sans doute pas comprendre ma réponse : en fait, comme je la conçois, la rhétorique est la contrefaçon d'une partie de la politique.

POLOS

Quoi ? Que veux-tu dire ? Dans ce cas, est-elle belle ou laide ?

SOCRATE

Laide, à mon avis, car j'appelle laid tout ce qui est mauvais. Voilà, c'est fait, je dois te répondre comme si tu savais déjà de quoi je parle.

GORGIAS

Par Zeus, Socrate, même moi je ne comprends pas non plus ce que tu veux dire ! [e]

SOCRATE

C'est normal, Gorgias, je n'ai pas encore dit claire-ment ce que je pense, mais Polos est un jeune poulain, plein de fougue [38] !

GORGIAS

Eh bien, ne t'occupe pas de lui, et explique-moi ce que tu veux dire quand tu affirmes que la rhétorique est la contrefaçon d'une partie de la politique.

SOCRATE

Bien, je vais donc essayer d'expliquer ce qu'est la rhétorique, dans mon idée du moins. Et s'il se trouve que la rhétorique n'est pas ce que je dis, c'est à Polos de me réfuter. Y a-t-il une chose que tu appelles corps et une autre que tu appelles âme ? [a]

GORGIAS

Oui, bien sûr.

SOCRATE

Or, crois-tu qu'il existe une bonne santé du corps et un bon état de l'âme ?

GORGIAS

Oui, je le crois.

SOCRATE

Et ne crois-tu pas que cette bonne santé puisse n'être qu'une apparence, sans rien de réel ? Je vais te donner un exemple : il y a bien des gens qui ont l'air d'être en bonne santé, et on aurait du mal à comprendre qu'ils sont en fait en fort mauvais état si on n'était soi-même médecin ou entraîneur sportif.

GORGIAS

C'est vrai.

SOCRATE

Je soutiens qu'il existe un état du corps et un état de l'âme, qui donnent, au corps et à l'âme, l'air d'être en bonne santé, alors qu'ils n'ont aucune santé.

GORGIAS

Cet état existe, oui. [b]

SOCRATE

Bien, je vais essayer, comme je peux, de te faire voir plus clairement ce que je veux dire. Il y a donc deux genres de choses, et je soutiens qu'il y a deux formes d'art. L'art qui s'occupe de l'âme, je l'appelle politique. Pour l'art qui s'occupe du corps, je ne suis pas à même, comme cela, de lui trouver un nom, mais j'affirme que tout l'entretien du corps forme une seule réalité, composée de deux parties : la gymnastique et la médecine. Or, dans le domaine de la politique, l'institution des lois correspond à la gymnastique et la justice à la médecine [39]. [c] Certes, les arts qui appartiennent à l'une et l'autre de ces réalités, la médecine et la gymnastique, d'un côté, la justice et la législation, d'un autre côté, ont quelque chose en commun puisqu'ils portent sur le même objet, mais, malgré tout, ce sont deux genres d'art différents.

Existent donc quatre formes d'art qui ont soin, les unes, du plus grand bien du corps, les autres, du plus

grand bien de l'âme. La flatterie l'a vite compris, je
veux dire que, sans rien y connaître, elle a visé juste :
elle-même s'est divisée en quatre réalités, elle s'est
glissée subrepticement sous chacune de ces quatre
disciplines, et elle a pris le masque de l'art [d] sous
lequel elle se trouvait. En fait, elle n'a aucun souci du
meilleur état de son objet, et c'est en agitant constamment l'appât du plaisir qu'elle prend au piège la
bêtise, qu'elle l'égare, au point de faire croire qu'elle
est plus précieuse que tout. Ainsi, la cuisine s'est glissée sous la médecine, elle en a pris le masque. Elle
fait donc comme si elle savait quels aliments sont
meilleurs pour le corps. Et s'il fallait que, devant des
enfants, ou devant des gens qui n'ont pas plus de raison que des enfants, eût lieu la confrontation d'un
médecin et d'un cuisinier afin de savoir lequel, du
médecin ou du cuisinier, est compétent pour décider
quels aliments sont bienfaisants et quels autres sont
nocifs [e], le pauvre médecin n'aurait plus qu'à mourir
de faim ! Voilà une des choses que j'appelle flatterie,
et je déclare qu'elle est bien vilaine, [a] Polos — là, c'est
à toi que je m'adresse —, parce qu'elle vise à
l'agréable sans souci du meilleur. Un art ? J'affirme
que ce n'en est pas un, rien qu'un savoir-faire, parce
que la cuisine ne peut fournir aucune explication
rationnelle sur la nature du régime qu'elle administre
à tel ou tel patient, elle est donc incapable d'en donner la moindre justification. Moi, je n'appelle pas cela
un art, rien qu'une pratique, qui agit sans raison.
Mais si toi, tu contestes ce que je viens de dire, je
veux bien que tu le discutes et que je le justifie.

   La cuisine, donc, est la forme de flatterie qui s'est insi-
nuée sous la médecine. [b] Et, selon ce même schéma,
sous la gymnastique, c'est l'esthétique qui s'est glissée ;
l'esthétique, chose malhonnête, trompeuse, vulgaire,
servile et qui fait illusion en se servant de talons et de
postiches, de fards, d'épilations et de vêtements [40] ! La
conséquence de tout cela est qu'on s'affuble d'une

beauté d'emprunt et qu'on ne s'occupe plus de la vraie
beauté du corps que donne la gymnastique. Bon, pour
ne pas être trop long, je veux te parler en m'exprimant à
la façon des géomètres [41] — peut-être comme cela pour-
ras-tu suivre. Voici : l'esthétique est à la gymnastique ce
que la cuisine est à la médecine. Ou plutôt, il faudrait
dire que l'esthétique est à la gymnastique [c] ce que la
sophistique est à la législation ; et encore, que la cuisine
est à la médecine ce que la rhétorique est à la justice.
Certes, je tiens à dire qu'il y a une différence de nature
entre la rhétorique et la sophistique, mais puisque rhétorique et sophistique sont deux pratiques voisines, on
confond les sophistes et les orateurs ; en effet, ce sont des
gens qui ont le même terrain d'action et qui parlent des
mêmes choses. Eux-mêmes, d'ailleurs, ne savent pas à
quoi ils peuvent servir, et personne autour d'eux ne le
sait davantage. De toute façon, si l'âme n'était pas là
pour surveiller le corps, [d] si le corps était laissé à lui-
même, si la cuisine et la médecine n'étaient plus ni
reconnues ni distinguées par l'âme, et si c'était au corps
de décider ce qu'elles étaient en mesurant approximati-
vement les plaisirs qu'il y trouverait, alors, la formule
d'Anaxagore, mon cher Polos — ce sont des choses que
tu connais bien [42] —, se trouverait largement vérifiée, je
veux dire que toutes les réalités seraient confondues
pêle-mêle et reviendraient au même, on ne pourrait
donc plus distinguer la médecine de la santé ou de la cuisine. — Voilà, je viens de dire ce qu'est la rhétorique. Tu
as bien entendu : elle correspond dans l'âme à ce qu'est
la cuisine pour le corps. [e]

Tu vas dire sans doute que j'ai agi de façon bizarre :
je ne t'ai pas permis de parler longuement, et j'ai moi-
même débité tout ce long discours sans aucune inter-
ruption. Pourtant, je mérite d'être excusé. Parce que,
quand je m'exprimais brièvement, tu ne comprenais
pas, tu n'étais même pas capable d'utiliser les
réponses que je faisais, au contraire, il te fallait en plus
une explication. Désormais, s'il arrive que moi non

plus je ne puisse pas me servir de ce que tu réponds, ^a ce sera à ton tour de débiter un discours. Mais si je sais m'en servir, laisse-moi faire, c'est justice. Maintenant, surtout, si tu peux utiliser la réponse que je viens de donner, fais-le.

POLOS

Qu'as-tu dit en somme ? D'après toi, la rhétorique est une flatterie.

SOCRATE

Attention ! j'ai dit qu'à mon avis elle était une partie de la flatterie ! Si, à ton âge, Polos, tu as une si mauvaise mémoire, que feras-tu plus tard ?

POLOS

Ainsi, les orateurs de qualité te paraissent être mal considérés dans leurs cités, on les prend pour des flatteurs ! ^b

SOCRATE

Me poses-tu une question ou commences-tu ton discours ?

POLOS

Je te pose une question.

SOCRATE

A vrai dire, ils ne me paraissent même pas faire l'objet de la moindre considération.

POLOS

Comment cela ? pas la moindre considération ! Les orateurs ne sont-ils pas tout puissants dans leurs cités ?

SOCRATE

Non. Pas si la puissance dont tu parles est un bien pour son possesseur.

POLOS

Mais, bien sûr, je parle de cette puissance-là !

SOCRATE

En ce cas, les orateurs n'ont, à mon sens, presque aucun pouvoir dans leur cité.

POLOS

Tu plaisantes ! Les orateurs ne sont-ils pas comme les tyrans ? Ne font-ils pas périr qui ils veulent, ^c n'exilent-ils pas de la cité qui leur plaît, ne le dépouillent-ils pas de ses richesses [43] ?

SOCRATE

Par le Chien [44], Polos, je te jure qu'à chaque mot que tu prononces, je me demande vraiment si tu parles en ton nom propre, pour faire connaître ton opinion, ou si tu m'interroges !

POLOS

Mais, je t'interroge, bien sûr.

SOCRATE

Soit, mon cher ami, seulement dans ce cas, tu me poses deux questions en une seule [45].

POLOS

Deux questions ? Pourquoi ?

SOCRATE

Tu viens de dire, je te cite, que les orateurs font périr qui ils veulent, ^d tout comme les tyrans, qu'ils exilent qui leur plaît de la cité et le dépouillent de ses richesses, n'est-ce pas ?

POLOS

Oui, en effet.

SOCRATE

Eh bien, je te dis que cela fait vraiment deux questions différentes, je vais donc répondre à l'une et puis
à l'autre. Car je déclare, Polos, que les orateurs et les
tyrans ne disposent dans leurs cités que d'un pouvoir
infime — je l'ai déjà dit. En fait, pour ainsi dire, ils
ne font pas ce qu'ils veulent — j'ajoute qu'ils font tout
de même ᵉ ce qui leur paraît être le meilleur.

POLOS

Justement, cela veut dire qu'ils sont tout puissants !

SOCRATE

Non. En tout cas pas d'après ce que dit Polos.

POLOS

Mais, ce n'est pas ce que je dis, je dis tout le
contraire !

SOCRATE

Ah non ! Tu l'as bel et bien dit, tu as affirmé que
la toute puissance était un bien pour l'homme qui la
détenait.

POLOS

D'accord. Cela, je l'ai dit, en effet.

SOCRATE

Écoute, si un homme, privé de tout bon sens, a les
moyens de faire ce qui lui paraît être le meilleur, diras-
tu qu'il est tout puissant ?

POLOS

Non, bien sûr.

SOCRATE

Prouve-moi donc que les orateurs ont tout leur bon
sens. Comme cela, tu m'auras réfuté en me démontrant

que la rhétorique est un art[a] et non pas une flatterie.
Mais si tu renonces à me montrer que j'ai tort, ni les
orateurs, qui font dans les cités tout ce qui leur plaît,
ni les tyrans ne tireront le moindre profit de leur pouvoir ! Toi-même, tu affirmes que la puissance est un
bien, mais en revanche, pouvoir faire tout ce qu'on a
envie de faire, sans avoir toute sa tête, tu es d'accord
pour dire que c'est un mal, n'est-ce pas ?

SOCRATE

Alors, comment admettre que les orateurs et les
tyrans soient tout puissants dans les cités, si Polos ne
réfute pas Socrate en lui prouvant qu'au contraire
tyrans et orateurs font tout ce qu'ils veulent ?[b]

POLOS

Cette espèce d'individu...

SOCRATE

Eh oui ! C'est cet individu qui affirme qu'ils ne font
pas ce qu'ils veulent ; si tu n'es pas d'accord, réfute-
moi.

POLOS

Mais, tout à l'heure, tu as reconnu que les orateurs
et les tyrans faisaient ce qui leur paraissait être le
meilleur.

SOCRATE

Oui, je le reconnais maintenant encore.

POLOS

Et, malgré cela, ils ne font pas ce qu'ils veulent !

SOCRATE

Non, je soutiens que non.

POLOS

Oui, en effet.

POLOS

Même s'ils font ce qui leur plaît !

SOCRATE

Oui, je l'affirme.

POLOS

Qu'est-ce que tu racontes, Socrate ? C'est ignoble !
c'est monstrueux !

SOCRATE

Ne me condamne pas, noble Polos — si je peux me
permettre de parler comme toi [46]. Eh bien, vas-y, si tu
es capable de m'interroger, c démontre-moi que je me
trompe, sinon, tu n'as qu'à répondre.

POLOS

Bon, j'accepte de répondre, il faut bien que je voie
ce que tu veux dire.

SOCRATE

Dis-moi, à ton avis, les hommes souhaitent-ils faire
chaque action qu'ils font ? Ou bien, ce qu'ils veulent,
n'est-ce pas plutôt le but qu'ils poursuivent en faisant
telle ou telle chose ? Par exemple, quand on avale la
potion prescrite par un médecin, à ton avis, désire-t-on
juste ce qu'on fait, à savoir boire cette potion et en
être tout indisposé ? ne veut-on pas plutôt recouvrer la
santé ? d n'est-ce pas pour cela qu'on boit la potion ?

POLOS

Oui, ce qu'on veut, c'est la santé, évidemment.

SOCRATE

L'armateur [47], par exemple (comme n'importe quel
autre négociant ou homme d'affaires), a-t-il le désir
d'accomplir chaque action qu'il fait ? Non, quel est
l'homme, en effet, qui accepterait volontiers de

traverser les mers, d'y connaître tous les dangers et tous les ennuis de ce métier ? Non, ce que ces hommes veulent avoir, à mon sens, c'est le bien pour lequel ils sont allés en mer, c'est la richesse qu'ils veulent et c'est pour gagner cette richesse qu'ils se sont mis à naviguer.

POLOS

Oui, tout à fait.

SOCRATE

D'ailleurs, n'est-ce pas toujours comme cela ? Quand on fait quelque chose, ce qu'on veut, est-ce la chose qu'on fait ? N'est-ce pas plutôt le but qu'on poursuit en faisant cette chose[48] ? e

POLOS

Oui.

SOCRATE

D'autre part, y a-t-il un être qui ne soit ni bon, ni mauvais, ni neutre entre le bien et le mal ?

POLOS

Non, nécessairement, toute chose est ou bonne ou mauvaise ou neutre, Socrate.

SOCRATE

Or, les bonnes choses, tu dis que ce sont le savoir, la santé, la richesse, et tout ce qu'il y a dans le même genre[49] ; et les mauvaises choses, elles, sont les contraires des bonnes.

POLOS

Oui, en effet.

SOCRATE

D'autre part, pour les choses intermédiaires, tu dis qu'elles ne sont ni toutes bonnes ni toutes mauvaises, qu'elles ont parfois un peu de bien, parfois un peu de

mal, [a] parfois ni bien ni mal [50]. Par exemple : rester
assis, se mettre à marcher, courir, naviguer ; ou
encore, comme exemples de choses, la pierre, le bois,
etc. Est-ce bien comme cela que tu parles ? Sinon, de
quelles autres réalités dis-tu qu'elles ne sont ni bonnes
ni mauvaises ?

POLOS

D'aucunes autres, je le dis du genre de choses que
tu as données en exemple.

SOCRATE

Or, ces actions neutres, quand on les accomplit,
est-ce pour en retirer des biens ? Ou sinon, quand on
accomplit des actions qui sont avantageuses pour
nous, est-ce afin d'en retirer un profit qui nous est
indifférent ?

POLOS

Non, on accomplit des actions neutres afin d'en
obtenir des biens, aucun doute là-dessus.

SOCRATE

C'est donc le bien [b] que les hommes recherchent :
s'ils marchent, c'est qu'ils font de la marche à pied
dans l'idée qu'ils s'en trouveront mieux ; au contraire,
s'ils se reposent, c'est qu'ils pensent que le repos est
mieux pour eux : n'agissent-ils pas ainsi pour en retirer un bien ?

POLOS

Oui.

SOCRATE

Or, quand on fait mourir un homme — si vraiment
cet homme doit mourir —, quand on l'exile, quand
on le dépouille de ses richesses, n'agit-on pas ainsi
dans l'idée qu'il est mieux pour soi de faire cela que
de ne pas le faire ?

POLOS

Oui, parfaitement.

SOCRATE

Par conséquent, les hommes qui commettent pareilles actions agissent-ils toujours ainsi pour en retirer un bien ?

POLOS

Oui, je l'affirme.

SOCRATE

Par ailleurs, nous sommes d'accord pour dire que, si on fait une chose pour en avoir une autre, ᶜ la chose que nous voulons, ce n'est pas l'action que nous devons accomplir, mais le bien pour lequel nous la faisons.

POLOS

Oui, absolument.

SOCRATE

Personne ne veut donc massacrer, bannir, confisquer des richesses, pour le simple plaisir d'agir ainsi ; au contraire, si de tels actes sont bénéfiques, nous voulons les accomplir, s'ils sont nuisibles, nous ne le voulons pas. Car nous voulons, comme tu dis, les bonnes choses, mais nous ne voulons pas ce qui est neutre, et encore moins ce qui est mauvais, n'est-ce pas ? Est-ce que je te donne l'impression de dire la vérité, Polos ? oui ou non ? Pourquoi ne réponds-tu pas ?

POLOS

Oui, c'est la vérité.

SOCRATE

Donc, nous sommes bien d'accord là-dessus ᵈ : si l'on fait mourir un homme, si l'on l'exile de la cité, si l'on s'empare de ses richesses — quand on agit ainsi, qu'on soit orateur ou tyran, c'est dans l'idée que pareilles actions sont avantageuses pour celui qui les commet, mais si, en fait, elles sont nuisibles, leur auteur, malgré tout, aura fait ce qui lui plaît. N'est-ce pas ?

POLOS

Oui.

SOCRATE

Tout de même, fait-il vraiment ce qu'il veut, s'il s'avère que les actes qu'il a accomplis lui-même sont mauvais pour lui ? Tu ne réponds pas.

POLOS

Eh bien, non, il ne me paraît pas qu'il fasse ce qu'il veut.

SOCRATE

Alors, comment un tel homme peut-il être tout puissant [e] dans sa propre cité ? — s'il est vrai, de ton propre aveu, qu'être tout puissant soit un bien.

POLOS

Il ne le peut pas.

SOCRATE

Je disais donc la vérité quand j'affirmais qu'il était possible qu'un homme, qui fait ce qui lui plaît dans la cité en question, n'y eût en fait presque pas de pouvoir et n'y fît pas non plus tout ce qu'il voulait.

POLOS

A t'entendre, Socrate, il te serait indifférent d'être incapable de faire ce qui te plaît dans la cité, tu préférerais n'y avoir aucun pouvoir, et tu n'éprouverais aucune envie pour l'homme que tu verrais ainsi tuer qui il veut, le dépouiller de ses richesses et le jeter dans les fers.

SOCRATE

Parles-tu d'un homme qui fait tout cela justement ou injustement ? [a]

POLOS

Qu'il le fasse d'une façon ou d'une autre, dans les deux cas, n'est-ce pas à envier ?

SOCRATE

Fais attention à ce que tu dis, Polos[51] !

POLOS

Qu'y a-t-il ?

SOCRATE

On ne doit pas envier ceux qu'on ne peut pas envier, pas plus que les malheureux, qui sont à plaindre[52].

POLOS

Qu'est-ce que tu racontes ? Les hommes dont je parle seraient à plaindre !

SOCRATE

Comment ne le seraient-ils pas ?

POLOS

Donc, quand on fait mourir l'homme qu'on veut tuer, et que cet homme est justement tué, d'après toi, on est malheureux, on est à plaindre !

SOCRATE

Non, je ne dis pas cela, mais j'affirme que, malgré tout, on n'est pas à envier.

POLOS

Ne disais-tu pas à l'instant qu'on devait en être malheureux ?

SOCRATE

En effet, mon cher, je le disais, mais je le disais de l'homme qui tue sans justice, [b] et j'ajoutais qu'il était à plaindre ; quant à l'homme qui tue justement, je dis qu'il n'est pas à envier.

POLOS

Mais enfin, je crois plutôt que le malheureux, l'homme qui est à plaindre, c'est celui qui meurt injustement.

SOCRATE

Moins à plaindre que celui qui tue, Polos, et moins malheureux que l'homme qui meurt justement.

POLOS

Que veux-tu dire, Socrate ?

SOCRATE

Rien qu'une chose : le plus grand mal, c'est l'injustice[53].

POLOS

Pourquoi le plus grand mal ? Subir l'injustice, n'est-ce pas pire ?

SOCRATE

Non, pas du tout.

POLOS

Donc, toi, tu aimerais mieux subir l'injustice que la commettre ! [c]

SOCRATE

Moi, tu sais, je ne voudrais ni l'un ni l'autre. Mais, s'il était nécessaire soit de commettre l'injustice soit de la subir, je choisirais de la subir plutôt que de la commettre.

POLOS

Tu refuserais donc le pouvoir d'un tyran !

SOCRATE

Oui, je le refuserais si, quand tu parles de tyrannie,
tu penses à ce que je pense.

POLOS

Eh bien, je pense à ce que j'ai dit tout à l'heure :
avoir le pouvoir de faire ce qu'on veut, pouvoir tuer,
exiler, et faire tout ce dont on a envie.

SOCRATE

Oh là, mon cher, laisse-moi te donner un exemple,
et tu le critiqueras. Écoute. Si, [d] à l'heure où la Place
du Marché est pleine de monde, je venais vers toi, un
poignard glissé dans la manche[54], et si je te disais :
« Polos, un fameux pouvoir, une étonnante tyrannie
viennent de m'échoir. Regarde : si je me dis que l'un
des hommes que tu vois doit être immédiatement tué,
l'homme que je veux tuer sera tué. Si j'ai envie que
l'un d'eux ait la tête brisée, sa tête sera immédiatement brisée ; et, si je veux lui arracher son vêtement,
je lui arracherai son vêtement — je peux faire tellement de choses dans cette cité ! » [e] Supposons que tu
ne me croies pas. Je te montre alors mon poignard et
je suis sûr qu'en le voyant, tu me dirais : « A ce
compte, Socrate, tout le monde serait aussi puissant
que toi, tu pourrais également aller incendier la maison que tu veux, et pourquoi pas les arsenaux
d'Athènes, les trières de la cité, et tous les bateaux de
commerce, publics ou privés[55] ! » Tu vois bien, être
tout puissant et faire ce qu'on veut, ce n'est donc pas
la même chose.

POLOS

Non, certainement pas comme cela ! [a]

SOCRATE

Peux-tu dire pour quelle raison tu critiques cette forme de pouvoir ?

POLOS

Oui, je le peux.

SOCRATE

Pourquoi ? dis-le.

POLOS

Parce que l'homme qui agit comme cela sera nécessairement puni.

SOCRATE

Or, n'est-ce pas un mal d'être puni ?

POLOS

Oui, tout à fait.

SOCRATE

Tu en reviens donc, être étonnant, à dire qu'un homme est tout puissant s'il fait ce qu'il veut, mais à condition qu'il trouve avantage à ce qu'il fait et que ce soit un bien pour lui. Voilà ce que signifie, semble-t-il, la toute-puissance [b] : dans ce cas, c'est un bien, sinon c'est un mal, et l'homme en question n'a qu'un pouvoir infime. Voyons autre chose maintenant : sommes-nous d'accord pour dire qu'en effet agir comme je le disais tout à l'heure, c'est-à-dire, tuer et bannir des hommes, les dépouiller de leurs richesses, est quelquefois ce qu'il y a de mieux à faire, mais, d'autres fois, non ?

POLOS

Oui, absolument.

SOCRATE

Donc, il semble bien que toi et moi, nous sommes d'accord sur ce point.

POLOS

Oui.

SOCRATE

Alors, dans quels cas affirmes-tu que c'est mieux ? Comment fais-tu le partage ? Dis-moi.

POLOS

Tu n'as qu'à répondre toi-même à ta question, Socrate !

SOCRATE

Eh bien, ^c je soutiens, Polos, puisque tu prends tant de plaisir à m'entendre, que c'est mieux d'agir ainsi quand on le fait avec justice, et que c'est pire, si on le fait de façon contraire à la justice.

POLOS

Ah toi, Socrate, il est vraiment difficile de te réfuter ! Mais ne sais-tu pas que même un enfant te réfuterait, qu'il te ferait voir que tu as tort ?

SOCRATE

Alors, je serai plein de reconnaissance pour l'enfant, et j'en aurai autant pour toi, à condition que tu me réfutes et que tu me débarrasses de ma niaiserie. Allons, n'aie pas peur de te fatiguer pour rendre service à un ami : je t'en prie, réfute-moi.

POLOS

A vrai dire, Socrate, on n'a pas besoin pour te réfuter d'aller chercher ^d des faits bien éloignés dans le temps. Parce que ce qui s'est passé tout récemment suffit à te réfuter et à te montrer qu'un bon nombre d'hommes injustes sont heureux.

SOCRATE

Que s'est-il passé ? Dis-moi.

POLOS

Archélaos, par exemple, oui, le fils de Perdiccas, tu vois bien qu'il règne sur la Macédoine[56] !

SOCRATE

Même si je ne le vois pas, j'en ai entendu parler.

POLOS

Alors, à ton avis, est-il heureux ou malheureux ?

SOCRATE

Je ne sais pas, Polos, en fait, je ne l'ai jamais rencontré.

POLOS

Qu'est-ce que cela peut faire ? Si tu l'avais rencontré, tu saurais qu'il est heureux, [e] mais sinon, de là où tu es, tu n'arrives pas à savoir s'il l'est !

SOCRATE

Non, par Zeus, je ne peux vraiment pas le savoir !

POLOS

Et, évidemment, Socrate, même du Grand Roi[57], tu vas dire que tu ne sais pas s'il est heureux !

SOCRATE

Oui, en effet, et je ne dirai que la vérité, car je ne sais pas comment il est moralement, quelle éducation il a reçue et s'il a le sens de la justice.

POLOS

Et après ? Est-ce que tout le bonheur consiste en cela ?

SOCRATE

A mon avis, oui, Polos, je le soutiens. J'affirme que l'être (homme ou femme) doté d'une bonne nature

morale est heureux[58], mais que l'être injuste et
méchant est malheureux. [a]

POLOS

Alors, vu la façon dont tu raisonnes, l'Archélaos
dont je parle est un être malheureux ?

SOCRATE

Oui, mon cher, s'il est un homme injuste.

POLOS

Injuste ! Mais, comment ferait-il pour ne pas l'être ?
Rien ne le destinait au pouvoir qu'il a aujourd'hui. Il
est le fils d'une femme esclave d'Alkétès, le frère de
Perdiccas. Selon la justice, il était donc l'esclave d'Alkétès et, s'il avait voulu agir de façon juste, il serait resté
à son service, et il y serait heureux ! — si on raisonne
comme toi[59]. Mais, vu qu'il a commis les plus grandes
injustices, il est donc incroyablement malheureux. [b]
D'abord, il fit mander Alkétès, qui était à la fois son
maître et son oncle, et lui dit qu'il lui remettrait le pouvoir dont Perdiccas l'avait dépouillé. Il invita donc chez
lui Alkétès et son fils Alexandre, son propre cousin, à
peu près du même âge que lui. Dès qu'ils furent chez
lui, il les rendit complètement ivres, les jeta au fond
d'un char, et les emmena de nuit pour les égorger tous
les deux et faire disparaître les corps. Or, bien qu'il eût
commis une pareille injustice, il ne vit pas qu'il était
devenu le plus malheureux des hommes et n'éprouva
donc aucun regret de ce qu'il avait fait. Au contraire.
Peu de temps après, à l'égard de son frère, le fils légitime de Perdiccas, [c] un enfant d'environ sept ans et
auquel, selon la justice, le pouvoir devait revenir, il ne
voulut pas saisir l'occasion de se rendre heureux par
une action juste, en éduquant cet enfant et en lui remet-
tant le pouvoir de son père, mais il le jeta dans un puits,
le noya, et, à Cléopâtre, la mère de l'enfant, il affirma
que son fils, lancé à la poursuite d'une oie, était tombé

dans ce fameux puits et qu'il y était mort[60]. Bien sûr,
on sait bien aujourd'hui qu'Archélaos est, de toute la
Macédoine, l'homme qui a commis les plus grandes
injustices. Il n'est donc pas le plus heureux, loin de là,
il est le plus malheureux de tous les Macédoniens et,
sans doute trouverait-on plus d'un Athénien, y compris
toi, qui préférerait être ᵈ n'importe qui en Macédoine
plutôt qu'être un Archélaos !

SOCRATE

Dès que tu t'es mis à parler, Polos, j'ai fait ton
éloge, car tu m'as donné l'impression d'avoir eu une
bonne formation rhétorique ; mais je crois aussi que
tu ne t'es pas assez entraîné à discuter. Ce n'est que
cela l'argument avec lequel même un enfant me réfuterait ! Crois-tu que cet argument va servir à me prouver que j'ai tort de dire que l'homme qui agit mal
n'est pas heureux ? Mais, à partir de quoi vais-je pouvoir être réfuté, mon bon ? Je ne suis d'accord avec
aucune des remarques que tu fais.

POLOS

Parce que tu ne veux pas l'être, ᵉ mais, en fait, tu
penses exactement comme moi !

SOCRATE

En fait, très cher ami, tu te mets à me réfuter
comme les rhéteurs au tribunal, quand ils veulent
convaincre la partie adverse de fausseté. Au tribunal,
en effet, on estime qu'on réfute son adversaire si l'on
présente, en faveur de la cause qu'on défend, un bon
nombre de témoins, très bien vus de tout le monde,
tandis que la cause adverse, elle, n'a qu'un seul
témoin, sinon aucun. Mais ce genre de réfutation n'a
aucune valeur pour la recherche de la vérité. On sait
bien qu'il arrive parfois qu'un homme soit mis en
cause par de faux témoignages abondants et qui
semblent dignes de foi. Surtout en ce moment,

presque tout le monde, Athéniens et étrangers, sera d'accord pour défendre ta cause, si tu veux que tous témoignent contre moi et affirment que je ne dis pas la vérité. [a] Tu auras, si tu veux, le témoignage de Nicias, fils de Nicératos, et celui de ses frères en même temps, eux qui ont fait poser, dans le sanctuaire de Dionysos, une rangée de trépieds, symbole de leur importance. Tu auras aussi, si tu veux, le témoignage d'Aristocrate, fils de Skellios, qui a fait installer, lui aussi, dans le temple de la Pythie, un superbe monument. [b] Tu auras enfin, si tu veux, les témoignages de tout l'entourage de Périclès, et ceux de toute autre famille d'Athènes que tu voudras choisir [61].

Mais, sache que moi, je ne suis pas d'accord avec toi, même si je suis le seul à ne pas l'être. En effet, tu ne peux pas me forcer à être d'accord. Seulement, avec tous les faux témoignages que tu présentes contre moi, tu essaies de me déposséder de tout mon bien : la vérité [62]. Quant à moi, si je ne parviens pas à te présenter, toi, en personne, comme mon unique témoin, qui témoigne pour tout ce que je dis, j'estime que je n'aurai rien fait dont il vaille la peine de parler, pour résoudre les questions [c] que soulève notre discussion. Et j'estime que toi non plus tu ne fais rien pour les résoudre si moi, je ne suis pas le seul à témoigner en faveur de ce que tu dis et si tu n'envoies pas promener tous tes autres témoins [63]. Tu sais, il y a deux sortes de réfutations : l'une est celle que toi, et beaucoup d'autres, tenez pour vraie, l'autre est celle que moi, à mon tour, je crois être vraie. Alors, comparons-les, plaçons-les l'une à côté de l'autre, et voyons en quoi elles diffèrent. Car le sujet de notre discussion n'est vraiment pas insignifiant, loin de là et, s'il est très beau de savoir comment le traiter, en revanche, il est très laid de l'ignorer. C'est, pour l'essentiel, la question de savoir si l'on reconnaît, ou si l'on ignore, qui est heureux et qui ne l'est pas. — Commençons

par voir tout de suite quel est le point précis sur
lequel porte la discussion : ^d tu penses qu'il est possible d'être heureux, même si l'on agit mal et si l'on
est injuste, puisque tu estimes qu'Archélaos, bien
qu'il soit un criminel, est un homme heureux. Est-ce
bien ce que tu penses ? Le prenons-nous comme tel ?

POLOS

Oui, tout à fait.

SOCRATE

Et moi, j'affirme que c'est impossible. C'est bien le
point sur lequel nous ne sommes pas d'accord. Bon.
Autre chose. Le coupable sera-t-il heureux d'être
puni, de payer sa faute et de recevoir son châtiment ?

POLOS

Non, pas du tout, au contraire, c'est dans ce cas
qu'il sera très malheureux. ^e

SOCRATE

En revanche, dans ta façon de voir, le coupable qui
n'est pas puni sera heureux !

POLOS

Oui, je l'affirme.

SOCRATE

Eh bien, dans ma propre vision des choses, Polos,
quand on agit mal et qu'on est coupable, on est malheureux de toute façon ; mais, on est encore plus malheureux si, bien qu'on soit coupable, on n'est ni puni
ni châtié par la justice des dieux ou par celle des
hommes.

POLOS

C'est incroyable, Socrate ! tu te mets à dire des
énormités ! ^a

SOCRATE

Sache bien, camarade, que je vais essayer de te faire
dire, à toi aussi, la même chose que moi — tu vois, je
te prends pour un ami. Bon, ce qui nous oppose à
présent, c'est ceci : — regarde toi-même — au cours
de notre discussion, j'ai dit que commettre l'injustice
était pire que la subir.

POLOS

Oui, parfaitement.

SOCRATE

Mais toi, tu dis qu'il est pire de la subir.

POLOS

Oui.

SOCRATE

Puis, j'ai dit que les êtres qui agissent mal sont malheureux, et là, tu m'as réfuté.

POLOS

Ah ça oui, par Zeus !

SOCRATE

Disons plutôt, Polos, que tu penses m'avoir
réfuté. [b]

POLOS

Je pense que je t'ai vraiment réfuté.

SOCRATE

Peut-être. En tout cas, tu soutiens que les hommes
qui commettent l'injustice sont heureux, à condition
de n'être pas punis.

POLOS

Oui, c'est tout à fait exact.

SOCRATE

Or, moi, j'affirme qu'ils sont alors les plus malheureux des hommes ; tandis que les coupables qui sont
punis sont, eux, moins malheureux. Veux-tu aussi
réfuter cette déclaration ?

POLOS

Ah oui, il faut dire que cette déclaration est encore
plus difficile à réfuter que la première, Socrate !

SOCRATE

Difficile, non, Polos, impossible plutôt : on n'a
jamais réfuté ce qui est vrai.

POLOS

Qu'est-ce que tu racontes ? Si un homme est pris
alors qu'il complote injustement contre son tyran ; ᶜ et
si, fait prisonnier, on lui tord les membres, on mutile
son corps, on lui brûle les yeux, on lui fait subir toutes
sortes d'atroces souffrances, et puis, si on lui fait voir
sa femme et ses enfants subir les mêmes tortures et,
après cela, pour finir, si on le crucifie et on le fait
brûler vif, tout enduit de poix, est-ce que cet homme
sera plus heureux comme cela que s'il avait pu
s'échapper, s'il était devenu tyran et s'il avait passé sa
vie à commander dans la cité, en faisant ce qui lui
plaît, en homme envié et aimé par les citoyens comme
par les étrangers ! ᵈ Voilà ce qui est impossible à réfuter, d'après toi !

SOCRATE

Tu me donnes la chair de poule avec ton monstre[64],
mon brave, et pourtant tu ne me réfutes pas — c'est
comme tout à l'heure, quand tu appelais tes témoins.
Mais au fait, rappelle-moi juste un détail. N'as-tu pas
dit : « alors qu'il complote injustement contre son
tyran » ?

POLOS

Oui, je l'ai dit.

SOCRATE

Alors, comme cela, il ne sera pas plus heureux dans un cas que dans l'autre : ni s'il s'empare injustement de la tyrannie ni s'il est puni. En effet, si, de deux hommes, l'un agissait mal et l'autre était puni, ils seraient aussi malheureux l'un que l'autre, et aucun des deux ne saurait être plus heureux ; toutefois le plus malheureux est ᶜ celui qui a pu s'échapper et devenir tyran. Qu'y a-t-il, Polos ? Pourquoi ris-tu ? Voilà qui est encore une nouvelle façon de réfuter : si quelqu'un dit quelque chose, tu te mets à rire de lui, et tu ne le réfutes pas.

POLOS

Tu ne t'imagines pas que tu vas être réfuté, Socrate, quand tu affirmes des choses que pas un homme au monde n'oserait dire ! Demande à n'importe qui, pour voir !

SOCRATE

Polos, je ne suis pas homme à m'occuper des affaires de la Cité. L'année dernière, quand j'ai été tiré au sort pour siéger à l'Assemblée et quand ce fut à ma tribu d'exercer la prytanie, j'ai dû faire voter les citoyens — mais tout le monde a ri, ᵃ parce que je ne savais pas comment mener une procédure de vote[65]. Ne me demande donc pas maintenant de faire voter les auditeurs. Si tu n'es pas capable de mieux me réfuter, alors, comme je te l'ai proposé, laisse-moi le faire à ta place, comme cela, tu auras l'expérience de ce que doit être, d'après moi, une réfutation. En effet, je ne sais produire qu'un seul témoignage en faveur de ce que je dis, c'est celui de mon interlocuteur, et j'envoie promener tous les autres ; en outre, un seul homme, je sais le faire voter, mais quand il y a plus de gens, je ne discute pas avec eux[66]. Vois donc si tu veux [b] à ton tour m'offrir l'occasion de te réfuter en répondant à mes questions. Car, je pense que toi, comme moi, comme tout le reste des hommes, nous jugeons tous que commettre l'injustice est pire que la subir et que ne pas être puni est pire qu'être puni.

POLOS

Eh bien, moi, je pense que ni moi ni aucun autre homme, nous ne sommes de cet avis. Voyons, toi, tu aimerais mieux subir l'injustice que la commettre !

SOCRATE

Oui, comme toi et comme tout le monde.

POLOS

Il s'en faut de beaucoup, vraiment ! non ! ni comme moi, ni comme toi, ni comme personne d'autre !

SOCRATE

Bon. Est-ce que tu me réponds ? [c]

POLOS

Oui, absolument. En fait, j'ai envie de savoir ce que tu vas bien pouvoir dire.

SOCRATE

Eh bien, si tu veux le savoir, tu n'as qu'à répondre à ma question du début. Polos, quelle chose est pire, selon toi, commettre l'injustice ou la subir ?

POLOS

Selon moi, c'est subir l'injustice.

SOCRATE

Et qu'est-ce qui est plus vilain ? Subir l'injustice ou la commettre ? Réponds.

POLOS

Commettre l'injustice.

SOCRATE

C'est donc pire aussi, si c'est plus vilain ?

POLOS

Non, pas du tout.

SOCRATE

Je comprends. Tu n'as pas l'air de considérer que le beau et le bien soient une seule chose, ^d ni non plus que le mauvais et le vilain soient identiques ?

POLOS

Certainement pas.

SOCRATE

Mais comment fais-tu alors ? Pour tout ce qui est beau — un corps, une couleur, une forme, une voix, un style de vie —, n'as-tu pas une raison de dire que c'est beau[67] ? Un corps, par exemple, n'affirmes-tu pas qu'il est beau à cause de son utilité, de la fonction qu'il remplit et de la fin qu'il sert ? ou bien, est-ce à cause du plaisir que sa vue donne, dont se réjouissent tous ceux qui le regardent ? Hormis ces deux raisons, l'utilité et le plaisir, en vois-tu une autre qui fasse dire qu'un corps est beau ? ^e

POLOS

Non, je n'en vois pas.

SOCRATE

Or c'est pareil pour tout le reste : les formes et les couleurs, aussi, tu les appelles belles à cause du plaisir qu'elles procurent, de l'utilité qu'elles ont, ou encore, pour ces deux raisons à la fois.

POLOS

Oui, c'est exact.

SOCRATE

Est-ce la même chose pour la voix et pour toute la musique ?

POLOS

Oui.

SOCRATE

Par ailleurs, parmi les lois et les styles de vie, ceux que tu tiens pour de belles choses sont ou utiles ou agréables, ou les deux à la fois.

POLOS

Oui, je suis d'accord. [a]

SOCRATE

Mais est-ce pareil pour la beauté des connaissances ?

POLOS

Oui, tout à fait. Enfin, Socrate, tu donnes une belle définition du beau, maintenant que tu dis qu'il fait plaisir et qu'il sert à quelque chose !

SOCRATE

Dans ce cas, on va se servir du contraire pour définir le vilain : il donne de la douleur et il est mauvais.

POLOS

Nécessairement.

SOCRATE

Par conséquent, de deux belles choses, l'une est plus belle que l'autre [b] parce qu'elle donne plus de plaisir, qu'elle est plus utile, ou pour ces deux raisons à la fois : une chose est donc plus belle qu'une autre par une de ces deux qualités ou par les deux ensemble.

POLOS

Oui, absolument.

SOCRATE

Donc, de deux choses laides, l'une est plus laide que l'autre si elle est plus douloureuse ou plus mauvaise. N'est-ce pas nécessaire ?

POLOS

Oui.

SOCRATE

Poursuivons donc. Que disait-on tout à l'heure sur le fait de commettre l'injustice ou de la subir ? Ne disais-tu pas que commettre l'injustice est plus laid et que la subir est plus mauvais ?

POLOS

Oui, je le disais.

SOCRATE

Par conséquent, si commettre l'injustice est plus vilain que la subir, en quoi est-ce plus vilain ? parce que c'est plus douloureux ? — en ce cas, c'est la douleur qui l'emporte ; parce que c'est plus mauvais ? ou pour les deux choses à la fois ? N'est-ce pas nécessairement pour l'une de ces raisons ?

POLOS

Comment faire autrement ?

SOCRATE

Voici donc le premier point à examiner : ᶜ est-ce à cause de la douleur éprouvée que commettre l'injustice est plus mauvais que la subir ? Autrement dit, les hommes qui agissent mal souffrent-ils davantage que ceux auxquels on fait du mal ?

POLOS

Non, pas du tout, Socrate, ce n'est pas à cause de la douleur qu'il est plus mauvais de commettre l'injustice, au contraire !

SOCRATE

Ce n'est donc pas à cause de la douleur que commettre l'injustice est plus vilain que la subir.

POLOS

Assurément pas.

SOCRATE

Or, si ce n'est pas à cause de la douleur, ce n'est pas non plus à cause à la fois de la douleur et d'une autre raison que commettre l'injustice est plus vilain que la subir.

POLOS

Apparemment pas.

SOCRATE

Reste donc notre autre raison seule.

POLOS

Oui.

SOCRATE

C'est plus vilain parce que c'est plus mauvais.

POLOS

Il semble bien.

SOCRATE

Commettre l'injustice est donc plus mauvais que la subir, parce que le mal y est plus grand.

POLOS

Oui, c'est évident. [d]

SOCRATE

Or, tout à l'heure, n'étions-nous pas d'accord, avec du reste presque tout le monde, pour dire que commettre l'injustice est plus vilain que la subir ?

POLOS

Oui.

SOCRATE

Mais, maintenant, commettre l'injustice a l'air d'être plus mauvais que la subir.

POLOS

Il semble bien.

SOCRATE

Préférerais-tu une chose plus mauvaise et plus vilaine à une autre qui l'est moins ? N'hésite pas à répondre, Polos, — tu n'y trouveras aucun dommage, mais réponds en te confiant noblement à ce qu'exige notre discussion, comme si tu te livrais à un médecin, ^e et réponds par oui ou par non à ce que je te demande.

POLOS

Non, bien sûr, Socrate, je préférerais le moins mauvais.

SOCRATE

Y a-t-il un autre homme qui préférerait le plus mauvais ?

POLOS

A mon avis, non, pas si l'on s'en tient à ce raisonnement.

SOCRATE

Je disais donc la vérité quand j'affirmais que ni toi, ni moi, ni aucun autre homme ne préférerait commettre l'injustice à la subir ; en effet, il se trouve que commettre l'injustice est plus mauvais.

POLOS

Cela a l'air d'être plus mauvais, en effet.

SOCRATE

Regarde bien, Polos, ma réfutation à côté de ta réfutation ; si on les compare, elles ne se ressemblent en rien. Pourtant, avec ta réfutation, tout le monde est d'accord, sauf moi. [a] Tandis que moi, quand je te réfute, je me contente de ton accord et de ton témoignage. Aussi, c'est toi, et toi seul, que je fais voter — les autres, je les envoie promener. Bon, cela va comme ça. Juste après, examinons le second point sur lequel nous étions en désaccord : quand un coupable est puni, est-ce le pire des maux ? — comme tu le pensais. Ou bien, est-ce pire de n'être pas puni ? — comme moi, cette fois, je le pensais. Prenons la question par ce biais : quand on a commis une injustice, être puni et être justement châtié, est-ce la même chose ? qu'en dis-tu ?

POLOS

Je dis que oui. [b]

SOCRATE

Or tu ne peux pas dire que le juste, pris comme juste, ne soit pas toujours beau ! Examine la question à fond et réponds-moi.

POLOS

Non, en effet, Socrate, je pense que le juste est beau.

SOCRATE

Bon. Alors, voyons autre chose : si un agent fait une action, n'est-il pas nécessaire que quelque chose subisse l'action de cet agent ?

POLOS

Oui, il me semble.

SOCRATE

Cette passivité, que produit l'activité, n'est-elle pas de la même nature que l'activité qui l'a produite ? Je

vais te donner un exemple pour que tu voies de quoi
je veux parler : si l'on frappe, n'est-il pas nécessaire
que quelque chose soit frappé ?

POLOS

C'est nécessaire.

SOCRATE

De plus, si l'on frappe fort ou si l'on frappe vite, c
ne faut-il pas que quelque chose soit frappé fort ou
vite [68] ?

POLOS

Oui.

SOCRATE

L'effet produit sur l'objet frappé donne donc à cet
objet des caractères semblables au coup qui a frappé.

POLOS

Oui, tout à fait.

SOCRATE

Et dans le cas où l'on brûle, ne faut-il pas qu'il y
ait quelque chose de brûlé ?

POLOS

Comment faire autrement ?

SOCRATE

Si la brûlure est grave ou douloureuse, l'auteur de
la brûlure ne l'a-t-il pas faite forte ou douloureuse ?

POLOS

Oui, tout à fait.

SOCRATE

Si l'on coupe, le raisonnement est le même : il y a
quelque chose de coupé.

POLOS

Oui.

SOCRATE

Et si la coupure est large et profonde, si elle fait
mal, ^d c'est que l'auteur de la coupure a coupé de
cette façon-là.

POLOS

Apparemment, oui.

SOCRATE

En somme, regarde bien si pour ces différents cas
tu es d'accord avec ce que je viens de dire : l'action
de l'agent qui agit et l'effet produit sur le patient qui
subit portent-ils les mêmes caractères ?

POLOS

Mais, bien sûr, je suis d'accord.

SOCRATE

Bien, maintenant que nous sommes d'accord là-
dessus, dis-moi si être puni consiste à subir ou à agir.

POLOS

A subir, Socrate, nécessairement !

SOCRATE

Parce qu'il y a un agent qui agit ?

POLOS

Comment faire autrement ? Parce qu'il y a bien sûr
un homme qui punit.

SOCRATE

Et l'homme qui châtie bien, punit-il de façon
juste ? ^e

POLOS

Oui.

SOCRATE

Donc, son action est-elle juste ou non ?

POLOS

Elle est juste.

SOCRATE

Et l'homme qui est châtié en juste punition subit-il quelque chose de juste ?

POLOS

Oui, cela en a tout l'air.

SOCRATE

Mais nous nous sommes bien mis d'accord, je crois, pour dire que le juste est toujours beau.

POLOS

Oui, absolument.

SOCRATE

Dans ce cas, l'action de punir est belle, tout comme le fait de subir sa punition et d'être châtié.

POLOS

Oui.

SOCRATE

Or, si c'est beau, n'est-ce pas bon ?[a] — Puisque le beau est ou agréable ou bon à quelque chose.

POLOS

C'est nécessaire.

SOCRATE

L'homme qui se trouve puni subit donc quelque chose de bon.

POLOS

Il semble bien.

SOCRATE

La punition est donc quelque chose qui lui est utile.

POLOS

Oui.

SOCRATE

Est-ce bien la forme d'utilité que je conçois ? Si un coupable est justement châtié, son âme sera-t-elle meilleure de ce fait ?

POLOS

Oui, c'est vraisemblable.

SOCRATE

L'âme de l'homme qu'on punit est-elle donc délivrée de son mal ?

POLOS

Oui.

SOCRATE

Mais cet homme n'est-il pas en même temps délivré du pire des maux ? Prends la question de la façon suivante : dans la gestion de ses biens, [b] l'homme peut-il connaître, d'après toi, un plus grand malheur que la pauvreté ?

POLOS

Non, rien de plus grave que la pauvreté.

SOCRATE

Et par rapport à la bonne forme physique, ne dirais-tu pas que les maux du corps sont la fatigue, la maladie, la laideur, etc. ?

POLOS

Oui, c'est ce que je dirais.

SOCRATE

Or, dans l'âme aussi, il doit bien y avoir, d'après toi, une forme de vice.

POLOS

Oui, bien sûr.

SOCRATE

Et ce vice, n'est-ce pas ce que tu appelles l'injustice, l'ignorance, la lâcheté, etc. [69]

POLOS

Oui, c'est tout à fait cela.

SOCRATE

Donc, pour l'argent, le corps et l'âme, pour ces trois choses, [c] tu as dit qu'il existait trois formes de vice : la pauvreté, la maladie, l'injustice ?

POLOS

Oui.

SOCRATE

Eh bien, quel est le plus vilain de ces vices ? N'est-ce pas l'injustice et, plus généralement, tout vice de l'âme ?

POLOS

Oui, c'est le plus vilain, et de beaucoup.

SOCRATE

Or, si le vice de l'âme est le plus laid des maux, c'est aussi le pire de tous.

POLOS

Pourquoi dis-tu cela, Socrate ?

SOCRATE

Parce que c'est toujours s'il cause une douleur extrême, s'il provoque un dommage, ou pour ces deux motifs à la fois, que le plus vilain des maux est vraiment le plus vilain [d] — à condition d'en rester à nos précédents accords.

POLOS

Absolument.

SOCRATE

Or, l'injustice et tout autre vice de l'âme sont-ils les plus vilains des maux ? — Nous venons de nous mettre d'accord là-dessus.

POLOS

En effet, c'est d'accord.

SOCRATE

L'injustice est donc le plus vilain de tous les maux, parce qu'elle est le plus pénible de tous (à cause de la douleur qu'elle donne), ou bien parce qu'elle crée plus de dommages, ou encore, pour ces deux raisons à la fois.

POLOS

Oui, c'est nécessaire.

SOCRATE

Par ailleurs, est-ce plus douloureux de vivre sans justice, sans tempérance, en étant lâche et ignorant qu'en étant pauvre et malade ?

POLOS

A mon avis, non, Socrate, pas d'après ce qu'on a dit.

SOCRATE

C'est donc par quelque chose d'extraordinairement grand, comme un énorme dommage et un mal incroyable, que le vice de l'âme, la chose la plus vilaine de toutes, l'emporte en laideur sur le reste des maux, ^e puisque, d'après ce que tu dis, ce n'est pas par la douleur.

POLOS

Oui, il semble bien.

SOCRATE

Par ailleurs, il est certain que le mal, qui dépasse tous les autres maux par la grandeur du dommage qu'il cause, est le plus grand mal qui existe.

POLOS

Oui.

SOCRATE

En conséquence, vivre sans justice, sans tempérance, ou avec n'importe quel autre vice de l'âme, voilà quels sont les plus grands maux.

POLOS

Oui, apparemment.

SOCRATE

Bien. Et quel est l'art qui nous délivre de la pauvreté ? N'est-ce pas l'art de gérer son argent ?

POLOS

Oui.

SOCRATE

Et de la maladie ? N'est-ce pas la médecine ?

POLOS

Nécessairement.

SOCRATE

Et quel est l'art qui nous délivre de la méchanceté et de l'injustice ? [a] Si tu ne sais pas quoi dire, comme cela, regarde un peu : où, auprès de qui, conduisons-nous les hommes qui ont le corps malade ?

POLOS

Chez les médecins, Socrate.

SOCRATE

Et où conduisons-nous les hommes qui ont fait du mal injustement et dont la vie est déréglée ?

POLOS

Que veux-tu dire ? Qu'on les conduit devant les juges ?

SOCRATE

Où ils seront justement punis.

POLOS

Oui, en effet.

SOCRATE

Or, n'est-ce pas en fonction d'une certaine justice que les juges appliquent un châtiment légitime ?

POLOS

Oui, évidemment.

SOCRATE

Donc, l'art de gérer l'argent nous délivre de la pauvreté, [b] la médecine de la maladie, et la justice du dérèglement et de l'injustice.

POLOS

Oui, il semble bien.

SOCRATE

Alors, de ces trois choses, laquelle est la plus belle ?

POLOS

De quelles choses parles-tu ?

SOCRATE

La gestion de l'argent, la médecine, la justice ?

POLOS

La justice est bien supérieure, Socrate.

SOCRATE

Or, si la justice est vraiment la plus belle, n'est-ce donc pas encore une fois parce qu'elle procure un plaisir plus grand, ou qu'elle est plus utile, ou les deux à la fois ?

POLOS

Oui.

SOCRATE

Mais, au fait, est-ce agréable d'être soigné ? Les patients des médecins sont-ils contents de ce qui leur arrive ?

POLOS

Non, je ne pense pas.

SOCRATE

Mais il est utile pour eux d'être soignés, n'est-ce pas ? c

POLOS

Oui.

SOCRATE

En fait, une fois soigné, on est délivré d'un mal plus grand que la douleur du traitement ; il est donc avantageux de supporter cette souffrance pour être en bonne santé.

POLOS

Oui, comment faire autrement ?

SOCRATE

Mais, quelle est la situation où l'homme trouve le plus de bonheur dans son corps : s'il se fait soigner par un médecin ou s'il commence par ne pas être malade ?

POLOS

S'il n'est pas malade, bien sûr.

SOCRATE

Car le bonheur n'est pas, semble-t-il, d'être délivré du mal, mais il consiste plutôt à ne pas subir le mal.

POLOS

Oui, c'est exact.

SOCRATE

Bien, prenons le cas de deux hommes malades, [d] dans leur corps ou dans leur âme, lequel est le plus malheureux : celui qui se fait soigner et qui est délivré de son mal ou celui qu'on ne soigne pas et qui garde son mal ?

POLOS

Celui qu'on ne soigne pas, je pense.

SOCRATE

Par ailleurs, on a dit que lorsqu'on était puni, on était délivré du mal de l'âme, le pire des maux.

POLOS

C'est exact.

SOCRATE

Car l'application de la justice rend certainement plus raisonnable et plus juste : en fait, elle est une médecine pour la méchanceté de l'âme [70].

POLOS

Oui.

SOCRATE

Le plus heureux des hommes est donc celui qui n'a aucun vice en son âme, puisque c'est le vice qui nous a paru être le pire des maux. [e]

POLOS

Oui, évidemment.

SOCRATE

Puis, l'homme qui vient en second pour le bonheur est sans doute celui qu'on délivre de son mal.

POLOS

Oui, c'est vraisemblable.

SOCRATE

C'est-à-dire, l'homme qui se soumet aux reproches, aux châtiments et qui est justement puni.

POLOS

Oui.

SOCRATE

En revanche, l'homme qui vit le plus mal est l'homme qui garde son injustice et qu'on ne délivre pas de son mal.

POLOS

Oui, il semble.

SOCRATE

Mais, n'est-ce pas justement le cas de l'homme qui a commis les plus grandes injustices, et qui, par l'effet d'une injustice extrême, réussit à passer toute sa vie sans subir ni reproches, [a] ni châtiments, ni justes punitions ? C'est exactement comme cela qu'Archélaos, d'après toi, réussit à vivre, et c'est ce que font aussi tous les autres tyrans, les orateurs et les despotes.

POLOS

C'est vraisemblable.

SOCRATE

En fait, les hommes, très cher ami, qui réussissent à vivre ainsi se trouvent à peu près dans le même état qu'un homme qui, rongé par les plus graves maladies, parviendrait à ne pas être puni pour les maux de son corps, à ne pas se faire soigner par les médecins, parce que, tel un enfant, il aurait peur de subir incisions et cautérisations, [b] sous prétexte que cela fait mal. N'es-tu pas du même avis que moi ?

POLOS

Oui, je suis d'accord avec toi.

SOCRATE

Au moins cet homme malade ignore-t-il probablement ce que sont la santé et la bonne forme du corps. En fait, étant donné que nous sommes d'accord sur le cas d'un tel homme, Polos, les autres hommes, qui cherchent à fuir la justice, risquent bien d'agir comme lui. Ces hommes voient bien la douleur que cause la justice, mais ils restent aveugles sur les bienfaits qu'elle donne, ils ignorent qu'on est encore plus malheureux de vivre avec une âme malsaine, viciée, injuste, impie, qu'avec un corps malsain. ^c C'est pourquoi ces hommes font tout pour ne pas être punis, ils font tout pour qu'on ne les délivre pas du pire des maux ; en outre, ils s'arrangent pour avoir de l'argent, des amis, et pour savoir parler de façon tout à fait convaincante. Mais, Polos, si nous sommes d'accord pour reconnaître comme vrai ce que nous avons dit, te rends-tu assez bien compte des conséquences de notre discussion ? Ou préfères-tu que nous allions jusqu'au bout ?

POLOS

Oui, si tu veux.

SOCRATE

Bien. Une des conséquences me paraît être que les pires des maux, ce sont l'injustice et le fait de vivre dans l'injustice, n'est-ce pas ?

POLOS

Oui, il semble bien.

SOCRATE

Par ailleurs, ^d il nous a paru qu'être puni était une façon d'être délivré de son mal.

POLOS

Oui, il y a des chances que ce soit vrai.

SOCRATE

Mais, en tout cas, nous avons dit que le fait de n'être pas puni faisait durer le mal.

POLOS

Oui.

SOCRATE

Dans ce cas, commettre une injustice est un mal second en grandeur ; en revanche, c'est bien le fait de vivre injustement sans être puni pour son injustice qui forme le pire et le plus considérable de tous les maux.

POLOS

C'est probable.

SOCRATE

Quelle était donc, mon cher ami, la question sur laquelle nous n'étions pas d'accord ? C'était à propos d'Archélaos : tu disais qu'il était heureux, bien qu'il eût commis les plus grandes injustices ᵉ et qu'il n'en eût été aucunement puni. Moi, je pensais tout le contraire : si Archélaos, ou n'importe qui, fait un acte injuste sans en être puni, il est destiné à vivre dans un malheur qui dépasse largement celui des autres hommes. Je soutenais aussi que celui qui commet l'injustice est toujours plus malheureux que celui qui la subit et que le coupable qu'on ne punit pas est plus malheureux que le coupable qu'on punit. C'est ce que je disais, n'est-ce pas ?

POLOS

Oui.

SOCRATE

Or, il est démontré maintenant que ce que je disais était vrai.

POLOS

Oui, il semble. ᵃ

SOCRATE

Soit. Mais alors, si tout cela est vrai, en quoi a-t-on tellement besoin de la rhétorique ? Car enfin, la conséquence de tous ces accords entre nous est qu'il faut d'abord faire attention à ne pas faire de mal, parce que, si l'on agit mal, le malheur qu'on en a est déjà assez grand.

POLOS

Oui, tout à fait.

SOCRATE

Mais s'il arrive malgré tout qu'on commette une injustice, soi-même ou toute autre personne qu'on chérit, il faut courir de son plein gré là où l'on sera le plus vite puni — chez le juge, donc, comme on irait chez le médecin ; et il faut s'empresser d'y aller pour éviter que la maladie de l'injustice ne devienne chronique, b qu'elle n'infecte l'âme et ne la rende incurable. Que pouvons-nous faire d'autre, Polos, si tous les principes sur lesquels nous nous sommes mis d'accord demeurent vrais ? N'est-ce pas la seule conclusion qui s'accorde avec nos principes ? N'est-elle pas nécessaire ? Pouvons-nous dire autre chose ?

POLOS

Non, Socrate, en effet, c'est la seule chose à faire.

SOCRATE

Par conséquent, s'il s'agit de se défendre lorsqu'on est accusé d'une injustice qu'on a soi-même commise, ou qu'ont commise ses parents, ses camarades, ses enfants, sa patrie même quand elle est coupable, la rhétorique, Polos, ne nous sera d'aucune utilité. A moins d'imaginer c qu'elle nous soit utile pour faire tout le contraire et qu'il faille se servir de la rhétorique pour s'accuser soi-même, pour accuser ses proches ou ceux qui nous sont chers quand ils commettent une injustice ; là, il ne faut pas chercher à cacher la faute commise, il faut la mettre en pleine lumière, c'est le seul moyen pour être puni et redevenir sain[71]. Il faut donc se forcer, soi-même et les autres, à ne pas être épouvanté à l'idée de la punition, mais à vouloir se livrer à la justice, plein de confiance et de courage[72], comme on se livre au médecin qui doit pratiquer incisions et cautérisations. Et il ne faut poursuivre que

le bien et le beau, sans tenir compte de la douleur : si
l'injustice qu'on a commise mérite des coups, ^d il faut
se laisser frapper, si elle mérite des chaînes, il faut se
faire enchaîner, si c'est une amende, il faut être prêt à
payer, si c'est l'exil, qu'on s'exile, si c'est la mort,
qu'on meure, mais qu'on soit toujours le premier à
s'accuser soi-même, à accuser ses proches. Voilà à
quelle fin on peut se servir de la rhétorique : pour
mettre en lumière les injustices qu'on a commises et se
trouver ainsi délivré du pire des maux, l'injustice. Est-
ce bien ce que nous devons dire, Polos, oui ou non ?

POLOS

C'est très déconcertant pour moi, ^e Socrate, d'entendre cela, mais sans doute est-ce dans la ligne de ce
que nous avons dit.

SOCRATE

Dans ce cas, soit nous renonçons à tout ce que nous
avons dit, soit nous affirmons que ce que je viens de
dire en est la conséquence nécessaire.

POLOS

Oui, nous en sommes là.

SOCRATE

Eh bien, maintenant, essayons de voir le cas de
figure opposé. Admettons qu'on doive faire du mal à
quelqu'un, ennemi ou inconnu — à la condition, bien
sûr, de n'avoir pas été soi-même la victime d'une
injustice de la part de cet ennemi (attention, il faut
prendre garde à cela !), mais que ce soit à quelqu'un
d'autre que cet ennemi ait fait du mal. Dans ce cas,
si on veut faire du mal à cet ennemi, il faut s'arranger
par tous les moyens, paroles et actes, ^a pour qu'il ne
soit pas puni et n'ait pas à aller devant le juge. Et, s'il
y va quand même, il faut trouver le moyen pour que
cet ennemi personnel puisse échapper à la punition.
Davantage, s'il a volé énormément d'or, qu'il ne le

rende pas, qu'il le garde, qu'il le dépense pour lui-
même et pour les siens, sans aucune justice ni piété ;
s'il a commis un crime si injuste qu'il mérite la mort,
surtout, qu'on ne le mette pas à mort, jamais, mais
qu'il vive immortel, ce criminel, et, sinon, b qu'il
puisse vivre comme il est le plus longtemps possible[73].
Voilà quel est le genre de cas, Polos, où, à mon sens,
la rhétorique est utile. Autrement, pour l'homme qui
n'est pas près de commettre une injustice, je ne vois
point qu'elle soit très utile, si tant est qu'elle ait la
moindre utilité — de fait, quand nous en parlions tout
à l'heure, la rhétorique semblait ne servir à rien.

CALLICLÈS

Dis-moi, Chéréphon, est-ce que Socrate parle
sérieusement ? est-ce qu'il plaisante[74] ?

CHÉRÉPHON

J'ai l'impression, Calliclès, qu'il parle tout à fait
sérieusement. Mais tu n'as qu'à lui demander toi-
même.

CALLICLÈS

Ah oui, au nom des dieux, j'ai bien envie de lui
demander ! Dis-moi, c Socrate, faut-il supposer qu'en
ce moment tu parles sérieusement, ou bien est-ce que
tu plaisantes ? En effet, si tu dis tout cela sérieusement
et si par hasard c'est vrai, toute la vie des hommes
serait mise sens dessus dessous, et nous, nous faisons,
semble-t-il, tout le contraire de ce qu'il faut !

SOCRATE

Calliclès, si les sentiments humains n'avaient rien
de commun entre eux, s'ils étaient particuliers à tel ou
tel individu, si chacun de nous éprouvait ses propres
impressions, différentes de celles des autres hommes,
on aurait du mal à faire connaître d à son voisin ce
qu'on ressent. Je dis cela parce que je pense que toi
et moi, nous éprouvons le même sentiment. Toi, moi,

nous deux ensemble, sommes amoureux : moi, j'aime
Alcibiade, fils de Clinias[75], et la philosophie ; toi, tu
aimes Démos, le peuple d'Athènes, et le fils de Pyrilampe[76].

Or, je me rends bien compte que toi, tu as beau être
un malin, à chaque fois que l'occasion s'en présente, tu
n'es jamais capable de contredire celui que tu aimes
quand il dit ceci ou cela, [e] et tu te laisses entraîner de
tous les côtés à la fois. A l'Assemblée, si tu dis quelque
chose, et si Démos d'Athènes, lui, ne parle pas comme
toi, tu changes d'avis et tu finis par dire tout ce que
Démos d'Athènes veut que tu dises[77]. En face du jeune
et beau Démos, fils de Pyrilampe, tu te comportes de
la même façon. Car tu es incapable de t'opposer aux
volontés et aux déclarations de ton bien-aimé. Si quelqu'un entendait ce que parfois tu es amené à dire pour
plaire à tes amours, il s'en étonnerait et trouverait cela
bizarre, mais si toi, tu voulais avouer à cet homme la
vérité, tu lui dirais sans doute que, tant qu'on n'empê-
chera pas ton bien-aimé de dire ce qu'il dit, [a] on ne
pourra pas non plus t'empêcher de dire comme lui.

Mais comprends bien que c'est pareil pour moi, et
qu'il te faut m'entendre répéter ce que disent mes
amours. Ne soit donc pas étonné de ce que je dis, ou
sinon, fais que la philosophie, ma bien-aimée, soit elle
aussi empêchée de parler. Car tout ce que tu m'entends dire, mon cher ami, c'est toujours elle qui me
le fait dire, et elle est beaucoup moins inconstante que
mon autre amour. Le fils de Clinias, lui, dit tantôt
une chose, tantôt une autre, mais la philosophie dit
toujours la même chose ; et justement, ces phrases qui
maintenant t'étonnent, [b] c'est la philosophie qui les
fait prononcer — tu étais bien là, en personne, quand
elle a parlé. C'est donc la philosophie, je le répète,
que tu vas réfuter : tu vas montrer contre elle que
commettre l'injustice et ne pas être puni quand on a
mal agi ne sont pas les pires des maux. Mais si tu y
renonces, Calliclès, et ne réfutes pas sa thèse, par le

Chien, dieu des Égyptiens[78], Calliclès ne sera pas
d'accord avec toi, et pour le reste de ta vie, tu seras
mal accordé à toi-même. Pour moi, je considère,
excellent homme, qu'il vaut mieux jouer faux sur une
lyre mal accordée, mal diriger le chœur que je pourrais diriger[79], c ne pas être d'accord avec la plupart
des gens et dire le contraire de ce qu'ils disent — oui,
tout cela, plutôt que d'être, moi tout seul, mal
accordé avec moi-même et de contredire mes propres
principes.

CALLICLÈS

Socrate, tu m'as l'air d'un jeune chien fou, tu parles
comme si tu étais en train d'haranguer le peuple
entier[80]. Mais à propos, pourquoi nous fais-tu cette
harangue ? Parce que Polos a éprouvé la même gêne
qu'il a accusé Gorgias de ressentir face à toi. En effet,
Polos a dit en substance que Gorgias, auquel tu
demandais s'il enseignerait le sens de la justice à
l'élève qui, venant le trouver pour apprendre la rhétorique, ignorerait encore ce qu'est le juste — d parce
que Gorgias, donc, a eu honte de répondre non, et
qu'il a affirmé, pour se conformer aux règles de la
société humaine, qu'il l'enseignerait en effet : il devait
craindre qu'on ne fût indigné de sa réponse s'il avait
dit le contraire... Et c'est à cause de l'acquiescement
que Gorgias t'a donné qu'il a été forcé de se contredire — voilà ce qui te fait plaisir ! Là, Polos s'est bien
moqué de toi, et à juste titre, je pense !
Seulement, maintenant, voilà qu'il éprouve lui aussi
la même gêne. Et moi, je n'aime pas beaucoup ce qu'a
fait Polos quand il t'a concédé que commettre l'injustice est plus vilain que la subir. En fait, e dès qu'il t'a
accordé cela, tu l'as fait s'empêtrer dans ce qu'il disait
et tu lui as cloué le bec[81] ; tout cela, parce qu'il a eu
honte de dire ce qu'il pensait. Mais, tu sais, Socrate,
réellement, ces questions que tu rabâches, ce sont des
inepties, des chevilles d'orateur populaire — oui, toi

qui prétends rechercher la vérité ! — pour faire passer
que le beau est beau selon la loi, et pas selon la nature.

Nature et loi, le plus souvent, se contredisent[82].
Donc, bien sûr, si l'on a honte, ᵃ si l'on n'ose pas dire
ce qu'on pense, on est forcé de se contredire. Voilà,
c'est cela, le truc que tu as fini par comprendre, et tu
t'en sers avec mauvaise foi dans les discussions. Si
quelqu'un parle de ce qui est conforme à la loi, tu
l'interroges sans qu'il le voie sur ce qui est conforme
à la nature, et s'il te parle de la nature, tu l'amènes à
te répondre sur la loi. C'est ce qui s'est passé tout à
l'heure, quand vous parliez de commettre l'injustice
et de la subir, Polos te disait qu'il était plus vilain de
la commettre en se référant à la loi, et tu t'es mis à
harceler ce qu'il disait comme s'il l'avait dit par rapport à la nature[83] ! En effet, dans l'ordre de la nature,
le plus vilain est aussi le plus mauvais : c'est subir
l'injustice ; en revanche, selon la loi, le plus laid, c'est
la commettre. ᵇ L'homme qui se trouve dans la situation de devoir subir l'injustice n'est pas un homme,
c'est un esclave, pour qui mourir est mieux que vivre
s'il n'est même pas capable de se porter assistance à
lui-même, ou aux êtres qui lui sont chers, quand on
lui fait un tort injuste et qu'on l'outrage. Certes, ce
sont les faibles, la masse des gens, qui établissent les
lois, j'en suis sûr. C'est donc en fonction d'eux-
mêmes et de leur intérêt personnel que les faibles font
les lois, qu'ils attribuent des louanges, qu'ils répartis-
sent des blâmes[84]. Ils veulent faire peur aux hommes
plus forts ᶜ qu'eux et qui peuvent leur être supérieurs.
C'est pour empêcher que ces hommes ne leur soient
supérieurs qu'ils disent qu'il est vilain, qu'il est
injuste, d'avoir plus que les autres et que l'injustice
consiste justement à vouloir avoir plus. Car, ce qui
plaît aux faibles, c'est d'avoir l'air d'être égaux à de
tels hommes, alors qu'ils leur sont inférieurs.

Et quand on dit qu'il est injuste, qu'il est vilain, de
vouloir avoir plus que la plupart des gens, on s'exprime en se référant·à la loi[85]. Or, au contraire, il est

évident, selon moi, que la justice consiste en ce que [d] le meilleur ait plus que le moins bon et le plus fort plus que le moins fort. Partout il en est ainsi, c'est ce que la nature enseigne, chez toutes les espèces animales, chez toutes les races humaines et dans toutes les cités [86] ! Si le plus fort domine le moins fort et s'il est supérieur à lui, c'est là le signe que c'est juste.

De quelle justice Xerxès s'est-il servi lorsque avec son armée il attaqua la Grèce [87], ou son père quand ce dernier fit la guerre aux Scythes [88] ? et encore, [e] ce sont là deux cas parmi des milliers d'autres à citer ! Eh bien, Xerxès et son père ont agi, j'en suis sûr, conformément à la nature du droit — c'est-à-dire conformément à la loi, oui, par Zeus, à la loi de la nature —, mais ils n'ont certainement pas agi en respectant la loi que nous établissons, nous ! Chez nous, les êtres les meilleurs et les plus forts, nous commençons à les façonner, dès leur plus jeune âge, comme on fait pour dompter les lions [89] ; avec nos formules magiques et nos tours de passe-passe, nous en faisons des esclaves, [a] en leur répétant qu'il faut être égal aux autres et que l'égalité est ce qui est beau et juste [90]. Mais, j'en suis sûr, s'il arrivait qu'un homme eût la nature qu'il faut pour secouer tout ce fatras, le réduire en miettes et s'en délivrer, si cet homme pouvait fouler aux pieds nos grimoires, nos tours de magie, nos enchantements, et aussi toutes nos lois qui sont contraires à la nature — si cet homme, qui était un esclave, se redressait et nous apparaissait comme un maître, alors, à ce moment-là, le droit de la nature brillerait de tout son éclat. [b] — Pindare d'ailleurs, j'en ai bien l'impression, exprime les mêmes idées que moi dans l'ode où il parle de « la loi, reine du monde, des êtres mortels et des dieux immortels » ; et, justement, cette loi, dit-il, « conduit le monde d'une main souveraine, pour justifier la plus extrême violence ; j'en veux pour preuve les travaux d'Héraclès : sans rien payer [91]... » — c'est à peu près ce qu'il dit, je ne connais pas l'ode par cœur — ; en tout cas, il dit

qu'Héraclès a pris avec lui les bœufs de Géryon, sans
avoir payé Géryon, sans que celui-ci, non plus, lui en
ait fait cadeau[92], certain que c'est bien là le droit de la
nature, c que les bœufs et tous les autres biens des êtres
inférieurs et plus faibles appartiennent en entier à
l'homme qui leur est supérieur en force et en qualité.

C'est la vérité que je te dis, et tu le comprendras si
tu abandonnes enfin la philosophie pour aborder de
plus grandes questions. La philosophie, oui, bien sûr,
Socrate, c'est une chose charmante, à condition de s'y
attacher modérément, quand on est jeune ; mais si
l'on passe plus de temps qu'il ne faut à philosopher,
c'est une ruine pour l'homme[93]. Aussi doué qu'on
soit, si l'on continue à faire de la philosophie, alors
qu'on en a passé l'âge, on devient obligatoirement
ignorant de tout ce qu'on doit connaître d pour être
un homme de bien, un homme bien vu. Pourquoi ?
Parce que petit à petit on devient ignorant des lois en
vigueur dans sa propre cité, on ne connaît plus les
formules dont les hommes doivent se servir pour traiter entre eux et pouvoir conclure des affaires privées
et des contrats publics[94], on n'a plus l'expérience des
plaisirs et passions humaines, enfin, pour le dire en
un mot, on ne sait plus du tout ce que sont les façons
de vivre des hommes. Et s'il arrive qu'on soit impliqué
dans une affaire privée ou publique, on s'y rend ridicule, e comme sont ridicules à leur tour, j'imagine, les
politiciens qui se trouvent pris dans vos discussions et
arguments.

En fait, c'est ce que dit Euripide : « une lumière
brille pour chacun des êtres, qui s'élance vers elle ; là,
il donne le meilleur de ses jours ; là, il est au meilleur
de lui-même[95] ». a Donc, ce qu'on a en soi de minable,
on l'évite et on l'injurie, tandis que le reste, on le loue,
avec quelque indulgence pour soi-même, et en esti-
mant que comme cela on fait son propre éloge.

Alors, la plus juste conduite à avoir, à mon sens,
est de faire les deux : faire de la philosophie, c'est un

bien, aussi longtemps qu'il s'agit de s'y former [96] ; oui, philosopher, quand on est adolescent, ce n'est pas une vilaine chose, mais quand un homme, déjà assez avancé en âge, en est encore à philosopher, cela devient, Socrate, une chose ridicule. [b] Aussi, quand je me trouve, Socrate, en face d'hommes qui philoso-phaillent, j'éprouve exactement le même sentiment qu'en face de gens qui babillent et qui s'expriment comme des enfants. Oui, quand je vois un enfant, qui a encore l'âge de parler comme cela, en babillant avec une petite voix, cela me fait plaisir, c'est charmant, on y reconnaît l'enfant d'un homme libre, car cette façon de parler convient tout à fait à son âge. En revanche, quand j'entends un petit enfant s'exprimer avec netteté, je trouve cela choquant, c'est une façon de parler qui me fait mal aux oreilles et qui est, pour moi, la marque d'une condition d'esclave [97]. De même, si j'entends un homme qui babille [c] et si je le vois jouer comme un enfant, c'est ridicule, c'est indigne d'un homme et cela mérite des coups !

Or, c'est exactement la même chose que j'éprouve en face de gens qui philosophaillent. Quand je vois un jeune, un adolescent, qui fait de la philosophie, je suis content, j'ai l'impression que cela convient à son âge, je me dis que c'est le signe d'un homme libre. Et, au contraire, le jeune homme qui ne fait pas de philoso-phie, pour moi, n'est pas de condition libre et ne sera jamais digne d'aucune belle et noble entreprise [98]. Mais, si c'est un homme d'un certain âge [d] que je vois en train de faire de la philosophie, un homme qui n'arrive pas à s'en débarrasser, à mon avis, Socrate, cet homme-là ne mérite plus que des coups. C'est ce que je disais tout à l'heure : cet homme, aussi doué soit-il, ne pourra jamais être autre chose qu'un sous-homme, qui cherche à fuir le centre de la Cité, la place des débats publics, « là où, dit le poète, les hommes se rendent remarquables [99] ». Oui, un homme comme cela s'en trouve écarté pour tout le reste de sa vie, une vie qu'il passera à chuchoter dans son coin avec trois ou quatre jeunes gens [100], [e] sans jamais proférer la moindre parole libre, décisive, efficace.

Moi, Socrate, j'ai assez d'amitié pour toi. Il y a donc des chances que j'éprouve en ce moment ce que le Zéthos d'Euripide éprouve en face d'Amphion, dans cette pièce que j'ai déjà citée. Le fait est que j'en viens à te faire les mêmes reproches que Zéthos à son frère, Amphion : « non, tu ne t'intéresses pas, Socrate, à ce qui doit être ton intérêt ; aussi noble que soit la nature de ton âme, tu la pervertis sous une apparence puérile ; [a] tu serais incapable, s'il fallait prendre une décision de justice, de proposer une raison légitime, de saisir ce qui est probable, ce qui est plausible, de prendre courageusement la moindre résolution qui aille dans l'intérêt d'autrui [101] ». Tout de même, mon cher Socrate — tu vois, tu ne m'énerves pas du tout, regarde comme je te parle gentiment —, à ton avis, n'est-ce pas une vilaine chose de se trouver dans cette situation misérable ? Eh bien, c'est elle que connaissent, j'en suis sûr, les gens qui s'obstinent à pousser plus loin qu'il ne faut l'étude de la philosophie !

Car, maintenant, si l'on t'arrêtait, toi ou quelqu'un comme toi, si l'on te jetait en prison, accusé d'avoir commis une injustice que tu n'as pas commise, [b] sais-tu bien que tu serais incapable de te tirer toi-même d'affaire, tu serais pris de vertige, tu resterais la bouche ouverte faute de savoir ce que tu pourrais bien dire [102], et si on te traduisait devant un tribunal, victime d'un accusateur minable et malhonnête, on te condamnerait à mort pour peu que ton accusateur ait la moindre envie que tu meures.

Alors, dis-moi quelle est cette étrange sagesse, Socrate, « quel est cet art qui s'applique à une nature douée et la rend pire qu'avant », hors d'état de se porter secours à elle-même ni de tirer personne, ellemême ou une autre, saine et sauve des plus graves

dangers ? Quel est donc cet art qui fait d'un être doué
un homme que ses ennemis peuvent dépouiller de
toute sa fortune, ^c un homme qui vit, privé d'estime,
dans sa propre cité ? Un tel homme, même si c'est un
peu dur à dire, on a le droit de lui taper sur la tête,
impunément [103] !

Allez, mon bon, laisse-toi convaincre par moi,
« achève tes discussions et réfutations, exerce-toi à la
musique des affaires humaines, entraîne-toi aussi à
avoir l'air d'un sage, et laisse à d'autres ces finasse-
ries — délires ou paroles creuses — à cause desquelles
tu finiras par habiter une maison vide. Ne prends pas
pour modèles ces philosophes qui font des réfutations
dérisoires, ^d mais imite les citoyens qui ont une vie de
qualité, une excellente réputation et jouissent de tous
les autres bienfaits de l'existence [104] ».

SOCRATE

Si par hasard mon âme était en or, Calliclès, peux-
tu imaginer comme je serais heureux de trouver une
de ces pierres de touche qui servent à contrôler
l'or [105] ! Oui, une pierre de la meilleure espèce, que
j'appliquerais sur mon âme. Et si cette pierre de
touche se trouvait d'accord avec moi pour dire que
mon âme a été bien soignée, alors, ne serais-je pas
sûr, enfin, que l'état de mon âme est satisfaisant et
que je n'ai pas besoin de subir un autre contrôle ?

CALLICLÈS

Puis-je savoir pourquoi tu me demandes cela, ^e
Socrate ?

SOCRATE

Je vais te le dire ; en fait, je crois qu'en te rencon-
trant je suis tombé sur cette pierre de touche ! un vrai
cadeau des dieux [106] !

CALLICLÈS

Que veux-tu dire ?

SOCRATE

Je suis sûr que toutes les opinions de mon âme avec lesquelles tu seras d'accord, seront, dès ce moment-là, des vérités. En effet, je suis convaincu que si l'on doit contrôler une âme et la mettre à l'épreuve [a] pour voir si elle vit bien ou mal, il faut avoir trois qualités ; or, toi, tu les as toutes les trois. Il s'agit de la compétence, de la bienveillance et de la franchise. En réalité, je rencontre bien des gens qui sont incapables de me mettre à l'épreuve, faute d'avoir la compétence pour cela, alors que toi, tu as cette compétence. Et d'autres, qui sont compétents, mais qui ne veulent pas me dire la vérité, parce qu'ils n'ont pas le moindre intérêt pour moi, tandis que toi, tu t'intéresses à moi. Regarde, les deux étrangers avec qui j'ai parlé, tes amis, Gorgias et Polos ; en effet, ce sont des hommes compétents [b] et ils ont de l'amitié pour moi, mais ils n'ont pas assez de franchise, ils éprouvent trop de gêne — en tout cas, plus qu'il ne faudrait. Quelle autre explication donner ? Ils en sont arrivés l'un après l'autre à être tellement gênés qu'ils ont accepté, à cause de cette gêne qu'ils ressentaient, de dire le contraire de ce qu'ils avaient dit [107], et cela, en présence d'un public nombreux et à propos des questions les plus fondamentales qui soient.

Donc, tu as, toi, ces trois qualités que les autres n'ont pas. En effet, tu as reçu une bonne éducation — la plupart des Athéniens pourraient le confirmer —, de plus, tu es gentil avec moi. Au nom de quoi puis-je dire cela ? Je vais te l'expliquer. [c] Je sais bien que tu faisais partie, Calliclès, d'un groupe de quatre jeunes gens, associés dans l'étude de la sagesse. Il y avait toi, Tisandre d'Aphidna [108], Andron, fils d'Androtion, et Nausycide de Colarge. Or, un jour, je vous ai entendus débattre entre vous de la question de savoir jusqu'à quel point il fallait s'exercer à la philosophie, et je sais bien qu'à cette époque l'avis qui prévalut parmi vous fut de ne pas chercher à faire de la philosophie avec toute l'exactitude possible ; au contraire, vous vous engagiez les uns les autres à veiller [d] à ne pas en savoir plus qu'il ne faut et à ne pas vous laisser corrompre à votre insu [109]. Donc, puisque je t'entends me prodiguer les mêmes conseils que tu donnais à tes camarades, c'est une preuve suffisante, à mon sens, pour penser que tu es vraiment plein de bienveillance à mon égard. Par ailleurs, que tu sois capable de parler franchement et que tu ne te sentes absolument pas gêné, tu le déclares toi-même ; du reste, tout le discours que tu viens de faire concorde avec ce que tu dis.

Bon, c'est évident maintenant, les choses vont se passer ainsi : si, dans ce que nous disons, tu es d'accord avec moi sur une chose, [e] ce point d'accord aura été à partir de ce moment-là suffisamment contrôlé et par toi et par moi, et nous n'aurons plus besoin de le soumettre à un contrôle supplémentaire. Car ce n'est pas toi qui me ferais la moindre concession, que ce soit par manque de compétence ou par excès de gêne [110] ! Et, d'un autre côté, ce n'est pas non plus pour me tromper que tu me concèderais quelque chose, car tu es vraiment un ami — c'est toi-même qui le dis ! Donc, si nous sommes d'accord, toi et moi, cela veut dire que réellement nous avons, dès ce moment-là, atteint une vérité définitive. La plus belle de toutes les questions, Calliclès, est celle que tu m'as reproché de poser : quel genre d'homme faut-il être ? dans quelle activité doit-on s'engager [a] ? et jusqu'à quel point, selon qu'on est plus âgé ou plus jeune ? En effet, s'il arrive que, dans ma vie, je n'agisse pas correctement, sache bien que je ne fais pas exprès de commettre une faute, mais que c'est à cause de mon ignorance que j'agis mal [111]. Donc, étant donné que toi, tu as commencé à me prodiguer des avertissements, ne t'éloigne pas, mais fais-moi voir, de façon convenable, quel genre d'activité je dois avoir et comment je pourrais y accéder. De plus, si, alors que je suis d'accord avec toi maintenant, tu me surprends plus tard en

train de faire le contraire de ce que je t'aurai dit,
considère que je suis un lâche, [b] et ne me donne plus
jamais, par la suite, le moindre conseil supplémentaire — car, dans ce cas, je ne serai plus digne de rien.

Reprenons depuis le début, explique-moi ce que
Pindare et toi [112], vous dites de la justice qui existe
selon la nature. Est-ce le fait que l'homme supérieur
enlève les biens de l'être inférieur, que le meilleur
commande aux moins bons, et que celui qui vaut plus
l'emporte sur celui qui vaut moins ? Le juste, d'après
ce que tu dis, est-ce autre chose que cela ? est-ce que
je me souviens bien ?

CALLICLÈS

En effet, c'est ce que j'ai dit tout à l'heure et je le
répète encore maintenant.

SOCRATE

Mais, quand tu dis que l'un est supérieur et que
l'autre est meilleur [113], parles-tu du même homme ?
Parce que tout à l'heure non plus, [c] je n'ai pas pu
comprendre exactement ce que tu voulais dire. Est-
ce que ce sont les plus forts que tu appelles
supérieurs ? Et est-ce au plus fort que les plus faibles
doivent obéir ? J'ai l'impression que c'est ce que tu
voulais exprimer tout à l'heure, quand tu disais que
c'était conformément au droit de la nature que les
grandes cités attaquaient les petites, puisqu'elles
étaient à la fois supérieures et plus fortes. Alors, être
supérieur, être plus fort, être meilleur, est-ce la même
chose ? Ou sinon, dis-tu qu'on est meilleur, même si
l'on est inférieur et plus faible ? et supérieur, si l'on
est plus mauvais ? Être le meilleur, être supérieur, ces
deux formules ont-elles la même définition ? [d] Essaie
de me définir clairement les choses : être supérieur,
être meilleur, être plus fort, est-ce pareil ou est-ce
différent ?

CALLICLÈS

Pour moi, je te le dis clairement, c'est pareil.

SOCRATE

En ce cas, n'est-il pas conforme à la nature qu'une masse de gens soit supérieure à un seul individu ? Il faut donc que la masse impose aussi ses lois à l'individu — c'est toi-même qui viens de le dire.

CALLICLÈS

Comment pourrait-il en être autrement ?

SOCRATE

Par conséquent, les lois établies par la masse sont les lois des hommes supérieurs.

CALLICLÈS

Oui, parfaitement. ᵉ

SOCRATE

Mais, dans ce cas, ne sont-elles pas les lois des meilleurs ? Car, d'après ce que tu dis, les hommes supérieurs sont certainement les meilleurs.

CALLICLÈS

Oui, absolument.

SOCRATE

Alors, les lois établies par la masse ne sont-elles pas belles précisément parce qu'elles sont conformes à la nature — s'il est vrai que les êtres les plus forts sont les meilleurs ?

CALLICLÈS

Oui, j'affirme qu'elles sont belles conformément à la nature !

SOCRATE

Or la masse, n'estime-t-elle pas — comme d'ailleurs, tu l'as dit toi-même — que la justice n'est faite que d'égalité et que commettre l'injustice est plus vilain que la subir ? [a] Est-ce le cas, oui ou non ? Et, maintenant, ne te fais pas prendre, à ton tour, à te sentir gêné ! La masse juge-t-elle, oui ou non, qu'être juste, c'est être égal sans avoir plus que les autres, et qu'il est plus vilain de commettre l'injustice que de la subir ? Ne me prive pas de ta réponse, Calliclès, parce que, si tu es d'accord avec moi, alors je serai mis à l'épreuve et contrôlé par toi, c'est-à-dire par un homme parfaitement capable de distinguer le vrai du faux.

CALLICLÈS

Eh bien, oui, en effet, la masse pense comme cela.

SOCRATE

Ce n'est donc pas seulement d'après la loi que commettre l'injustice est plus vilain que la subir, [b] mais d'après la nature aussi. Par conséquent, il y a des chances pour que tu n'aies pas dit la vérité, tout à l'heure, quand tu t'es mis à parler. Tu as eu tort de me reprendre en affirmant que nature et loi se contredisaient ; oui, tu m'as dit que j'avais fini par comprendre cela et que je m'en servais avec mauvaise foi dans la discussion : quand on me parle de ce qui est conforme à la nature, je tire ces propos dans le sens de la loi, et, si l'on me répond sur ce qui est conforme à la loi, c'est dans le sens de la nature que je comprends ce qu'on me dit.

CALLICLÈS

Cet individu-là ne cessera jamais de parler pour rien ! Dis-moi, Socrate, ne te sens-tu pas un peu gêné, à ton âge, de faire la chasse aux mots ? Quand on fait un lapsus, [c] tu sautes dessus comme si c'était un

cadeau des dieux ! — Donc, crois-tu que je dise
qu'être supérieur et être meilleur, c'est différent ? Est-
ce que je ne te dis pas depuis longtemps que c'est la
même chose ? Crois-tu que je puisse dire d'un ramas-
sis d'esclaves, de sous-hommes, de moins-que-
rien — sinon peut-être qu'ils sont physiquement plus
forts —, crois-tu que je dise que tout ce que cette
masse peut raconter, ce sont des lois ?

SOCRATE

Soit, très savant Calliclès, c'est comme cela que tu
t'exprimes ! ᵈ

CALLICLÈS

Oui, absolument.

SOCRATE

Eh bien justement, bienheureux, moi aussi je me
figure depuis longtemps que c'est ce que tu veux dire
quand tu parles de supériorité ; mais je te pose encore
une question, en insistant, pour savoir clairement ce
que tu veux dire. Car, sans doute, tu ne penses pas
que deux hommes soient meilleurs qu'un seul, ni que
tes esclaves soient meilleurs que toi pour la seule raison qu'ils sont plus forts que toi. Mais, revenons en
arrière, juste au début, explique-moi ce que tu veux
dire quand tu parles des meilleurs, étant donné que,
d'après toi, ce ne sont pas les plus forts. Et puis,
homme étonnant, sois plus doux quand tu
commences à instruire ton élève, sinon je vais cesser
de venir prendre des leçons chez toi [114]... ᵉ

CALLICLÈS

Tu fais semblant d'être idiot, Socrate [115] !

SOCRATE

Je le jure par Zéthos [116], dont toi-même, Calliclès, tu
t'es servi à plusieurs reprises quand tu faisais semblant

de me donner des conseils d'ami. Bon, allons-y,
explique-moi qui sont les meilleurs pour toi.

CALLICLÈS

Les hommes les meilleurs sont ceux qui valent le
plus, oui, je l'affirme.

SOCRATE

Tu ne vois pas que tu as beau prononcer des mots,
tu n'expliques rien. Vas-tu le dire ? les êtres les
meilleurs, les hommes supérieurs, sont-ils, d'après toi,
les plus intelligents ? ou sinon, y en a-t-il d'autres qui
soient plus intelligents qu'eux ?

CALLICLÈS

Mais non, par Zeus ! Les plus intelligents sont les
meilleurs, absolument !

SOCRATE

Il arrive donc souvent, si l'on suit ce que tu dis, qu'un
homme intelligent soit supérieur à des milliers d'autres
qui, [a] eux, sont sans intelligence. Aussi, il faut que cet
homme-là commande, que les autres obéissent, et que
le chef ait plus de choses que ses sujets. Voilà, d'après
moi, ce que tu veux dire — et je t'assure que je ne fais
pas la chasse au mot [117] — quand tu affirmes qu'un seul
individu est supérieur à des milliers d'autres.

CALLICLÈS

Mais c'est ce que je dis ! Car, le juste selon la
nature, d'après moi, c'est que l'être le meilleur et le
plus intelligent commande aux êtres inférieurs et qu'il
ait plus de choses qu'eux.

SOCRATE

Arrête-toi là un petit moment. [b] Que vas-tu dire
cette fois ? Suppose que nous soyons, oui, nous, un
bon nombre d'hommes, rassemblés en un même lieu,
comme maintenant, et que nous ayons en commun

quantité de vivres et de boissons. Suppose donc qu'il y ait parmi nous des hommes de toutes tailles, les uns forts, les autres faibles, et aussi un médecin, qui ait donc dans le domaine de la médecine plus de connaissances que nous en avons, nous. Ce médecin, vraisemblablement, serait plus fort que certains et plus faible que d'autres, mais, puisqu'il est le plus compétent, il sera en pareille circonstance meilleur que les autres et supérieur à eux, n'est-ce pas ?

CALLICLÈS

Oui, tout à fait.

SOCRATE

Or, ^c doit-il disposer, sous prétexte qu'il est le meilleur, de la plus grosse part des vivres que nous avons en commun ? Ne faut-il pas plutôt que ce médecin exerce son pouvoir en procédant à une répartition des vivres ? Mais pour ce qui est de sa consommation personnelle et du profit qu'il peut en tirer pour son propre corps, ce médecin n'a pas à avoir plus de vivres que les autres — ou alors, c'est son corps qui le paiera plus tard ! En fait, il doit manger plus que certains et moins que d'autres. Et si, par hasard, il était l'homme le plus faible de tout le groupe, il aura beau être le meilleur, c'est bien à lui-même qu'il donnerait le moins de vivres possible ? Calliclès, en est-il ainsi, oui ou non, mon bon ?

CALLICLÈS

Tu te mets à parler de vivres, de boissons, de médecins — des bêtises ! ^d Ce n'est pas de cela que je te parle, moi !

SOCRATE

Ne dis-tu pas de l'homme le plus intelligent qu'il est le meilleur ? Le dis-tu, oui ou non ?

CALLICLÈS

En effet, je le dis.

SOCRATE

Dans ce cas, ne faut-il pas que le meilleur ait plus
de choses que d'autres ?

CALLICLÈS

Oui bien sûr, mais certainement pas plus de vivres
ou de boissons !

SOCRATE

Je comprends. Plus de manteaux, alors ? c'est sans
doute cela. Donc, c'est au meilleur tisserand d'avoir
le plus grand manteau ! Le tisserand doit se promener
tout couvert de vêtements, les plus nombreux possible
et les plus beaux !

CALLICLÈS

Qu'est-ce que cette histoire de vêtements ?

SOCRATE

Alors, a-t-il plus de chaussures ? Il est évident que
le cordonnier le plus habile et le meilleur doit porter
beaucoup plus de chaussures que les autres. e Dans ce
cas, le cordonnier doit sans doute se promener les
pieds chaussés de nombreuses chaussures, toutes plus
belles les unes que les autres !

CALLICLÈS

Mais qu'est-ce que ces chaussures viennent faire
ici ? Tu t'obstines à parler pour rien[118] !

SOCRATE

Bon, si tu ne veux parler ni de vivres, ni de vêtements, ni de chaussures, peut-être penses-tu à ce
genre de choses : prenons un agriculteur, bon
connaisseur de la terre qu'il cultive, un homme de
bien, un homme honnête[119], il est sûr que cet
homme-là doit avoir plus de semences que les autres
et en semer le plus possible dans ses propres champs !

CALLICLÈS

Tu rabâches toujours les mêmes choses, Socrate !

SOCRATE

Oui, non seulement les mêmes choses, Calliclès, mais en plus les mêmes choses pour répondre aux mêmes questions.

CALLICLÈS

Ah oui, [a] vraiment, par les dieux, tu ne parles jamais que de cordonniers, de cardeurs, de bouchers, et de médecins, tu ne pourras donc jamais t'en empêcher [120] ! Comme si c'était de ces gens-là que nous discutions !

SOCRATE

Alors, est-ce que tu vas me dire quelles sont ces choses dont l'homme le meilleur et le plus intelligent doit avoir, en toute justice, la plus grosse part ? Ou bien, vas-tu supporter que je le dise à ta place ? ne vas-tu pas le dire toi-même ?

CALLICLÈS

Au contraire, je le dis et je le répète, depuis longtemps ! D'abord, quand je parle d'êtres supérieurs, ils ne sont ni cordonniers ni bouchers ! [b] Non, je parle d'hommes intelligents, qui savent s'occuper des affaires de la cité, qui savent comment bien les gérer — des hommes qui non seulement sont intelligents, mais qui sont aussi courageux, assez forts pour accomplir ce qu'ils ont projeté de faire, et qui ne peuvent pas y renoncer par mollesse d'âme [121].

SOCRATE

Tu vois, excellent Calliclès, comme ce ne sont pas du tout les mêmes reproches que tu m'adresses, et que je t'adresse. Toi, tu prétends que je dis toujours les mêmes choses, et tu m'en blâmes. Mais, pour moi, c'est tout le contraire, je trouve que tu ne dis jamais la même chose au sujet des mêmes questions [122] : à un moment, [c] tu déclares que les êtres supérieurs et les meilleurs sont par définition les plus forts, à un autre, tu dis qu'ils sont les plus intelligents, et maintenant, pour la troisième fois, tu en es à dire encore autre chose : que ce sont les hommes courageux ! Eh bien, mon bon, sors-toi de cette embrouille en me donnant une réponse : dis-moi enfin qui sont les hommes supérieurs et les meilleurs et en quoi ils le sont !

CALLICLÈS

Mais je te l'ai déjà dit : ce sont des hommes intelligents, qui savent s'occuper des affaires de la cité et qui sont courageux. [d] Voilà quels sont les hommes qui méritent d'exercer le pouvoir dans leur propre cité ! Il est juste que ces hommes aient plus de choses que les autres, oui, que les chefs aient plus que ceux auxquels ils commandent !

SOCRATE

Mais alors, dis-moi, camarade, par rapport à eux-mêmes, est-ce que les chefs ont plus de choses ? Se commandent-ils ou sont-ils commandés [123] ?

CALLICLÈS

Que veux-tu dire ?

SOCRATE

Je dis que chaque individu se commande lui-même ; ou sinon, c'est qu'il n'y aurait pas lieu de se commander soi-même, seulement de commander aux autres !

CALLICLÈS

Mais que veux-tu dire avec ton « se commander soi-même » ?

SOCRATE

Oh, rien de compliqué, tu sais, la même chose que tout le monde [124] : cela veut dire être raisonnable, se dominer, ᵉ commander aux plaisirs et passions qui résident en soi-même.

CALLICLÈS

Ah ! tu es vraiment charmant ! Ceux que tu appelles hommes raisonnables, ce sont des abrutis [125] !

SOCRATE

Qu'est-ce qui te prend ? N'importe qui saurait que je ne parle pas des abrutis !

CALLICLÈS

Mais si, Socrate, c'est d'eux que tu parles, absolument ! Car comment un homme pourrait-il être heureux s'il est esclave de quelqu'un d'autre ? Veux-tu savoir ce que sont le beau et le juste selon la nature ? Hé bien, je vais te le dire franchement ! Voici, si l'on veut vivre comme il faut, on doit laisser aller ses propres passions, si grandes soient-elles, et ne pas les réprimer. Au contraire, ᵃ il faut être capable de mettre son courage et son intelligence au service de si grandes passions et de les assouvir avec tout ce qu'elles peuvent désirer [126]. Seulement, tout le monde n'est pas capable, j'imagine, de vivre comme cela. C'est pourquoi la masse des gens blâme les hommes qui vivent ainsi, gênée qu'elle est de devoir dissimuler sa propre incapacité de le faire [127]. La masse déclare donc bien haut que le dérèglement — j'en ai déjà parlé — est une vilaine chose. C'est ainsi qu'elle réduit à l'état d'esclaves les hommes dotés d'une plus forte nature que celle des hommes de la masse ; et ces derniers, qui sont eux-mêmes incapables de se procurer les plaisirs qui les combleraient, font la louange de la tempérance ᵇ et de la justice à cause du manque de courage de leur âme. Car, bien sûr, pour tous les hommes qui, dès le départ, se trouvent dans la situation d'exercer le pouvoir, qu'ils soient nés fils de rois ou que la force de leur nature les ait rendus capables de s'emparer du pouvoir — que ce soit le pouvoir d'un seul homme ou celui d'un groupe d'individus [128] —, oui, pour ces hommes-là, qu'est-ce qui serait plus vilain et plus mauvais que la tempérance et la justice [129] ? Ce sont des hommes qui peuvent jouir de leurs biens, sans que personne y fasse obstacle, et ils se mettraient eux-mêmes un maître sur le dos, en supportant les lois, les formules et les blâmes de la masse des hommes ! Comment pourraient-ils éviter, c grâce à ce beau dont tu dis qu'il est fait de justice et de tempérance, d'en être réduits au malheur, s'ils ne peuvent pas, lors d'un partage, donner à leurs amis une plus grosse part qu'à leurs ennemis, et cela, dans leurs propres cités, où eux-mêmes exercent le pouvoir [130] ! Écoute, Socrate, tu prétends que tu poursuis la vérité, eh bien, voici la vérité : si la facilité de la vie, le dérèglement, la liberté de faire ce qu'on veut, demeurent dans l'impunité, ils font la vertu et le bonheur ! Tout le reste, ce ne sont que des manières, des conventions, faites par les hommes, à l'encontre de la nature. Rien que des paroles en l'air, qui ne valent rien ! d

SOCRATE

Ce n'est pas sans noblesse, Calliclès, que tu as exposé ton point de vue, tu as parlé franchement. Toi, en effet, tu viens de dire clairement ce que les autres pensent et ne veulent pas dire. Je te demande donc de ne céder à rien, en aucun cas ! Comme cela, le genre de vie qu'on doit avoir paraîtra tout à fait évident [131]. Alors, explique-moi : tu dis que, si l'on veut vivre tel qu'on est, il ne faut pas réprimer ses passions, aussi grandes soient-elles, mais se tenir prêt à les assouvir par tous les moyens. Est-ce bien en cela que la vertu consiste ? e

CALLICLÈS

Oui, je l'affirme, c'est cela la vertu !

SOCRATE

Il est donc inexact de dire que les hommes qui
n'ont besoin de rien sont heureux.

CALLICLÈS

Oui, parce que, si c'était le cas, les pierres et même
les cadavres seraient tout à fait heureux [132] !

SOCRATE

Mais, tout de même, la vie dont tu parles, c'est une
vie terrible ! En fait, je ne serais pas étonné si Euripide
avait dit la vérité — je cite le vers : « Qui sait si vivre
n'est pas mourir et si mourir n'est pas vivre [133] ? » Tu
sais, en réalité, nous sommes morts. ª Je l'ai déjà
entendu dire par des hommes qui s'y connaissent :
ils soutiennent qu'à présent nous sommes morts, que
notre corps est notre tombeau et qu'il existe un lieu
dans l'âme, là où sont nos passions, un lieu ainsi fait
qu'il se laisse influencer et ballotter d'un côté et de
l'autre [134]. Eh bien, ce lieu de l'âme, un homme subtil,
Sicilien ou Italien, je crois, qui exprime la chose sous
la forme d'un mythe [135], en a modifié le nom. Étant
donné que ce lieu de l'âme dépend de ce qui peut
sembler vrai et persuader, il l'a appelé passoire. Par
ailleurs, des êtres irréfléchis, il affirme qu'ils n'ont pas
été initiés [136]. En effet, chez les hommes qui ne réflé-
chissent pas, ᵇ il dit que ce lieu de l'âme, siège des
passions, est comme une passoire percée, parce qu'il
ne peut rien contrôler ni rien retenir — il exprime
ainsi l'impossibilité que ce lieu soit jamais rempli.

Tu vois, c'est donc tout le contraire de ce que tu dis,
Calliclès. D'ailleurs, un sage [137] fait remarquer que, de
tous les êtres qui habitent l'Hadès, le monde des
morts — là, il veut parler du monde invisible [138] —, les
plus malheureux seraient ceux qui, n'ayant pu être
initiés, devraient à l'aide d'une écumoire apporter de
l'eau dans une passoire percée. Avec cette écumoire,

toujours d'après ce que disait l'homme qui m'a raconté tout cela, c'est l'âme que ce sage voulait désigner. ^c Oui, il comparait l'âme de ces hommes à une écumoire, l'âme des êtres irréfléchis est donc comme une passoire, incapable de rien retenir à cause de son absence de foi et de sa capacité d'oubli [139].

Ce que je viens de te dire est, sans doute, assez étrange ; mais, pourtant, cela montre bien ce que je cherche à te faire comprendre. Je veux te convaincre, pour autant que j'en sois capable, de changer d'avis et de choisir, au lieu d'une vie déréglée, que rien ne comble, une vie d'ordre, qui est contente de ce qu'elle a et qui s'en satisfait.

Eh bien, est-ce que je te convaincs de changer d'avis et d'aller jusqu'à dire que les hommes, dont la vie est ordonnée, sont plus heureux ^d que ceux dont la vie est déréglée ? Sinon, c'est que tu ne changeras pas d'avis, même si je te raconte toutes sortes d'histoires comme cela !

CALLICLÈS

Tu l'as dit, Socrate, et très bien ! C'est vrai, je ne changerai pas d'avis !

SOCRATE

Bien. Allons donc, je vais te proposer une autre image, qui vient de la même école [140]. En effet, regarde bien si ce que tu veux dire, quand tu parles de ces deux genres de vie, une vie d'ordre et une vie de dérèglement, ne ressemble pas à la situation suivante. Suppose qu'il y ait deux hommes qui possèdent, chacun, un grand nombre de tonneaux. Les tonneaux de l'un sont sains, remplis de vin, ^e de miel, de lait, et cet homme a encore bien d'autres tonneaux, remplis de toutes sortes de choses. Chaque tonneau est donc plein de ces denrées liquides qui sont rares, difficiles à recueillir et qu'on n'obtient qu'au terme de maints travaux pénibles. Mais, au moins, une fois que cet

homme a rempli ses tonneaux, il n'a plus à y reverser
quoi que ce soit ni à s'occuper d'eux ; au contraire,
quand il pense à ses tonneaux, il est tranquille [141].
L'autre homme, quant à lui, serait aussi capable de se
procurer ce genre de denrées, même si elles sont difficiles à recueillir, mais comme ses récipients sont
percés et fêlés, il serait forcé de les remplir sans cesse,
jour et nuit, [a] en s'infligeant les plus pénibles peines [142]. Alors, regarde bien, si ces deux hommes représentent chacun une manière de vivre, de laquelle des
deux dis-tu qu'elle est la plus heureuse ? Est-ce la vie
de l'homme déréglé ou celle de l'homme tempérant ?
En te racontant cela, est-ce que je te convaincs d'admettre que la vie tempérante vaut mieux que la vie
déréglée ? Est-ce que je ne te convaincs pas ?

CALLICLÈS

Tu ne me convaincs pas, Socrate. Car l'homme
dont tu parles, celui qui a fait le plein en lui-même et
en ses tonneaux, n'a plus aucun plaisir, il a exactement le type d'existence dont je parlais tout à l'heure :
il vit comme une pierre. S'il a fait le plein, [b] il
n'éprouve plus ni joie ni peine. Au contraire, la vie de
plaisirs est celle où l'on verse et l'on reverse autant
qu'on peut dans son tonneau !

SOCRATE

Mais alors, si l'on en verse beaucoup, il faut aussi
qu'il y en ait beaucoup qui s'en aille, on doit donc
avoir de bons gros trous, pour que tout puisse bien
s'échapper !

CALLICLÈS

Oui, parfaitement.

SOCRATE

Tu parles de la vie d'un pluvier, qui mange et fiente
en même temps [143] ! — non, ce n'est pas la vie d'un

cadavre, même pas celle d'une pierre ! Mais dis-moi encore une chose : ce dont tu parles, c'est d'avoir faim et de manger quand on a faim, n'est-ce pas ?

CALLICLÈS

Oui.

SOCRATE

Et aussi d'avoir soif, et de boire quand on a soif. [c]

CALLICLÈS

Oui, mais surtout ce dont je parle, c'est de vivre dans la jouissance, d'éprouver toutes les formes de désirs et de les assouvir — voilà, c'est cela, la vie heureuse !

SOCRATE

C'est bien, très cher. Tu t'en tiens à ce que tu as dit d'abord, et tu ne ressens pas la moindre honte. Mais alors, il semble que moi non plus je n'aie pas à me sentir gêné ! — Aussi, pour commencer, réponds-moi : suppose que quelque chose démange, qu'on ait envie de se gratter, qu'on puisse se gratter autant qu'on veut et qu'on passe tout son temps à se gratter, est-ce là le bonheur de la vie ?

CALLICLÈS

Que tu es extravagant, Socrate ! En fait, tu es un démagogue, un orateur de foule ! [d]

SOCRATE

C'est pour cela, Calliclès, que j'ai choqué Polos et Gorgias, et voilà qu'ils se sentent gênés ! Mais toi, tu ne seras pas choqué, tu n'auras même pas honte, car tu es un homme courageux. Alors, réponds, et c'est tout.

CALLICLÈS

Eh bien, je déclare que même la vie où l'on se gratte comme cela est une vie agréable !

SOCRATE

Et si c'est une vie agréable, c'est donc aussi une vie heureuse.

CALLICLÈS

Oui, absolument.

SOCRATE

Si l'on se gratte la tête, ᵉ seulement, ou faut-il que je te demande tout ce qu'on peut se gratter d'autre ? Regarde, Calliclès, que répondras-tu, quand on te demandera si, après la tête, on peut se gratter tout le reste ? Bref, pour en venir au principal, avec ce genre de saletés, dis-moi, la vie des êtres obscènes, n'est-elle pas une vie terrible, laide, misérable ? De ces êtres, oseras-tu dire qu'ils sont heureux, sous la seule condition qu'ils possèdent tout ce qui leur faut ?

CALLICLÈS

Mais n'as-tu pas honte, Socrate, de mener notre discussion vers ce genre d'horreurs ?

SOCRATE

Parce que c'est moi qui l'ai poussée là ! ô noble individu ! n'est-ce pas plutôt celui qui affirme sans nuances que les hommes qui éprouvent la jouissance, de quelque façon qu'ils jouissent, sont des hommes heureux ? ᵃ n'est-ce pas plutôt celui qui ne peut pas distinguer quels sont les plaisirs bons et quels sont les mauvais ¹⁴⁴ ? Mais maintenant, dis-moi encore juste ceci : prétends-tu que l'agréable soit identique au bon, ou bien y a-t-il de l'agréable qui ne soit pas bon ?

CALLICLÈS

Eh bien, pour ne pas être en désaccord avec ce que j'ai dit si jamais je réponds que l'agréable est différent du bon, je déclare que c'est la même chose.

SOCRATE

Calliclès, tu es en train de démolir tout ce qui avait été dit avant, et tu n'aurais même plus les qualités requises pour chercher avec moi ce qui est vrai si tu te mets à dire des choses contraires à ce que tu penses [145]. b

CALLICLÈS

Toi aussi, tu fais pareil, Socrate !

SOCRATE

Eh bien, si je le fais, j'ai tort de le faire ! et toi aussi, tu as tort ! Mais, bienheureux, réfléchis à une chose : le bien ne consiste pas dans une jouissance à n'importe quel prix, car, sinon, si c'est le cas, il semble bien que le tas de saletés auxquelles j'ai fait allusion tout à l'heure de façon détournée, va nous tomber sur la tête, et plus encore !

CALLICLÈS

C'est ce que tu penses, toi, Socrate !

SOCRATE

Mais toi, Calliclès, as-tu vraiment la force de soutenir ce que tu dis ? c

CALLICLÈS

Oui, je le soutiens !

SOCRATE

Nous allons donc nous mettre à le discuter comme si pour toi c'était sérieux !

CALLICLÈS

Oui, absolument.

SOCRATE

Eh bien, voyons, puisque en effet cela a l'air d'être sérieux, réponds à cette question : y a-t-il quelque chose que tu appelles savoir ?

CALLICLÈS

Oui.

SOCRATE

Et le courage, dont tu parlais tout à l'heure, n'était-ce pas une chose que tu mettais à côté du savoir ?

CALLICLÈS

Oui, en effet.

SOCRATE

Mais quand tu parlais de ces deux choses, ne disais-tu que le courage était différent du savoir ?

CALLICLÈS

Oui, tout à fait.

SOCRATE

Mais quoi ? Le plaisir et le savoir sont-ils identiques ou différents ?

CALLICLÈS

Différents, bien sûr — d oh, que tu es sage [146] !

SOCRATE

Le courage est donc lui aussi différent du plaisir !

CALLICLÈS

Bien sûr que oui.

SOCRATE

Attention, rappelons-nous bien ce que tu viens de dire : Calliclès du dème d'Acharnes a déclaré que l'agréable était la même chose que le bon, mais que la science et le courage étaient différents l'un de l'autre et différents du bien [147].

CALLICLÈS

Socrate du dème d'Alopècé n'est-il pas d'accord
avec nous sur ce point ? Est-il d'accord, oui ou non ?

SOCRATE

Non, il n'est pas d'accord, ᵉ mais je pense que Calliclès ne l'est pas non plus, du moins ne le sera-t-il
plus quand il aura lui-même examiné correctement ce
qu'il pense. Tu vas voir. Réponds-moi : être heureux
et être malheureux, n'estimes-tu pas que ce sont là
deux états d'âme opposés ?

CALLICLÈS

Oui.

SOCRATE

Alors, si deux états sont contraires l'un à l'autre,
n'est-il pas nécessaire qu'il existe entre eux le même
rapport qu'entre la santé et la maladie ? Car, si l'on
ne peut sans doute pas être simultanément malade et
en bonne santé, on ne peut pas non plus être débarrassé, en même temps, de la santé et de la maladie.

CALLICLÈS

Que veux-tu dire ?

SOCRATE

Prends la partie du corps qui te plaît et examine ce
qui s'y passe. ᵃ Suppose qu'un homme ait mal aux
yeux, n'appelle-t-on pas cela ophtalmie ?

CALLICLÈS

Oui, bien sûr, on appelle cela ophtalmie[148].

SOCRATE

En tout cas, il est sûr et certain que le même
homme qui est malade n'a pas, au même moment, les
yeux en bonne santé !

CALLICLÈS

Oui, à coup sûr !

SOCRATE

Mais que se passe-t-il donc quand il est débarrassé
de l'ophtalmie ? est-il en même temps débarrassé de
la santé des yeux ? Je veux dire, est-il débarrassé des
deux choses en même temps, la maladie et la santé ?

CALLICLÈS

Non, pas du tout !

SOCRATE

Ce serait une chose bien étonnante, en effet, et qui,
je pense, serait illogique. N'est-ce pas ? [b]

CALLICLÈS

Oui, absolument.

SOCRATE

C'est plutôt l'un après l'autre, j'imagine, que chacun
de ces deux états s'établit dans le corps, puis se dissipe.

CALLICLÈS

Oui, je soutiens que oui.

SOCRATE

Or, quand il s'agit de force et de faiblesse, n'est-ce
pas pareil ?

CALLICLÈS

Oui, c'est pareil.

SOCRATE

Et de vitesse et de lenteur ?

CALLICLÈS

Oui, c'est tout à fait pareil.

SOCRATE

Et quand il s'agit de biens et de bonheur, comme de ce qui leur est contraire, les maux et le malheur ? Ces deux états ne s'établissent-ils pas dans l'âme, chacun à son tour, et ne se débarrasse-t-on pas de l'un qu'après s'être débarrassé de l'autre ?

CALLICLÈS

Sans doute ; oui, c'est bien cela !

SOCRATE

Donc, si nous trouvons des choses [c] dont un homme puisse se débarrasser en même temps qu'il les possède, il est évident que ces choses ne sauraient être le bien et le mal. Sommes-nous d'accord sur ce point ? Vas-y, examine la question à fond et réponds-moi.

CALLICLÈS

Mais je suis on ne peut plus d'accord avec toi !

SOCRATE

Revenons donc à nos précédents points d'accord. Quand tu parlais de la faim, que voulais-tu dire ? qu'elle est agréable ou qu'elle est pénible ? — Je parle de la faim en tant que telle.

CALLICLÈS

Non, la faim est une chose pénible. Malgré tout, manger quand on a faim, c'est bien agréable !

SOCRATE

Oui, bien sûr, [d] je comprends. Alors, la faim, rien que la faim, est-elle pénible, oui ou non ?

CALLICLÈS

Elle est pénible, oui.

SOCRATE

Et c'est pareil pour la soif.

CALLICLÈS

Oui, tout à fait.

SOCRATE

Bon. Dois-je poser encore plus de questions, ou es-
tu d'accord pour dire que tout besoin, que tout désir
sont des états pénibles ?

CALLICLÈS

Je suis d'accord avec cela. Ce n'est pas la peine de
m'interroger !

SOCRATE

Soit. Donc, si l'on boit quand on a soif, c'est
agréable. Qu'en dis-tu ?

CALLICLÈS

Oui, c'est agréable de boire quand on a soif.

SOCRATE

Tout de même, dans ce que tu viens de dire, « avoir
soif » signifie qu'on éprouve quelque chose de pénible !

CALLICLÈS

Oui. ᵉ

SOCRATE

Mais si l'on boit, on comble le besoin de boire, et
c'est un plaisir.

CALLICLÈS

Oui.

SOCRATE

Alors, quand tu dis qu'on boit, tu dis qu'on jouit
d'un plaisir.

CALLICLÈS

Parfaitement.

SOCRATE

Quand on a soif, bien sûr.

CALLICLÈS

Oui, en effet.

SOCRATE

Et donc, quand on ressent une souffrance.

CALLICLÈS

Oui.

SOCRATE

Te rends-tu bien compte de ce qui arrive ? Voici :
on jouit en même temps qu'on souffre — c'est ce que
tu dis —, puisqu'on boit quand on a soif ! Sinon, c'est
qu'il n'est pas vrai que ces deux états se produisent
simultanément, au même lieu et au même
moment — que ce soit dans l'âme ou dans le corps,
comme tu veux, car, à mon sens, cela ne fait aucune
différence [149]. Est-ce vrai, oui ou non ?

CALLICLÈS

C'est vrai.

SOCRATE

Pourtant, c'est bien toi qui disais qu'il était impossible d'être, en même temps, et heureux et malheureux.

CALLICLÈS

Oui, en effet, c'est ce que je dis. [a]

SOCRATE

Mais, malgré cela, tu es d'accord pour dire qu'il est
possible d'éprouver à la fois la souffrance et la jouissance !

CALLICLÈS

Oui, il semble.

SOCRATE

Donc, prendre du plaisir, ce n'est pas être heureux, pas plus qu'être malheureux, c'est ressentir de la peine ! En conséquence, voilà qu'il semble que l'agréable est différent du bien.

CALLICLÈS

Je ne sais pas quels tours de sophistes tu es en train de faire, Socrate !

SOCRATE

Tu le sais très bien, mais tu fais l'imbécile[150], Calliclès. Bon, avançons encore un peu. Allons de l'avant !

CALLICLÈS

Qu'est-ce que tu as ? Pourquoi t'obstines-tu à parler pour rien[151] ?

SOCRATE

C'est pour que tu saches combien tu es savant, toi qui me reprends ! — Donc, n'est-ce pas au même moment que chacun de nous[b] cesse à la fois d'avoir soif et de prendre plaisir à boire ?

CALLICLÈS

Je ne sais pas ce que tu veux dire.

GORGIAS

Ne fais pas cela, Calliclès ! Réponds plutôt. C'est notre intérêt que tu sers, si nous voulons que cette discussion se poursuive jusqu'à son terme.

CALLICLÈS

Mais, Gorgias, Socrate est toujours pareil : il pose et repose des petites questions, qui ne valent pas grand-chose, puis il se met à réfuter.

GORGIAS

Mais qu'est-ce que cela peut te faire ? De toute façon, Calliclès, ce n'est pas à toi d'estimer ce que valent les questions de Socrate. Allons, laisse-le réfuter comme il le veut. ^c

CALLICLÈS

Vas-y, pose tes petites questions, tes questions de rien du tout, puisque Gorgias est de cet avis.

SOCRATE

Tu es un bienheureux, Calliclès, d'avoir été initié aux Grands Mystères avant de l'être aux Petits — moi, je pensais que c'était une chose défendue par la loi des dieux [152]. En tout cas, réponds à la question que tu as laissée de côté : n'est-il pas vrai que chacun de nous cesse en même temps d'avoir soif et de prendre plaisir à boire ?

CALLICLÈS

Oui, en effet.

SOCRATE

C'est le cas aussi pour les sensations de faim et pour les autres désirs : ne cessent-ils pas avec le plaisir de les satisfaire ?

CALLICLÈS

Oui, c'est ce qui se passe.

SOCRATE

Alors, les souffrances ne cessent-elles pas en même temps que les plaisirs ? ^d

CALLICLÈS

Si.

SOCRATE

Mais, à l'inverse, les biens et les maux, eux, ne cessent pas simultanément — tu étais d'accord pour le dire. Mais peut-être que maintenant tu n'es plus d'accord avec cela.

CALLICLÈS

Si, je suis d'accord. Et après, qu'est-ce que tu en fais ?

SOCRATE

J'en déduis, mon cher, que le bien et le plaisir ne sont pas une seule et même chose, non plus que le mal et la peine. Parce que plaisir et peine cessent en même temps, mais ce n'est pas le cas du bien et du mal : plaisirs et biens, peines et maux sont donc différents. Alors, comment les plaisirs pourraient-ils être identiques aux biens et les peines aux maux ? Si tu veux, tu peux prendre le problème comme ceci — car, je crois que là non plus les faits ne sont pas d'accord avec toi. Réfléchis ; e quand tu déclares qu'un homme est bon, n'est-ce pas à cause des bonnes choses qui sont présentes en lui [153] ? Et quand tu dis qu'il est beau, n'est-ce pas à cause de la beauté qui se trouve en lui ?

CALLICLÈS

Oui, en effet.

SOCRATE

Mais alors les hommes que tu appelles bons, sont-ils déraisonnables et lâches ? Parce que tout à l'heure tu soutenais que non ; au contraire, tu disais que les hommes courageux et raisonnables sont bons. Sont-ce bien ceux-là que tu appelles bons ?

CALLICLÈS

Oui, absolument.

SOCRATE

Or, n'as-tu pas déjà vu un enfant, n'ayant pas encore l'âge de raison [154], mais qui éprouve du plaisir ?

CALLICLÈS

Oui, je l'ai vu.

SOCRATE

Et n'as-tu pas encore vu un homme privé de raison qui prenait du plaisir ?

CALLICLÈS

Si, je pense. Où veux-tu en venir ?

SOCRATE

A rien. Réponds, c'est tout.

CALLICLÈS

Oui, j'en ai vu. [a]

SOCRATE

Et un homme, doté de toute sa raison, qui éprouvait peine et plaisir ?

CALLICLÈS

Oui, je réponds que oui.

SOCRATE

Mais qui sont ceux qui ressentent le plus fortement plaisir et peine ? Les hommes raisonnables ou ceux qui ne le sont pas ?

CALLICLÈS

Je ne crois pas que cela fasse une grande différence.

SOCRATE

Bon. Cette réponse me suffit. N'as-tu jamais vu un homme lâche à la guerre ?

CALLICLÈS

Évidemment, oui !

SOCRATE

Alors, dis-moi, quand l'ennemi se met à reculer, qui a l'air de ressentir le plus grand plaisir ? le lâche ou l'homme courageux ?

CALLICLÈS

Les deux, l'un comme l'autre en éprouvent le plus grand plaisir [155]. Sinon, pour l'un comme pour l'autre, b c'est pareil à peu de chose près.

SOCRATE

Peu importe ! Donc, les lâches ressentent également du plaisir.

CALLICLÈS

Oui, absolument.

SOCRATE

Les hommes déraisonnables aussi, semble-t-il ?

CALLICLÈS

Oui.

SOCRATE

Mais quand l'ennemi s'avance, les lâches sont-ils les seuls à éprouver de la souffrance, ou bien les courageux en ressentent-ils aussi ?

CALLICLÈS

Ils en éprouvent, les uns comme les autres.

SOCRATE

Mais l'éprouvent-ils pareillement ?

CALLICLÈS

Les lâches en éprouvent plus, peut-être.

SOCRATE

Et quand l'ennemi recule, n'en ont-ils pas plus de plaisir ?

CALLICLÈS

Oui, sans doute.

SOCRATE

Donc, les hommes raisonnables autant que ceux qui ne le sont pas, les lâches comme les courageux, ressentent de la peine et du plaisir. Pour les uns comme pour les autres, « c'est pareil à peu de chose près » — comme tu dis —, c mais les lâches n'éprouvent-ils pas davantage de peine et de plaisir que les hommes courageux ?

CALLICLÈS

Oui, en effet.

SOCRATE

Mais pourtant, ce sont bien les hommes raisonnables, les hommes courageux qui sont bons, tandis que les êtres lâches et déraisonnables sont mauvais !

CALLICLÈS

Oui.

SOCRATE

Les êtres bons, comme les mauvais, ressentent donc, « à peu de chose près », la même peine et le même plaisir !

CALLICLÈS

Oui, en effet.

SOCRATE

Les bons et les mauvais sont donc, « à peu de chose près », aussi bons les uns que les autres — et les mauvais sont même un peu meilleurs que les bons !

CALLICLÈS

Mais par Zeus, [d] je ne sais pas de quoi tu parles !

SOCRATE

Ah, tu ne sais pas que tu affirmes que les bons sont bons grâce aux bonnes choses qui sont présentes en eux, et que les mauvais sont tels à cause des maux qui se trouvent chez eux ! Tu ne sais pas que tu as dit que ces bonnes choses sont les plaisirs et que ces maux sont les peines !

CALLICLÈS

Oui, en effet, je l'ai dit.

SOCRATE

Quand on a du plaisir, c'est donc parce que ces biens, que sont les plaisirs, sont là, présents chez l'homme qui jouit.

CALLICLÈS

Oui, bien sûr.

SOCRATE

Dans ce cas, les hommes bons éprouvent la jouissance grâce aux biens présents en eux.

CALLICLÈS

Oui.

SOCRATE

Mais alors, n'est-ce pas à cause des maux qui sont présents en soi, à cause des souffrances donc, qu'on éprouve de la peine ?

CALLICLÈS

Oui, c'est à cause des maux présents en soi.

SOCRATE

Par ailleurs, n'est-ce pas à cause des mauvaises choses qui sont en lui [e] que tu dis qu'un homme est méchant ? A moins que tu ne le dises plus !

CALLICLÈS

Moi, j'affirme que c'est pour cela qu'un homme est méchant.

SOCRATE

En conséquence, ceux qui éprouvent du plaisir sont bons, ceux qui ressentent de la souffrance sont mauvais !

CALLICLÈS

Oui, absolument.

SOCRATE

Et ils le sont d'autant plus qu'ils éprouvent plus de plaisir ou plus de peine et d'autant moins que leur peine ou leur plaisir sont moindres, tandis que si plaisirs et peines sont, « à peu de chose près », pareils, ils sont aussi, « à peu de chose près », aussi bons et aussi mauvais.

CALLICLÈS

Oui.

SOCRATE

Par ailleurs, tu affirmes que les hommes raisonnables comme ceux qui ne le sont pas, que les lâches comme les courageux, éprouvent, « à peu de chose près », la même peine et le même plaisir, à moins que les lâches n'en éprouvent encore plus !

CALLICLÈS

Oui, en effet.

SOCRATE

Alors fais le compte avec moi. Dis-moi ce qui résulte des différents points sur lesquels nous nous sommes mis d'accord. En effet, c'est une belle chose, dit-on, que de parler deux ou trois fois des belles choses [a] et de les examiner autant [156].

L'homme raisonnable et courageux est un homme bon, c'est une première conséquence, n'est-ce pas ?

CALLICLÈS

Oui.

SOCRATE

Tandis que l'homme déraisonnable et lâche est un homme mauvais.

CALLICLÈS

Oui, parfaitement.

SOCRATE

Par ailleurs, l'homme qui ressent du plaisir est un homme bon.

CALLICLÈS

Oui.

SOCRATE

Et l'homme qui éprouve de la peine n'est-il pas mauvais ?

CALLICLÈS

Nécessairement.

SOCRATE

Or, l'homme bon et l'homme mauvais éprouvent pareillement la peine et le plaisir, à moins que l'homme mauvais, peut-être, ne les ressente plus fortement !

CALLICLÈS

Oui.

SOCRATE

A ce compte, l'homme bon et l'homme mauvais
sont pareils à l'homme bon, à moins que le mauvais
ne soit meilleur que le bon ! [b] N'est-ce pas la conséquence de tout ce qui précède, dès qu'on dit que
l'agréable et le bon sont une seule et même chose ?
N'est-ce pas une conséquence nécessaire, Calliclès ?

CALLICLÈS

Cela fait un moment que je t'écoute, Socrate, et que
je te répète, à chaque question que tu me poses, que je
suis d'accord avec toi, parce que je me suis constamment dit que, quand on te fait la moindre concession,
même si c'est pour s'amuser, toi, comme un jeune
chien fou, tu es tout content de t'en emparer ! Comme
si tu ne savais pas que je considère — et n'importe quel
autre homme avec moi — qu'il y a des plaisirs meilleurs
que d'autres et qu'il y en a de plus mauvais !

SOCRATE

Quoi ? Hélas ! Calliclès, tu es un phénomène de
malice ! [c] Et tu me traites comme un enfant ! A un
moment, tu dis que les choses sont comme ceci, à
un autre, qu'elles sont comme cela, et tu m'induis
en erreur. Pourtant, quand nous avons commencé à
discuter, je ne pensais vraiment pas que tu chercherais
délibérément à me tromper ; je croyais que tu étais un
ami. Mais en fait, je me suis trompé ; aussi, il me
paraît nécessaire de faire de mon mieux avec ce qu'il
y a, comme dit le vieux dicton[157], et de prendre ce
que tu me donnes. Bon, maintenant donc, voici que
tu dis, semble-t-il, que certains plaisirs sont bons et
que d'autres sont mauvais. Est-ce bien cela ?

CALLICLÈS

Oui.

SOCRATE

Or, les plaisirs bons sont des plaisirs utiles, [d] tandis que les mauvais sont nocifs [158]

CALLICLÈS

Oui, tout à fait.

SOCRATE

Mais les plaisirs qui font du bien ne sont-ils pas les plaisirs utiles, tandis que les mauvais font du mal ?

CALLICLÈS

Oui, en effet.

SOCRATE

Alors, dis-moi, de quel genre de plaisirs parles-tu ? Par exemple, s'agit-il des plaisirs du corps dont il était question tout à l'heure — le plaisir de boire, le plaisir de manger ? Et parmi ces plaisirs, lesquels sont bons ? ceux qui font un corps plein de santé, de force, doté de toute autre qualité corporelle ? Quant aux autres plaisirs, qui produisent l'effet contraire, sont-ils des plaisirs mauvais ?

CALLICLÈS

Oui, absolument.

SOCRATE

[e] C'est donc pareil pour les souffrances : les unes sont bénéfiques, les autres sont nocives.

CALLICLÈS

Oui, bien sûr !

SOCRATE

Alors, ce qu'il faut choisir et vivre, ce sont les plaisirs et les souffrances qui, eux, sont bénéfiques !

CALLICLÈS

Oui, absolument.

SOCRATE

Mais pas ceux qui sont nocifs !

CALLICLÈS

Évidemment !

SOCRATE

En effet, c'est en vue des biens qu'il faut tout faire — c'était notre opinion, à Polos et à moi-même, te rappelles-tu ? Es-tu d'accord, toi aussi, pour dire avec nous que le bien est la fin de toute action, et que c'est en vue du bien que tout le reste doit être fait, au lieu de faire le bien en vue du reste. [a] Donne ton suffrage, comme cela, tu seras le troisième à être d'accord !

CALLICLÈS

Oui, je suis d'accord.

SOCRATE

Tout le reste, les choses agréables surtout, est donc à faire en vue des biens, au lieu de faire le bien en vue des choses agréables.

CALLICLÈS

Oui, tout à fait.

SOCRATE

. Toutefois, n'importe quel homme est-il à même de sélectionner, dans les choses agréables, celles qui sont bonnes et celles qui sont mauvaises ? N'a-t-on pas besoin à chaque fois d'un expert ?

CALLICLÈS

Oui, il faut un expert.

SOCRATE

Donc, remémorons-nous encore une fois ce que j'ai pu dire à Polos et à Gorgias. Je disais, si tu te souviens bien, ^b qu'il y a certaines pratiques qui veulent atteindre le plaisir et ne s'occupent que de cela, dans une ignorance totale de ce qui est meilleur ou plus mauvais, mais qu'il en existe d'autres qui, elles, connaissent le bien et le mal. Ainsi, dans le groupe des pratiques qui visent au plaisir, je rangeais la cuisine [159], car c'est un savoir-faire, mais ce n'est pas un art ; en revanche, je mettais la médecine avec les disciplines qui s'occupent du bien.

Eh bien, au nom du dieu de l'amitié [160], Calliclès, ne crois pas que tu aies le droit de t'amuser à mes dépens, et ne réponds pas au hasard, en disant n'importe quoi de contraire aux opinions que tu as ! Ne prends pas non plus tout ce que je dis comme si je ne pensais qu'à m'amuser ! ^c En effet, ne vois-tu pas que le sujet dont nous sommes en train de discuter est justement la question qu'un homme, aussi peu de raison ait-il, devrait prendre le plus au sérieux ? Quel genre de vie faut-il avoir ? Est-ce la vie à laquelle tu m'engages ? Une vie d'homme, qui traite des affaires d'homme, qui sait parler au peuple, qui pratique la rhétorique et fait de la politique comme vous, vous en faites maintenant ? Ou bien, est-ce une vie passée à faire de la philosophie ? Et enfin, en quoi l'une de ces vies l'emporte-t-elle sur l'autre ?

Peut-être le mieux à faire est-il de bien distinguer ces deux genres de vies — par exemple, je viens juste de commencer à les définir. ^d Quand nous nous serons mis d'accord pour les distinguer l'un de l'autre, s'il s'agit vraiment de deux vies différentes, nous rechercherons ce qui les distingue et laquelle des deux vies il faut vivre [161].

Mais, tu ne sais peut-être pas encore ce que je veux dire.

CALLICLÈS

Non, pas du tout.

SOCRATE

Eh bien, je vais te l'expliquer plus clairement.
Puisque nous nous sommes mis d'accord, toi et moi,
pour dire que le bien existe, ainsi que l'agréable, mais
que l'agréable est différent du bien ; pour dire aussi,
par ailleurs, qu'il existe, pour le bien comme pour
l'agréable, une méthode, une pratique, destinée à les
acquérir ; que, dans un cas, il s'agit de la poursuite de
l'agréable et, dans l'autre, de la chasse au bien — mais
au fait, dis-moi d'abord si sur ce point tu es d'accord
avec moi. Es-tu d'accord, oui ou non ? [e]

CALLICLÈS

Oui, je suis d'accord avec toi.

SOCRATE

Bon. Voyons. Et à propos de ce que j'ai dit à
Gorgias et à Polos, conviens-tu que j'ai raison ? Dis-
moi s'il t'a paru qu'à ce moment-là je disais la vérité.
Oui, j'ai dit en substance que la cuisine, à mon avis,
n'est pas un art, mais un savoir-faire ; que la médecine, en revanche, [a] examine la nature du patient
qu'elle doit soigner, qu'elle étudie les causes qui justi-
fient ce qu'elle fait et peut rendre raison de chacun de
ses gestes — voilà ce que fait la médecine. Quant à
l'autre pratique, celle qui procure du plaisir, elle
consacre au plaisir la totalité de ses soins : c'est toujours vers le plaisir qu'elle se dirige sans le moindre
recours à l'art, mais de ce plaisir, elle n'examine ni la
nature ni la cause et, sans rien calculer, sans déterminer la moindre de ses démarches, elle procède par
routine et par savoir-faire. Comme cela, elle finit par
conserver le souvenir de ce qui se passe habituellement, et elle arrive à procurer des plaisirs. [b]

Eh bien, regarde donc, d'abord, si, à ton avis, on s'est exprimé de façon satisfaisante. Et puis, cherche s'il n'existe pas deux genres d'activités, un peu comme ces deux-là, la médecine et la gymnastique, mais qui cette fois s'appliquent à l'âme. Les unes appartiennent à l'art, et elles ont le souci constant de rechercher ce qui est le mieux pour l'âme. Les autres, à l'inverse, font peu de cas du bien, mais la seule chose qu'elles considèrent, c'est de savoir, comme c'est le cas pour la cuisine, de quelle façon elles peuvent faire plaisir à l'âme. c Que ce plaisir soit le meilleur ou le pire des plaisirs, elles ne cherchent pas à le savoir, elles n'en ont pas le moindre souci, simplement, elles s'occupent de faire plaisir, par tous les moyens, bons ou mauvais. Pour ma part, Calliclès, j'ai bien l'impression que ces activités de plaisir existent en effet, et je déclare qu'elles sont une sorte de flatterie, que celle-ci s'applique au corps, à l'âme ou à tout autre objet auquel on s'occupe de donner du plaisir, sans jamais chercher à savoir ce qui est meilleur ou plus mauvais pour cet objet. Et toi alors, nous donnes-tu ton assentiment ? As-tu le même avis que nous sur ce genre d'activités ? A moins que tu ne dises le contraire !

CALLICLÈS

Non, je ne dis pas le contraire, je te concède même tout ce que tu veux, afin que notre discussion s'achève, et pour faire plaisir à Gorgias ! d

SOCRATE

Mais, cette flatterie dont je parle, s'exerce-t-elle sur une seule âme ? Ne peut-elle pas s'exercer sur deux ou sur plusieurs âmes ?

CALLICLÈS

Oui, bien sûr, elle peut s'exercer aussi sur deux ou sur plusieurs âmes.

SOCRATE

Dans ce cas, il est possible de faire plaisir à toute une foule, sans chercher à savoir ce qui est le mieux !

CALLICLÈS

Oui, je crois.

SOCRATE

Alors, peux-tu me dire quelles sont les activités qui font cela ? Ou plutôt, si tu veux, je vais te poser des questions : s'il y a une activité qui te paraît être telle, réponds par oui, sinon, réponds par non. Voyons d'abord la flûte [162]. e Le fait de jouer de la flûte ne te semble-t-il pas être une activité qui ne recherche que notre plaisir, sans se soucier de rien d'autre ?

CALLICLÈS

Oui, il me semble.

SOCRATE

C'est donc pareil pour les autres activités du même genre, par exemple, la cithare, dont on joue dans les concours publics [163].

CALLICLÈS

Oui.

SOCRATE

Comme pour la direction des chœurs et la composition des dithyrambes [164]. N'as-tu pas l'impression que c'est le même genre de chose ? Considères-tu que Cinésias, le fils de Mêlès [165], ait le moindre souci de dire à ses auditeurs quoi que ce soit qui les rendrait meilleurs ? Ne se soucie-t-il pas surtout de ce qui doit faire plaisir [a] à la masse des spectateurs ?

CALLICLÈS

Oui, Socrate, c'est évident, du moins dans le cas de Cinésias.

SOCRATE

Et dans le cas de son père Mélès [166] ? Quand Mélès jouait de la cithare, à ton avis, avait-il pour objectif de réaliser ce qui était le mieux ? Pourtant, de celui-là, on peut dire que son objectif n'était pas non plus l'agréable : quand il chantait, il assommait les spectateurs ! Mais, regarde bien : à ton avis, tout le jeu de la cithare, toute la poésie dithyrambique n'ont-ils pas été inventés pour faire plaisir ?

CALLICLÈS

A mon avis, oui.

SOCRATE

Et la poésie tragique ? Cette vénérable et merveilleuse poésie, [b] que recherche-t-elle, à quoi consacre-t-elle son activité et son souci ? A faire plaisir aux spectateurs, uniquement ? — cela, c'est mon avis ; ou bien, à se battre pour ne pas dire dans une tragédie la moindre chose, agréable et plaisante aux yeux du public, mais qui serait en réalité nocive ? et, à l'inverse, s'il y a quelque chose, qui, bien que désagréable, soit néanmoins utile, la tragédie se bat-elle pour qu'une telle chose soit énoncée et soit chantée, qu'elle fasse plaisir ou non ? A ton avis, de ces deux attitudes, quelle est celle que la poésie tragique doit avoir ?

CALLICLÈS

La première, Socrate, c'est évident. La tragédie tend plutôt au plaisir, elle veut faire plaisir [c] aux spectateurs.

SOCRATE

Eh bien, d'une telle façon d'agir, n'avons-nous pas dit tout à l'heure que c'était une forme de flatterie ?

CALLICLÈS

Oui, tout à fait.

SOCRATE

Voyons, si on retire à l'ensemble de la poésie le chant, le rythme et le mètre, reste-t-il autre chose que des paroles [167] ?

CALLICLÈS

Il reste des paroles, nécessairement.

SOCRATE

Or, ces paroles ne s'adressent-elles pas à une foule nombreuse ? ne s'adressent-elles pas au peuple ?

CALLICLÈS

Oui, en effet.

SOCRATE

La poésie est donc une forme de démagogie, de discours au peuple !

CALLICLÈS

Oui, il semble. [d]

SOCRATE

Cette démagogie serait donc de la rhétorique ? D'ailleurs, n'as-tu pas l'impression que les poètes, au théâtre, font comme les orateurs [168] ?

CALLICLÈS

Oui, c'est mon impression.

SOCRATE

Nous avons donc découvert maintenant une forme de rhétorique destinée à un peuple fait d'enfants, de femmes et d'hommes, d'esclaves et d'hommes libres [169]. Cette rhétorique-là, nous ne l'admirons vraiment pas, et nous déclarons qu'elle est une flatterie.

CALLICLÈS

Oui, absolument.

SOCRATE

Bien. Et la rhétorique destinée au peuple d'Athènes ? comme à d'autres peuples qui vivent dans d'autres cités, ᵉ des peuples d'hommes libres [170] ? de cette rhétorique, que devons-nous penser ? Les orateurs te donnent-ils l'impression de s'exprimer en vue du plus grand bien ? Est-ce leur objectif de rendre, grâce à leurs discours, les citoyens aussi bons que possible ? Ou bien, les orateurs ne sont-ils pas plutôt lancés à la poursuite de tout ce qui peut faire plaisir aux citoyens ? N'agissent-ils pas en faveur de leur intérêt privé, sans faire aucun cas de l'intérêt public ? Ne traitent-ils pas les peuples comme on traite des enfants, en essayant seulement de leur faire plaisir, sans s'occuper de savoir si, après cela, ils seront meilleurs ou pires — ᵃ parce qu'à cela ils ne pensent même pas ?

CALLICLÈS

Là non plus, je ne peux pas répondre par oui ou par non à ce que tu demandes ! Certains orateurs sont soucieux des citoyens auxquels ils adressent leurs discours. Mais d'autres, en effet, sont comme tu dis.

SOCRATE

Bon. S'il y a vraiment deux rhétoriques, l'une des deux serait donc une sorte de flatterie, une vilaine façon de s'adresser au peuple, tandis que l'autre serait une belle chose, qui se donne les moyens d'améliorer les âmes des citoyens et qui se bat pour dire toujours ce qu'il y a de meilleur, que ce soit agréable ou non aux auditeurs. ᵇ Mais as-tu jamais vu une rhétorique comme celle-là ? Si tu peux citer un orateur qui agisse ainsi, pourquoi ne me dis-tu pas qui c'est ?

CALLICLÈS

Mais, par Zeus, je ne peux pas t'en citer un seul, du moins parmi les orateurs d'aujourd'hui !

SOCRATE

Et parmi ceux d'avant ? Peux-tu me citer un orateur qui, dès le moment qu'il s'est mis à parler aux Athéniens, ait été la cause de leur amélioration, tandis qu'avant lui ils étaient plus mauvais ? Moi, en tout cas, ^c je ne sais pas qui cela peut être !

CALLICLÈS

Et Thémistocle [171] ? Tu n'as jamais entendu dire que c'était un homme de bien ! Et Cimon [172] ! et Miltiade [173] ! et Périclès qui est mort récemment et que tu as écouté parler, toi aussi [174] !

SOCRATE

Si la vertu, Calliclès, est bien ce que tu disais d'abord, si elle consiste à assouvir ses propres désirs et ceux des autres, les orateurs dont tu parles seraient, en effet, des hommes de qualité. Mais sinon, si la vertu est plutôt ce que nous avons été contraints d'admettre dans la suite de la discussion, si les désirs à assouvir sont ceux dont la satisfaction améliore l'homme, ^d mais non pas ceux qui le rendent pire, et s'il existe un art qui permet de juger de cette amélioration, peux-tu dire lequel de ces quatre orateurs a amélioré les Athéniens ?

CALLICLÈS

Je ne peux pas te répondre comme cela !

SOCRATE

Mais si tu cherches bien, tu trouveras. Voyons, comme ceci, sans nous presser, cherchons si l'un de ces orateurs a été tel que j'ai dit. Regarde : l'homme de bien, l'homme qui dit tout ce qu'il dit en vue du plus grand bien, parle-t-il jamais au hasard ? ne parle-t-il pas plutôt, les yeux fixés sur son objectif [175] ? ^e Et c'est pareil pour tous les autres artisans : chacun d'eux prend pour objectif le produit que son art fabrique, et ce n'est pas par hasard qu'il choisit et se procure ce dont il a besoin pour réaliser son ouvrage ; au contraire, il sélectionne ce qu'il lui faut, afin que son ouvrage soit doté de sa forme propre. Par exemple, regarde, si tu veux, ce que font les peintres, les bâtisseurs de maisons, les constructeurs de navires, et tous les autres spécialistes ; prends celui que tu veux, tu verras que chaque élément de son ouvrage est disposé en fonction d'un certain ordre et qu'il force tous les éléments, avec lesquels il travaille, à s'adapter les uns aux autres et à s'harmoniser entre eux, [a] jusqu'à ce que leur totalité constitue une réalité ordonnée et bien disposée. Et il en va bien de même, enfin, pour les autres spécialistes dont je parlais tout à l'heure. Oui, ceux qui s'occupent du corps, entraîneurs de gymnastique et médecins, ne donnent-ils pas au corps un bon ordre et une bonne disposition ? Sommes-nous d'accord pour dire que c'est le cas, oui ou non ?

CALLICLÈS

Bon, ainsi soit-il !

SOCRATE

Donc, une maison faite avec ordre, dont la disposition est belle, serait une maison de qualité ; mais si elle est faite sans ordre, elle serait minable !

CALLICLÈS

Oui, en effet.

SOCRATE

C'est donc pareil pour un navire ! [b]

CALLICLÈS

Oui.

SOCRATE

Et lorsqu'il s'agit de nos corps, nous assurons que c'est pareil !

CALLICLÈS

Oui, parfaitement.

SOCRATE

Et pour l'âme ? Est-ce par le désordre présent en elle
qu'elle est une âme de qualité ? N'est-ce pas plutôt par
l'ordre qu'on y trouve, par sa disposition intérieure ?

CALLICLÈS

Si l'on s'en tient à ce qu'on a dit plus haut, on est
forcé de répondre oui !

SOCRATE

Or, quel est le nom de cet état du corps, conséquence d'un bon ordre corporel et d'une bonne disposition physique ?

CALLICLÈS

La santé et la force — c'est ce que tu veux dire,
sans doute.

SOCRATE

Oui, en effet. Et maintenant, dis-moi comment
s'appelle le bon état de l'âme ^c qui résulte de l'ordre
et d'une heureuse disposition ? Essaie de trouver ce
nom et donne-le-moi, comme tu as fait avec le corps !

CALLICLÈS

Pourquoi ne le dis-tu pas toi-même, Socrate ?

SOCRATE

Eh bien, si cela t'est plus agréable, je vais le dire !
Et toi, si tu as l'impression que j'ai raison, dis-le !
sinon, si j'ai tort, réfute, mais ne reste pas comme
cela ! A mon avis, les formes d'ordre qu'on trouve
dans le corps ont un nom, elles qualifient un état sain.
C'est de là que viennent la santé et toutes les autres
qualités physiques. Est-ce le cas, oui ou non ?

CALLICLÈS

Oui, c'est cela. [d]

SOCRATE

Mais, dans l'âme, l'ordre et la bonne disposition s'appellent loi et conformité à la loi. De là il résulte que les citoyens se comportent selon l'ordre et selon la loi. C'est en cela que consistent la justice et la tempérance. Es-tu d'accord, oui ou non ?

CALLICLÈS

Oui, c'est cela.

SOCRATE

Donc, le bon orateur, qui dispose d'un art [176] et qui est homme de bien, présentera aux âmes les discours qu'il prononce en prenant la loi et l'ordre comme unique objectif, et il se comportera de même en toutes ses actions. C'est avec l'esprit fixé sur cet objectif qu'il donnera une faveur, s'il doit la donner, qu'il la retirera, s'il doit la retirer [177] ; tout cela sera fait avec l'idée de mettre de la justice dans l'âme de ses concitoyens, [e] de les délivrer de l'injustice, de leur inculquer la tempérance et de les débarrasser du dérèglement. Bref, que dans leur âme s'installent toutes sortes de vertus et que le vice s'en aille ! Es-tu d'accord, oui ou non ?

CALLICLÈS

Oui, je suis d'accord.

SOCRATE

En effet, quelle utilité y a-t-il, Calliclès, à donner à un corps malade, qui se trouve dans un état misérable, des vivres en quantité, des boissons délicieuses, des plaisirs en tout genre, quand, de tout cela, le corps malade ne profitera pas davantage que si on lui impose le régime contraire, et quand il peut même — pour

répondre en toute justice — s'en trouver encore plus
mal ? Est-ce vrai ? [a]

CALLICLÈS

Oui, c'est vrai.

SOCRATE

Car, ce n'est pas un bien pour un homme, je pense,
de vivre avec un corps misérable. En effet, la vie qu'on
mène alors doit être aussi misérable que le corps est
misérable. N'est-ce pas ?

CALLICLÈS

Oui.

SOCRATE

Or, n'est-ce pas également ce qui arrive quand on
assouvit ses désirs ? Par exemple, les médecins le plus
souvent permettent de manger autant qu'on veut, si
l'on a faim, et de boire, si l'on a soif — à condition
qu'on soit en bonne santé. Mais si l'on est malade, ils
ne permettent pour ainsi dire pas qu'on se rassasie de
tout ce qu'on veut. Et toi es-tu au moins d'accord
avec ce que je viens de dire ?

CALLICLÈS

Oui, je suis d'accord.

SOCRATE

Et quand il s'agit de l'âme, excellent homme, [b]
n'est-ce pas la même façon de voir ? Tant que l'âme
est mauvaise, sans intelligence, déréglée, injuste et
impie, il faut l'empêcher d'assouvir ses désirs et ne
rien lui laisser faire que des choses qui peuvent l'améliorer ! Que réponds-tu ? Est-ce le cas, oui ou non ?

CALLICLÈS

Je réponds que oui, c'est le cas.

SOCRATE

C'est donc sans doute ce qu'il y a de mieux pour l'âme elle-même !

CALLICLÈS

Oui, parfaitement.

SOCRATE

Or, l'empêcher d'assouvir ses désirs, n'est-ce pas la punir ?

CALLICLÈS

Oui.

SOCRATE

C'est donc mieux pour l'âme d'être punie que de rester déréglée et impunie, ᶜ comme tu le pensais tout à l'heure !

CALLICLÈS

Je ne sais pas ce que tu peux bien dire, Socrate ! Tu n'as qu'à interroger quelqu'un d'autre !

SOCRATE

Cet homme ne supporte ni qu'on lui rende service ni de subir ce dont on parle [178] — la punition !

CALLICLÈS

Moi, en tout cas, je me moque bien de ce que tu dis ! C'est pour faire plaisir à Gorgias que j'ai répondu comme cela !

SOCRATE

Soit. Que pouvons-nous donc faire ? Allons-nous interrompre notre discussion, en plein milieu ?

CALLICLÈS

C'est à toi de savoir !

SOCRATE

Même les mythes, on dit qu'il n'est pas permis de les laisser en plan, en plein milieu, mais qu'il faut leur donner une tête, ^d pour qu'ils n'aillent pas se promener sans tête [179] ! Continue donc à répondre aux questions suivantes, pour que notre discussion reçoive sa tête !

CALLICLÈS

Quelle violence tu me fais, Socrate ! Si tu veux m'en croire, laisse tomber cette discussion, ou bien discute avec quelqu'un d'autre !

SOCRATE

Y a-t-il donc quelqu'un qui veuille discuter avec moi ? Car nous ne laisserons pas tomber notre discussion sans lui donner une fin !

CALLICLÈS

Mais toi, ne pourrais-tu pas continuer à discuter tout seul ? Ou bien, tu te parles à toi-même, ou bien tu réponds à tes propres questions !

SOCRATE

Pour qu'il m'arrive ce dont parle Epicharme [180] ! ^e Que je sois seul à dire ce que deux hommes peuvent dire ! Il y a bien des chances que je doive faire cela ! Cependant, si c'est ce qu'il nous faut faire, je pense que tous, nous devons être en compétition pour découvrir où est le vrai et où est le faux dans la question dont nous parlons. Car si cela devient évident, c'est un bien commun à tous ! Je vais donc poursuivre cette discussion et essayer d'exposer ce qu'il en est, à mon avis. ^a Mais si, à l'un de vous, je donne l'impression de convenir avec moi-même de quelque chose qui n'est pas vrai, il faut interrompre et réfuter. Car moi, je ne suis pas sûr de la vérité de ce que je dis, mais je cherche en commun avec vous, de sorte que, si l'on me fait une objection qui me paraît vraie, je serai le premier à être d'accord. Bien sûr, je parle comme cela en pensant qu'il faut pousser cette discussion jusqu'à son terme. ᵇ Mais si vous n'en avez pas envie, laissons tomber toute notre recherche et allons-nous-en !

GORGIAS

Je ne suis pas d'avis, Socrate, qu'il faille déjà se séparer, mais que tu poursuives cette discussion jusqu'à son terme. Il me semble que c'est aussi l'avis des autres auditeurs. Et moi-même, je souhaite vivement t'entendre exposer la suite de cette recherche.

SOCRATE

Mais certainement, Gorgias, moi-même, j'aimerais mieux discuter encore avec ce Calliclès qui est là, jusqu'au moment où je pourrais lui rendre la réplique d'Amphion en échange de celle de Zéthos [181]. Mais puisque toi, Calliclès, tu n'acceptes pas de poursuivre avec moi cette discussion jusqu'à son terme, eh bien, au moins, écoute ce que je dis et reprends-moi si tu as l'impression que j'ai tort. Même si tu me réfutes, ᵉ je ne t'en voudrai pas comme toi, tu m'en veux, mais je citerai ton nom en rappelant que tu es le plus grand bienfaiteur que j'ai eu [182].

CALLICLÈS

A toi de parler, mon bon, et achève.

SOCRATE

Écoute bien, je vais reprendre et résumer notre discussion depuis le début. — L'agréable et le bon sont-ils une seule et même chose ? Non, ils ne sont pas une même chose. Calliclès et moi, nous sommes d'accord là-dessus. — Faut-il faire l'agréable en vue du bien, ou le bien en vue de l'agréable ? L'agréable en vue du bien. — Mais l'agréable, n'est-ce pas ce dont la présence nous fait plaisir, ᵈ et le bien, ce dont la présence nous rend bons ? Oui, absolument. — Par ailleurs, n'est-il pas vrai que nous, comme tout ce qui est bon, nous sommes bons parce qu'une certaine qualité se trouve présente en nous [183] ? A mon avis, oui, Calliclès, c'est nécessaire. — Par ailleurs, la qualité propre à chaque être et qui le rend tel qu'il est — qu'il s'agisse d'un meuble, du corps, de l'âme aussi, ou de n'importe quel animal —, ne se trouve tout de même pas présente en lui par hasard, mais elle résulte d'une règle, d'une norme, d'un art, adaptés à chacun des êtres [184]. En est-il ainsi ? Pour moi oui, en tout cas. — ^e La qualité propre à chaque chose ne consiste-t-elle pas à faire de cette chose une réalité constituée selon une règle et bien ordonnée ? D'après moi, oui. — Une forme d'ordre propre à chaque être et présente en lui, n'est-ce pas ce qui en fait un être de qualité ? A mon avis, oui. — Par conséquent, une âme en possession de l'ordre qui lui est propre n'est-elle pas meilleure qu'une âme sans ordre ? Oui, c'est nécessaire. — Or, une âme, qui a vraiment de l'ordre en elle, n'est-elle pas une âme ordonnée ? Comment ne le serait-elle pas ? — Mais est-ce qu'une âme ordonnée est une âme raisonnable ? ^a Oui, très nécessairement [185]. — Donc, l'âme raisonnable est une âme bonne. — Voilà. Moi, en tout cas, je suis incapable de rien assurer qui soit contraire à ce que je viens de dire, mon brave Calliclès. Mais si tu le peux, toi, enseigne-moi comment faire !

CALLICLÈS

Continue à parler, mon bon.

SOCRATE

Eh bien, je dis que si l'âme raisonnable est une âme bonne, l'âme qui se trouve dans une condition contraire à celle de l'âme raisonnable n'est-elle pas une âme mauvaise, n'est-elle pas une âme insensée et déréglée [186] ? Oui, tout à fait. — Par ailleurs, l'homme raisonnable ne serait-il pas celui qui ferait son devoir à l'égard des dieux comme à l'égard des hommes ? Car il n'aurait rien d'un homme raisonnable s'il n'accomplissait pas son devoir. [b] Oui, en effet, c'est nécessaire qu'il en soit ainsi. — Or, si c'est à l'égard des hommes qu'il fait ce qu'il doit faire, il agit avec justice, si c'est à l'égard des dieux, avec piété. De plus, l'homme qui se comporte de façon juste et pieuse n'est-il pas nécessairement un homme juste et pieux[187] ? Oui, c'est comme cela. — Par ailleurs, il est nécessairement courageux. En effet, ce n'est pas l'acte d'un homme raisonnable que de poursuivre et de fuir ce qu'il ne doit pas. Au contraire, qu'il s'agisse de choses, d'êtres humains, de plaisirs ou de peines, l'homme raisonnable poursuit et fuit ce qu'il doit, et il est plein de force pour supporter son devoir quand il le faut. Par conséquent, [c] Calliclès, il est fort nécessaire que l'homme raisonnable, comme celui dont j'ai fait le portrait, soit un homme juste, courageux, pieux, et qu'il soit parfaitement bon. Oui, il est nécessaire que cet homme qui agit bien et réussit tout ce qu'il fait, réussisse sa vie, qu'il soit heureux et bienheureux[188] ! En revanche, il faut que l'homme scélérat, celui qui agit mal, soit un homme misérable. Or, le scélérat, c'est l'homme dont le caractère est opposé à celui de l'homme raisonnable, c'est donc un homme déréglé : et c'est d'un tel homme que tu as fait l'éloge !

J'ai dit — en tout cas, je tiens à dire et je soutiens — que c'est la vérité. Or, si tout cela est vrai, il semble que celui d'entre nous, qui veut être heureux, [d] doit se vouer à la poursuite de la tempérance et doit la pratiquer, mais, qu'à l'inverse, il doit fuir le dérèglement de toute la vitesse de ses jambes et surtout s'arranger pour ne pas avoir besoin d'être puni. Cependant, s'il arrive qu'il ait besoin d'être puni, luimême ou l'un de ses proches, simple particulier ou cité, il faut, s'il doit être heureux, que justice soit faite et qu'il soit puni.

Voilà, selon moi, quel est le but à atteindre. C'est avec un tel objectif qu'on doit vivre. Faire que toutes ses ressources personnelles, et celles de sa propre cité, soient tendues vers ce but, pour qu'on acquière, comme les conditions du bonheur, la justice et la tempérance, qu'on agisse avec elles, [e] sans laisser les désirs devenir déréglés ou excessifs, sans tenter de les satisfaire (car ils sont un mal insatiable) et sans mener non plus la vie d'un vaurien.

En effet, l'homme qui vivrait ainsi ne pourrait être aimé ni par un homme ni par un dieu. Il ne peut participer à la moindre communauté et, quand il n'y a pas de communauté, il ne saurait y avoir d'amitié [189]. Certains sages disent, Calliclès, que le ciel, la terre, les dieux et les hommes forment ensemble une communauté, [a] qu'ils sont liés par l'amitié, l'amour de l'ordre, le respect de la tempérance et le sens de la justice. C'est pourquoi le tout du monde, ces sages, mon camarade, l'appellent *kosmos* ou ordre du monde et non pas désordre ou dérèglement [190]. Mais toi, tu as beau être savant, tu ne me sembles pas faire très attention à ce genre de choses. Au contraire, tu n'as pas vu que l'égalité géométrique [191] est toute puissante chez les dieux comme chez les hommes, et tu penses qu'il faut s'exercer à avoir plus que les autres ! en fait, tu ne fais pas attention à la géométrie.

Bon. De deux choses l'une. Soit tu dois réfuter ce que nous venons de dire [b] : tu montres que ce n'est pas parce qu'ils possèdent justice et tempérance que les gens heureux sont heureux, que ce n'est pas non plus à cause du vice que les êtres malheureux sont malheureux ; soit, si ce qu'on a dit est vrai, tu dois rechercher quelles en sont les conséquences. Et ces conséquences, Calliclès, c'est tout ce que j'ai dit avant, tout ce à propos de quoi tu me demandais si je parlais sérieusement — quand je disais qu'il faudrait, si une injustice était commise, en accuser l'auteur, qu'il s'agît de soi-même, de son fils, de son camarade, et que c'était pour cela qu'on devait se servir de la rhétorique ! Voilà, ce dont tu pensais que Polos l'avait

concédé parce qu'il était gêné, eh bien, c'est cela la
vérité. C'est-à-dire : que commettre l'injustice est non
seulement plus laid que la subir, mais que c'est aussi
mauvais que laid ; ᶜ que l'homme qui se destine à
devenir, d'une façon légitime, orateur, doit commencer par être juste et compétent dans tous les cas où la
justice est en cause ; et ainsi on en revient à ce
qu'avait concédé Gorgias et à ce dont Polos disait que
Gorgias l'avait admis parce qu'il se sentait gêné.

Bon. C'est comme cela. Examinons les reproches
que tu me fais, qu'on sache si tu as raison ou tort,
quand tu dis que je ne suis pas capable de me porter
secours, ni à moi-même, ni à aucun de mes amis, ni
à aucun de mes proches, que je ne peux pas non plus
me tirer sain et sauf des dangers les plus graves, que
je suis au pouvoir du premier venu, comme ces gens
déshonorés ᵈ qu'on peut, pour reprendre la violence
de ta façon de parler, frapper au visage comme on
veut, qu'on peut dépouiller de leurs richesses ou
expulser hors de la cité, et, pour aller jusqu'au bout,
qu'on peut aussi tuer. Voilà, être dans une telle situation, d'après ce que tu dis, c'est la chose la plus laide
de toutes. Bon, maintenant voici, ce que moi, je
dis — je l'ai déjà dit à plusieurs reprises, mais rien ne
m'empêche de le répéter encore.

Non, Calliclès, je nie que la chose la plus laide soit
d'être frappé au visage injustement, ᵉ d'avoir un
membre tranché ou la bourse coupée [192]. En revanche,
ce qui est plus laid et plus mauvais, c'est de porter
atteinte injustement à ma personne et à mes biens,
c'est de voler, c'est d'asservir des êtres humains et
entrer par effraction dans les maisons, c'est, en
somme, de commettre une injustice contre moi et
contre mes biens, car un tel acte est plus laid et plus
mauvais pour l'homme qui est l'auteur de pareilles
injustices que pour moi qui les subis.

Voilà, j'ai repris ce que j'avais dit à ce moment-là,
et ces vérités me paraissent, si je peux dire, tenir l'une

à l'autre et former toute une chaîne. Et, si je peux dire
encore quelque chose d'assez prétentieux, ces vérités
sont enchaînées les unes aux autres [a] au moyen d'arguments de fer et de diamant [193]. Or ces arguments, si
je dois me fier à l'impression que j'ai eue jusqu'ici, tu
ne vas pas pouvoir les rompre, ni toi, ni quelqu'un
d'autre, encore plus impétueux que toi. Il est donc
impossible d'avoir raison en disant le contraire de ce
que je dis maintenant. En effet, pour ce qui me
concerne, je dis et je redis toujours la même chose :
que je ne sais pas ce qu'il en est de tout cela, mais
que, malgré tout, de tous les hommes que j'ai rencontrés, et c'est le cas aujourd'hui encore, il n'y en a
pas eu un qui ait pu dire, sans faire rire de lui, autre
chose que ce que je dis.

Donc, une fois de plus, je soutiens [b] que les choses
sont comme je dis. Mais, si elles sont bien telles que
je le dis, si l'injustice est, pour celui qui l'a commise,
le mal le plus grave, s'il existe encore un mal plus
grave que l'injustice, qui est de ne pas être puni pour
l'injustice qu'on a commise, quel est donc le moyen
de se préserver de ce mal ? quelle est la protection
telle qu'elle ferait dire de l'homme, incapable de se
l'assurer, qu'il est ridicule ? Cette protection, n'est-
elle pas celle qui nous préserve du plus grand dommage ? Il est donc tout à fait nécessaire de dire que ce
qu'il y a de plus laid, quand il s'agit de se préserver,
c'est justement de ne pouvoir se porter secours ni à
soi-même, ni à ses amis, ni à ses proches. Ensuite, la
protection qui vient en seconde position est celle qui
nous préserve d'un mal second en gravité, et celle qui
vient au troisième rang nous garde d'un mal, troisième en gravité. [c] Ainsi, dans chaque cas, naturellement, la grandeur du mal correspond à la beauté du
secours qu'on peut s'assurer et à la honte d'être incapable de se le garantir. Comment sont les choses, Calliclès ? comme cela ou autrement ?

CALLICLÈS

Elles ne sont pas autrement.

SOCRATE

Il existe donc deux sortes de mal, commettre l'injustice et la subir, et nous déclarons que le plus grave de ces deux maux est de la commettre, alors que la subir est un moindre mal. En ce cas, quels sont les moyens dont un homme dispose pour être assuré de pouvoir se préserver, pour bénéficier, par conséquent, d'un double secours contre ces deux maux, ^d secours qui puisse l'empêcher à la fois de commettre l'injustice et de la subir ? Un tel moyen de défense, est-il une puissance ou bien une volonté ? Je veux dire : pour ne pas subir l'injustice, faut-il ne pas vouloir la subir ? ou bien, n'est-ce pas en disposant de la puissance propre à éviter de la subir qu'on ne la subit pas ?

CALLICLÈS

Mais c'est évident, on ne subit pas d'injustice si l'on a la puissance de l'empêcher !

SOCRATE

Et dans le cas où l'on commet l'injustice ? Ne pas vouloir la commettre, cela suffit-il pour qu'en effet on ne la commette pas ? ^e Ou bien, pour éviter de commettre l'injustice, ne faut-il pas disposer d'une certaine puissance, d'un certain art, tels que, si on ne les a pas appris, si l'on ne s'y est pas exercé, on commettra une injustice [194] ? Réponds-moi, Calliclès, au moins sur ce point précis : dis-moi si, selon toi, c'est à juste titre que nous nous sommes sentis contraints, Polos et moi-même, au cours de la discussion que nous avons eue avant, de nous mettre d'accord pour convenir que personne ne veut être injuste, mais que toutes les injustices qu'on commet, on les commet toujours malgré soi.

CALLICLÈS

Ainsi soit-il, Socrate, si tu veux — ᵃ cela, pour que tu arrives au bout de ce que tu as à dire !

SOCRATE

Aussi, voilà pourquoi, semble-t-il, il faut disposer d'une certaine puissance et d'un certain art, afin de ne pas commettre d'injustice.

CALLICLÈS

Oui, tout à fait.

SOCRATE

Quel est donc l'art qui nous donne les moyens de ne pas subir d'injustice, ou du moins, d'en subir le moins possible ? Vois si tu es du même avis que moi. Voici ce que j'en pense : pour ne pas subir d'injustice, il faut être au pouvoir dans sa propre cité, ou encore être tyran, ou bien être partisan du gouvernement en place [195] !

CALLICLÈS

Tu vois, Socrate, comme je suis prêt ᵇ à te féliciter dès que tu dis quelque chose de bien ! Ce que tu viens de dire me paraît être parfaitement juste !

SOCRATE

Eh bien, regarde si ce que je vais dire après te paraît être aussi bien. Les meilleurs amis du monde, ce sont, comme l'affirment les anciens sages, les êtres qui sont l'un à l'autre semblable [196]. Es-tu d'accord ?

CALLICLÈS

Oui, je suis d'accord.

SOCRATE

En conséquence, quand l'homme qui exerce le pouvoir est un tyran grossier, sans éducation ni

culture, s'il y a dans la cité un homme bien supérieur
à lui, le tyran, probablement, aura peur d'un tel
homme et ne pourra jamais, au plus profond de son
âme, ^c devenir son ami [197].

CALLICLÈS

Oui, en effet.

SOCRATE

Et s'il se trouvait dans cette cité un homme bien
plus médiocre que ce tyran, dans ce cas non plus cet
homme ne pourrait pas être l'ami du tyran. Car le
tyran le mépriserait et ne chercherait jamais sérieusement à en faire un ami.

CALLICLÈS

Oui, en effet, c'est vrai.

SOCRATE

Donc, le seul homme qui reste au tyran, qui puisse
être pour lui-même un ami digne de prix, c'est
l'homme dont le caractère ressemble à celui du tyran,
qui admire et qui blâme les mêmes choses que lui, qui
accepte d'être soumis au pouvoir du tyran et qui lui
obéit. Un homme comme cela sera, dans la cité dont
nous parlons, un homme tout puissant, ^d et personne
ne lui fera impunément le moindre tort. En est-il
ainsi, oui ou non ?

CALLICLÈS

Oui.

SOCRATE

Suppose donc qu'un jeune homme, qui vit dans cette
cité, commence à se demander : « par quel moyen pour-
rais-je devenir tout puissant et m'arranger pour que personne ne me fasse la moindre injustice ? », la route qu'il
devrait suivre serait, semble-t-il, la même : il faut que ce

jeune homme s'habitue dès sa jeunesse à aimer les mêmes choses que le tyran et à détester les mêmes choses que son despote a en horreur ; bref, qu'il se donne les moyens de lui ressembler le plus possible. Est-ce vrai ?

CALLICLÈS

Oui. [e]

SOCRATE

Alors, cet homme réussira à faire qu'aucune injustice ne soit commise à son égard et à devenir, comme vous diriez [198], un homme puissant dans sa cité.

CALLICLÈS

Oui, tout à fait.

SOCRATE

Or, réussira-t-il aussi à ne pas commettre d'injustice ? Loin de là, s'il ressemble vraiment au tyran, qui, lui, est un être injuste, et si, par la faveur de ce tyran, il est devenu tout puissant. Au contraire, je crois que c'est l'inverse qui se produira : un tel homme se trouvera dans la situation où il lui sera possible de commettre le plus grand nombre d'injustices et de les commettre sans en être puni, n'est-ce pas ?

CALLICLÈS

Oui, apparemment. [a]

SOCRATE

Dans ce cas, c'est le plus grave de tous les maux qui sera donné à un tel homme : son âme sera misérable, elle sera souillée par l'imitation du despote et par l'exercice du pouvoir.

CALLICLÈS

Je ne sais pas comment tu fais, Socrate, pour arriver à chaque fois à retourner sens dessus dessous tout ce qu'on a dit [199]. Ne sais-tu pas que l'homme qui imite le tyran va pouvoir tuer, s'il en a envie, tous ceux qui ne veulent pas l'imiter et qu'il va pouvoir les dépouiller de tout ce qu'ils ont ?

SOCRATE

Je sais, mon bon Calliclès, ou sinon je serais vraiment sourd ; [b] je te l'ai déjà entendu dire, Polos l'a répété plusieurs fois tout à l'heure, et d'ailleurs presque tous ceux qui vivent à Athènes le disent aussi ! Maintenant, écoute-moi à ton tour : le fait est que cet homme, s'il le veut, tuera, mais c'est un scélérat qui tuera un homme de bien !

CALLICLÈS

Mais n'est-ce pas précisément cela qui rend la chose insupportable ?

SOCRATE

Non, pas pour l'homme intelligent ! Je vais t'expliquer et te montrer pourquoi. Crois-tu que l'homme doive se donner tous les moyens de vivre le plus longtemps possible, et qu'il lui faille cultiver les arts qui le gardent sain et sauf, à l'abri des dangers, comme cette rhétorique, [c] que tu m'engageais à pratiquer parce qu'elle nous sauve la vie devant les tribunaux !

CALLICLÈS

Oui, par Zeus, là au moins, c'est un bon conseil que je t'ai donné !

SOCRATE

Mais alors, excellent homme, la science de la nage ne te paraît-elle pas être aussi quelque chose de vénérable [200] ?

CALLICLÈS

Non, par Zeus, certainement pas !

Socrate

Et pourtant, cette science peut bien sauver de la mort les hommes qui se trouvent dans une situation où il est nécessaire de savoir nager ! Mais si tu penses qu'une telle science est dérisoire, je vais t'en proposer une autre, plus considérable que celle-là. ^d C'est l'art du pilote, qui non seulement sauve les âmes, mais aussi corps et richesses, et les met à l'abri des plus extrêmes dangers, comme le fait la rhétorique. Or cette science du pilotage est pleine de discrétion et de modestie, elle n'a pas de prétention à être vénérable, elle ne se donne pas l'air d'accomplir quelque chose d'extraordinaire, mais elle réussit à nous rendre les mêmes services que l'art des plaideurs [201]. Quand la science du gouvernail nous ramène sans détour d'Égine, sains et saufs, elle se fait payer deux oboles, je crois ; si c'est de l'Égypte ou du Pont, si c'est de très loin — et alors qu'elle nous rend un immense service puisque, ^e comme je l'ai dit tout à l'heure, elle nous sauve la vie, à nous-mêmes, à nos enfants, à nos richesses et à nos femmes —, elle demande au plus un paiement de deux drachmes au moment de débarquer sur le rivage [202]. Quant à l'homme qui possède cet art du pilotage et qui a réussi à faire tout cela, une fois descendu à terre, il se met à flâner au bord de la mer et se tient, l'air modeste, aux côtés de son navire.

Car voici ce que cet homme se dit. Il sait, je pense, qu'il ne peut pas connaître avec évidence quels sont les passagers de son bateau auxquels il a rendu service en ne les envoyant pas par le fond et ceux auxquels il a fait du tort en leur gardant la vie sauve. Il sait que, lorsqu'il a débarqué ses passagers, ^a ils n'étaient, ni dans leurs corps ni dans leurs âmes, meilleurs que lorsqu'ils se sont embarqués. Le pilote se dit donc que si l'un de ses passagers, dont le corps est atteint de maladies graves et même incurables, n'a pas été noyé, c'est un malheur pour cet homme de n'être pas mort, et lui, le pilote, ne lui a donc fait aucun bien en lui sauvant la vie. Par ailleurs, si un autre de ses passagers est atteint en la part la plus précieuse de lui-même, plus précieuse que son corps [203], s'il est atteint en son âme par toutes sortes de maladies, toutes incurables, il ne faut pas que cet homme vive et personne ne doit lui rendre le service de le tirer sain et sauf des dangers de la mer, des risques du tribunal ou des périls rencontrés en toutes sortes d'occasions ; tout au contraire, le pilote sait bien [b] que pour l'homme vicieux, mieux vaut ne pas vivre car, s'il vit, il ne peut que vivre mal.

C'est pour ces raisons que n'existent ni loi ni usage qui fassent du pilote un objet de vénération, même s'il nous sauve la vie. Et il n'en existe pas non plus pour l'ingénieur militaire, merveilleux Calliclès, même si celui-ci n'est pas moins capable que le stratège [204] de sauver des vies humaines — sans parler du pilote ou de n'importe quel autre spécialiste. Car le mécanicien peut sauver des cités entières, mais toi, tu ne le considères pas comme l'égal du plaideur [205] ! Et pourtant si cet ingénieur, Calliclès, voulait parler, comme vous le faites, en affirmant que son art est une chose vénérable, [c] il pourrait vous accabler de bonnes raisons pour cela, vous dire qu'il faut devenir mécanicien et vous inviter à le faire en déclarant que tout le reste ne vaut rien. De fait, il aurait assez d'arguments pour convaincre. Mais toi, tu ne les méprises pas moins, lui et son art, tu lui lancerais à la tête le nom d'ingénieur comme une injure, tu ne voudrais lui donner ni ton fils ni ta fille, et toi-même tu n'accepterais pas de prendre sa fille pour femme !

Cependant, si l'on s'en tient à ce que tu fais et à ce dont tu te vantes, quelle est donc cette juste raison pour laquelle tu méprises le mécanicien et les autres hommes de métier dont j'ai parlé tout à l'heure [206] ? Je sais que tu prétendrais [d] être meilleur qu'eux et tu dirais que tes parents aussi sont meilleurs que les leurs. Mais si le meilleur n'est pas tel que je le définis, si, au contraire, la vertu consiste à sauver sa vie, à sauver ses biens, qu'on soit bon ou qu'on soit mauvais, il est ridicule de ta part de montrer tant de dédain pour le médecin et pour les autres spécialistes qui, dans l'exercice de leur art, ne font que sauver des vies humaines.

Mais regarde, bienheureux, si la noblesse et la bonté d'âme ne consistent qu'à sauver sa vie et avoir la vie sauve ! Car cette vie, cette vie unique, qu'elle soit longue ou qu'elle soit courte, ᵉ c'est en fait ce qu'un homme, vraiment homme, doit laisser de côté, ce n'est pas à cela qu'il doit dévouer l'amour de son âme. Au contraire, pour ce qui est de sa longévité, il n'a qu'à s'en remettre au dieu, il n'a qu'à croire ce que disent les femmes, que personne ne saurait échapper au lot qui lui revient [207]. Non, ce qu'on doit plutôt chercher à savoir, c'est de quelle façon on doit vivre sa vie pour qu'elle soit la meilleure possible, s'il faut être semblable à la constitution politique de la cité ᵃ où l'on demeure et s'il faut, dans la situation actuelle, que tu te mettes à ressembler le plus possible au Peuple d'Athènes [208], si tu veux être traité par lui en ami, si tu veux être tout puissant dans ta cité. Voilà, il faut examiner s'il est avantageux et pour toi et pour moi de vivre comme cela, de peur que nous n'ayons à subir, bienheureux, la même chose que les Thessaliennes, lorsqu'elles parviennent, dit-on, à faire descendre la lune [209]. Car c'est au prix de ce que nous avons de plus précieux que nous faisons ce choix en faveur de la puissance à exercer dans la cité.

Et si tu crois que n'importe quel homme pourra t'enseigner l'art ᵇ qui fera de toi un homme plein de pouvoir dans ta propre cité sans que tu aies pour cela à ressembler au régime politique en vigueur, que tu sois meilleur ou pire que lui, j'ai l'impression, Calliclès, que, si tu crois cela, tu te trompes ! Car ce n'est pas par imitation qu'on peut ressembler à ce gouvernement, c'est par nature, si tu veux sincèrement gagner l'amitié de

Démos, le peuple d'Athènes et celle aussi, par Zeus, de
Démos, le fils de Pyrilampe. C'est donc l'individu qui
travaillera à te rendre semblable à eux qui fera de toi,
comme tu le désires, un homme de politique et un orateur. [c] Les deux Démos, en effet, se réjouissent l'un et
l'autre des propos qui sont en conformité avec leurs
propres caractères, et ils détestent ce qui est différent
d'eux. Mais à la condition, chère tête, que tu ne pro-
poses pas autre chose. Objectes-tu quelque chose à ce
que je viens de dire, Calliclès, oui ou non ?

CALLICLÈS

Je ne sais pas comment il se fait que tu m'aies l'air
d'avoir raison, Socrate ! Mais, malgré tout, j'éprouve
ce que presque tout le monde ressent — tu ne m'as
pas tout à fait convaincu [210] !

SOCRATE

C'est parce que l'amour du Démos, l'amour du
peuple d'Athènes, Calliclès, bien établi en ton âme, se
révolte contre ce que je dis. Mais si, à plusieurs reprises, [d] nous examinons la question à fond, sans doute
seras-tu convaincu. Bon, en tout cas, rappelle-toi que
nous avons déclaré que l'âme et le corps pouvaient
chacun être traités par deux disciplines distinctes, l'une
en relation avec le plaisir, l'autre qui se rapporte au
meilleur, laquelle d'ailleurs ne cherche pas à faire plaisir, mais plutôt à faire la guerre au plaisir ! N'est-ce pas
comme cela que nous les avons définies ?

CALLICLÈS

Oui, tout à fait.

SOCRATE

Or, la première, celle qui vise au plaisir, est une
discipline sans noblesse, elle n'est rien de plus qu'une
flatterie. N'est-ce pas ?

CALLICLÈS

Oui, qu'il en soit ainsi — si tu veux ! [e]

SOCRATE

Quant à l'autre, elle s'occupe vraiment d'améliorer le corps ou l'âme, dont il nous faut prendre soin.

CALLICLÈS

Oui, parfaitement.

SOCRATE

Or, n'est-ce pas comme cela que nous devons entreprendre de nous occuper de la cité et des citoyens ? En prenant soin d'eux, pour en faire les meilleurs citoyens qui soient ? En effet, sans cela, comme nous l'avons découvert il y a peu de temps, il est inutile de combler de bienfaits des hommes [a] qui vont recevoir de considérables richesses et exercer un commandement ou n'importe quel autre pouvoir, si leur disposition d'esprit n'est ni belle ni bonne. Que posons-nous ? En est-il ainsi, oui ou non ?

CALLICLÈS

Oui, tout à fait, si cela peut te faire plaisir !

SOCRATE

Alors, si nous nous engageons les uns les autres, Calliclès, à agir dans le domaine des affaires politiques et à exercer une charge publique en nous occupant par exemple de chantiers de construction — oui, de chantiers considérables pour construire des fortifications, des arsenaux, des temples [211] —, ne faudrait-il pas que nous subissions nous-mêmes un examen, que nous nous mettions à l'épreuve [b] pour savoir d'abord si nous connaissons ou non l'art de la construction et s'il y a un maître auprès de qui nous avons appris cet art ? Faudrait-il agir ainsi, oui ou non ?

CALLICLÈS

Oui, parfaitement.

SOCRATE

En ce cas, l'autre chose qu'on chercherait après celle-là est de savoir si nous avons déjà, à titre privé, construit une maison pour un de nos amis ou pour notre propre usage, et comment était la maison en question, si elle était belle ou si elle était laide. Si, une fois cet examen fait, nous découvrons que nos maîtres étaient bons, qu'ils étaient réputés, ^{c} que nous avons construit en collaboration avec eux un grand nombre de belles maisons ; si nous découvrons qu'après avoir quitté nos maîtres, nous avons, encore à titre privé, bâti pas mal de demeures, alors, dans ces conditions, nous pourrions envisager de nous consacrer aux ouvrages publics. En revanche, si nous ne pouvons citer aucun maître qui se soit occupé de nous, si nous ne pouvons désigner aucune maison que nous ayons faite, ou bien si nous pouvons en montrer plusieurs, mais qui ne valent rien, alors, il serait sans doute insensé de se lancer dans les travaux publics et de s'engager les uns les autres à le faire ! Ce que nous avons dit est-il exact, ^{d} oui ou non ?

CALLICLÈS

Oui, tout à fait.

SOCRATE

Alors, c'est pareil pour tout ! Voici un autre exemple. Si nous cherchions à exercer une charge de médecin public et si nous nous engagions les uns les autres à nous présenter comme médecins qualifiés, sans doute nous examinerions-nous : tu me ferais passer un examen et moi aussi, à mon tour. Tu me dirais : Voyons, Socrate, au nom des dieux, quel est l'état de santé de ton corps ? Et y a-t-il quelqu'un, esclave ou homme libre, qui ait déjà été délivré d'une maladie grâce à ton intervention, Socrate [212] ? A mon tour, je pense que je chercherais à savoir le même genre de choses te concernant. Et si nous n'arrivons pas à trouver quelqu'un, [e] étranger ou résidant dans notre Cité, homme ou femme, dont l'état physique se soit amélioré grâce à notre action, au nom du dieu, Calliclès, ne serait-il pas véritablement ridicule que des hommes puissent en arriver à un tel degré de folie qu'ils aillent, avant d'avoir exercé leur métier tant bien que mal à titre privé, avant de s'être corrigés, de s'être suffisamment entraînés à pratiquer leur art, qu'ils aillent, comme dit le proverbe, apprendre la poterie sur une grosse jarre [213], en cherchant à exercer une fonction publique et en s'y engageant les uns les autres ? D'après toi, ne faut-il pas être fou pour agir ainsi ?

CALLICLÈS

D'après moi, oui !

SOCRATE

Mais au fait, [a] excellent ami, puisque toi-même, tu commences tout juste à avoir une action politique dans les affaires de la cité, que tu m'engages à agir comme toi et me reproches de ne pas le faire, n'allons-nous pas nous examiner l'un l'autre [214] ? — Voyons, Calliclès, y a-t-il déjà un citoyen que tu aies amélioré ? Y a-t-il un homme qui, avant de rencontrer Calliclès, était un homme méchant, injuste, déréglé, déraisonnable, et qui, grâce à lui, soit devenu homme de bien ? — qu'un tel homme soit étranger, qu'il réside dans la cité, qu'il soit esclave ou de condition libre ? Dis-moi, Calliclès, [b] si, pour t'examiner, on te posait cette question, que répondrais-tu ? De quel homme pourrais-tu dire qu'il s'est amélioré en ta compagnie ? Tu hésites à répondre ! Avant de vouloir exercer une charge publique, dis-moi quelle chose tu as faite en tant que simple particulier !

CALLICLÈS

Tu aimes avoir le dernier mot, Socrate [215].

SOCRATE

Tu sais, ce n'est pas cela en tout cas qui me fait te poser cette question, mais, si je te la pose, c'est parce que je veux véritablement savoir comment tu conçois l'action politique dans notre cité. Quand tu accèderas aux affaires de la cité, ^c auras-tu un autre souci que celui de faire de nous les meilleurs citoyens qui soient ? Ne nous sommes-nous pas, à plusieurs reprises déjà, mis d'accord pour dire que c'est ce que doit faire l'homme politique ? Sommes-nous d'accord avec .cela, oui ou non ? Réponds. Nous sommes d'accord — c'est moi qui réponds à ta place. Or, si telle est l'action politique qu'un homme de bien doit se préparer à avoir dans sa propre cité, maintenant, fais un effort de mémoire, et, à propos des hommes illustres dont tu as parlé un peu avant, dis-moi si tu penses encore qu'ils ont été de bons citoyens ? ^d Je veux parler de Périclès, de Cimon, de Miltiade et de Thémistocle [216] !

CALLICLÈS

Oui, je pense qu'ils ont été de bons citoyens !

SOCRATE

Or, s'ils ont été de bons citoyens, il est évident que chacun d'eux a amélioré ses concitoyens, concitoyens qui, avant d'être gouvernés par eux, étaient dans un état moral bien pire ? L'ont-ils fait, oui ou non ?

CALLICLÈS

Oui.

SOCRATE

Donc, quand Périclès a commencé à parler au peuple, les Athéniens étaient en plus mauvais état que lorsqu'il s'est adressé à eux pour la dernière fois.

CALLICLÈS

Peut-être.

SOCRATE

Non, justement, pas peut-être, excellent homme,
mais nécessairement, d'après ce dont nous sommes
convenus, à condition bien sûr que Périclès, ce grand
homme, ait été un bon citoyen ! [e]

CALLICLÈS

Et après ?

SOCRATE

Rien. Mais, précise encore quelque chose : dit-on
que les Athéniens, sous l'influence de Périclès, se sont
améliorés, ou bien, au contraire, qu'ils ont été cor-
rompus par lui ? En effet, c'est ce que j'entends dire,
que Périclès a rendu les Athéniens paresseux, lâches,
bavards et avides d'argent, à cause d'abord de la rétribution qu'il a attachée à toute charge publique [217].

CALLICLÈS

Tu as dû entendre cela dans le parti spartiate, chez
les hommes aux oreilles déchirées, Socrate [218] !

SOCRATE

En ce cas, voici maintenant quelque chose que je
n'ai pas entendu dire, mais que je sais parfaitement,
et toi aussi. Au début, Périclès avait bonne réputation
auprès des Athéniens et ceux-ci n'ont voté contre lui
aucune sanction déshonorante, alors que c'était le
moment où ils étaient dans un état moral bien pire.
En revanche, dès que les citoyens d'Athènes sont
devenus, grâce à lui, des hommes de bien [a] — c'était
à la fin de la vie de Périclès —, ils ont voté contre lui
une condamnation pour vol et ils l'ont à peu de chose
près condamné à mort, parce qu'ils pensaient évidemment que c'était un scélérat [219] !

CALLICLÈS

Et alors ? Est-ce une raison pour dire que Périclès
était mauvais ?

SOCRATE

Quoi qu'il en soit, quand un homme est chargé de
veiller sur des ânes, sur des chevaux et sur des bœufs,
n'aurait-il pas l'air d'être un mauvais gardien si, après
avoir reçu des animaux qui ne ruent pas, qui ne donnent pas de coups de cornes, qui ne mordent pas, il
les rendait dans un tel état de sauvagerie qu'ils font
tout cela à la fois ? A ton avis, l'homme qui, chargé
de veiller sur n'importe quel animal, ᵇ apprivoisé au
moment où il est confié à son gardien, mais que celui-
ci rend plus sauvage que lorsqu'il l'a reçu, cet homme
n'est-il pas un bien mauvais gardien [220] ?

CALLICLÈS

Oui, tout à fait — je dis cela pour te faire plaisir !

SOCRATE

Alors, fais-moi le plaisir de répondre à cette question aussi : l'homme est-il un animal parmi d'autres,
oui ou non ?

CALLICLÈS

Oui, bien sûr !

SOCRATE

Or Périclès n'était-il pas chargé de veiller sur des
hommes ?

CALLICLÈS

Oui.

SOCRATE

Mais alors, ne fallait-il pas que ces hommes —
comme nous venons d'en convenir —, de plus injustes
qu'ils étaient, pussent devenir plus justes grâce à son
influence, ᶜ s'il est bien vrai que ce grand homme,
chargé de veiller sur eux, a fait une bonne politique ?

CALLICLÈS

Oui, tout à fait.

SOCRATE

Or, comme le disait Homère, les justes sont des
hommes doux et apprivoisés[221]. Et toi, qu'en dis-tu ?
Est-ce le cas ?

CALLICLÈS

Oui.

SOCRATE

Mais tout de même les Athéniens se sont révélés
être bien plus sauvages qu'ils ne l'étaient quand ils
lui furent confiés ! et surtout plus sauvages contre lui-
même — ce qu'il n'a vraiment pas désiré !

CALLICLÈS

Souhaites-tu que je sois d'accord avec toi ?

SOCRATE

Oui, s'il te semble que c'est vrai.

CALLICLÈS

 ᵈ Eh bien, ainsi soit-il !

SOCRATE

Or, si les Athéniens sont devenus plus sauvages, ils
sont devenus aussi plus injustes et plus mauvais !

CALLICLÈS

Soit.

SOCRATE

Périclès n'a donc pas fait une bonne politique : c'est
la conséquence de notre raisonnement.

CALLICLÈS

Non, en effet.

SOCRATE

Par Zeus, pour toi non plus, ce n'était pas un bon politique, si tu t'en tiens aux accords que tu as donnés ! Mais venons-en maintenant à Cimon, dis-moi, n'a-t-il pas été frappé d'ostracisme par ses concitoyens, par ceux dont il a pris soin, pour que ceux-ci n'aient plus à entendre sa voix pendant dix ans [222] ? Et à l'égard de Thémistocle, les Athéniens n'ont-ils pas agi de même ? Ne l'ont-ils pas puni, en le frappant d'exil [223] ? Et pour Miltiade, vainqueur de Marathon, [e] n'ont-ils pas voté qu'il serait jeté dans le Barathre ? S'il n'y avait eu l'intervention du prytane, il y aurait été bel et bien jeté [224] ! Pourtant, si ces grands hommes avaient été, comme tu le dis, des hommes de bien, ils n'auraient jamais subi un tel sort ! Quoi qu'il en soit, sont-ils vraiment bons cochers, les hommes qui pour commencer ne tombent pas de leur attelage, et qui, après s'être occupés soigneusement de leurs chevaux et avoir appris à mieux les conduire, se mettent, à ce moment-là, à tomber de cheval ? Non, les choses ne se passent pas ainsi, ni pour la conduite des chevaux, ni dans aucun autre cas. Qu'en penses-tu ?

CALLICLÈS

Non, en effet !

SOCRATE

Ce que nous disions tout à l'heure était donc bel et bien vrai : [a] que nous ne connaissons personne qui ait eu, dans notre cité, une bonne politique [225] ! Toi, tu es bien d'accord pour dire que, parmi nos contemporains, il n'y en a pas un seul qui ait eu une bonne politique, mais, malgré tout, parmi nos prédécesseurs, tu choisissais ceux dont nous venons de parler. Or, il nous est apparu que ces hommes étaient pareils à nos contemporains. En conséquence, s'ils ont été des orateurs, la rhétorique dont ils se sont servis n'était ni la rhétorique véritable — parce qu'alors ils n'auraient

pas été renversés — ni même une rhétorique qui sait
flatter !

CALLICLÈS

Mais pourtant, Socrate, il s'en faut de beaucoup
qu'un seul de nos contemporains ait accompli un
exploit comparable à n'importe quel exploit d'un de
ces hommes ! [b]

SOCRATE

Moi non plus, bienheureux, je ne blâme pas les
hommes dont tu parles, qui se sont mis au service de
la Cité ! Au contraire, ils me paraissent l'avoir servie
plus et mieux que ne le font les hommes politiques
actuels ! Ils ont mieux su procurer à la Cité ce dont
elle avait envie. Mais le fait est qu'ils n'ont pas pu
modifier ses désirs ; ils n'ont pas su résister aux désirs
de la Cité et ils n'ont pas fait la politique de persuasion et de contrainte qui aurait permis aux citoyens
de s'améliorer. Non, à cet égard, il n'y a, pour ainsi
dire, aucune différence entre les hommes d'autrefois
et ceux d'aujourd'hui ; [c] or, l'amélioration de sa cité
est justement le seul résultat qu'on attend d'un bon
citoyen. Certes, si l'on parle de navires, de fortifications, d'arsenaux et d'autres équipements comme
cela, on peut dire que ces grands hommes ont été plus
habiles pour les fournir à la Cité [226] — là, je suis d'accord avec toi. Quoi qu'il en soit, au fur et à mesure
que nous discutons, nous sommes en train de faire,
toi et moi, une chose ridicule. En effet, depuis le
début de notre discussion, nous ne cessons pas de
tourner en rond, en revenant toujours au même, sans
savoir, ni l'un ni l'autre, ce que nous disons.

Malgré tout, à plusieurs reprises, je pense, tu as été
d'accord pour dire que [d] l'activité consacrée au corps
et celle consacrée à l'âme sont faites de deux choses
différentes — oui, cela, je pense que tu l'as bien
compris. L'une est une activité servile, qui sait nous

ravitailler — en vivres, si nos corps ont faim, en boissons, s'ils ont soif, en vêtements, couvertures et
chaussures ; bref, c'est une activité qui sait nous procurer tout ce qui pousse le corps au plaisir. Tu sais,
je fais exprès de t'expliquer cela en prenant les mêmes
exemples, pour que ce soit facile à comprendre. Alors,
comme ces objets de plaisir nous sont fournis par les
vendeurs de gros ou de détail [227], ou par les artisans
qui les ont fabriqués — boulanger, [e] cuisinier, tisserand, cordonnier et tanneur —, il n'est pas étonnant
que ces gens-là aient l'air de soigner le corps humain,
à leurs propres yeux comme aux yeux des autres,
c'est-à-dire aux yeux de tous ceux qui ne savent pas
qu'il existe, parallèlement à ces métiers de plaisirs,
l'art de la gymnastique et celui de la médecine. Or,
c'est à ces deux arts, qui soignent vraiment le corps
humain, qu'il revient de diriger les autres activités et
d'utiliser leurs produits, car ils savent quelles sont les
vivres et les boissons qui sont utiles ou nuisibles à la
bonne santé du corps [a] — ce qu'ignorent toutes les
autres activités de plaisir. C'est la raison pour
laquelle, justement, nous disons que, par rapport à
l'activité consacrée au corps, ce sont des métiers d'esclaves, au service des autres, que ne pratique aucun
homme libre ; en revanche, les deux autres arts, la
gymnastique et la médecine sont — ce n'est que juste ! — les maîtresses de ces métiers de plaisir.

Et c'est pareil pour l'âme aussi. Parfois, quand je te
parle, j'ai l'impression que tu le comprends et que tu
es d'accord avec moi, tu as l'air de savoir de quoi je
parle. Mais, juste après, tu viens me dire que les
citoyens de notre cité sont en fait des hommes de bien, [b]
et quand je te demande de dire qui ils sont, j'ai le sentiment que les hommes que tu désignes, dans le domaine
politique bien sûr, sont tout à fait pareils à ceux dont
je vais te parler. Écoute, c'est comme si je t'interrogeais,
à propos de la gymnastique cette fois, pour savoir quels
sont les hommes qui ont été ou qui sont à même de

soigner le corps humain, et si toi, en réponse, tu me
parlais tout à fait sérieusement de Théarion, le boulanger[228], de Mithaecos, le fameux auteur d'un traité de
cuisine sicilienne[229], de Sarambos, le marchand de
vin[230], et que tu soutenais que tous ces gens ont su
merveilleusement soigner le corps humain, en mettant
à sa disposition, l'un, des merveilleux petits pains, [c]
l'autre, des plats cuisinés, et le troisième, du vin.

Alors tu serais peut-être en colère contre moi si je te
répondais : « Homme, tu ne connais rien à la gymnastique, tu me parles de gens qui sont au service des
autres, qui sont préposés à satisfaire les désirs des
hommes, mais qui ne connaissent rien de beau ni de
bon en matière de désirs et de biens. Ce sont des gens
qui, si l'occasion se présente, savent remplir et épaissir
les corps de ceux qu'ils servent — ce pourquoi on fait
leur éloge ! — jusqu'à atrophier les quelques muscles
que leurs clients avaient avant de les rencontrer. Et ces
clients, qui n'y connaissent rien de rien, [d] ne rendront
pas responsables de leurs maladies et de la perte de
leurs muscles les serviteurs qui les nourrissent, non, ils
ne porteront pas d'accusation contre eux. Mais quand
cette boulimie (si éloignée de la santé) leur aura, avec
le temps, apporté une suite ininterrompue de maladies,
si un jour, il y a par hasard auprès d'eux des hommes
qui veulent leur donner des conseils, eh bien, ce sont
ces conseillers qu'ils rendront responsables, c'est à eux
qu'ils adresseront des reproches et c'est à eux qu'ils
feront du mal, s'ils en ont le pouvoir ; en revanche, les
véritables responsables, dont j'ai déjà parlé, seront loués
et encensés ! [e]

Toi, Calliclès, pour le moment, tu agis exactement
comme cela. Tu fais l'éloge d'hommes qui ont nourri
les Athéniens et qui les ont comblés de tout ce dont
ils avaient envie. Certes, ces hommes, dit-on, ont
agrandi la ville, mais en fait, grâce à leur politique,
elle est devenue une Cité tout enflée de pus — ce dont
on ne se rend pas compte ! [a] En effet, sans jamais se

demander ce qui était raisonnable ou juste, ils ont gorgé la Cité de ports, d'arsenaux, de murs, de tributs, et d'autres vanités du même genre ! Or, quand la crise arrive, sous la forme d'un accès de faiblesse[231], les hommes qu'on accuse sont ceux qui se trouvent là, à essayer de conseiller la Cité et, en revanche, on fait l'éloge de Thémistocle, de Cimon, de Périclès, qui sont les vrais responsables de ces maux ! D'ailleurs, si tu ne fais pas attention, quand les Athéniens auront tout perdu, ce qu'ils avaient avant et ce qu'ils auront acquis ensuite, ils s'en prendront peut-être à toi et à ton ami, Alcibiade[232]. b Et vous, bien que vous ne soyez pas responsables de leurs malheurs, peut-être en aurez-vous eu une part de responsabilité[233] !

Tout de même, c'est pour moi une chose insensée que je vois se produire maintenant et que j'entends dire au sujet des hommes d'autrefois. En effet, quand la Cité s'en prend à l'un de ses hommes politiques, en l'accusant d'avoir mal agi, je vois bien les accusés qui s'indignent et se révoltent en s'écriant qu'ils sont les victimes d'une terrible injustice ! Après tous les bons et loyaux services qu'ils ont rendus à la Cité, voilà comment elle les fait injustement périr ! — c'est ce qu'ils disent pour se défendre. Or, ce ne sont que des mensonges ! Parce que le chef d'un État c ne saurait être injustement mis à mort par l'État dont il est le chef ! En fait, la situation où se trouvent ceux qui font semblant de faire de la politique et tous ceux qui prétendent être des sophistes risque bien d'être la même. Car justement les sophistes qui, par ailleurs, sont de savants hommes, réussissent à faire cette chose étrange : ils prétendent enseigner la vertu mais accusent leurs disciples d'avoir mal agi envers eux, de les spolier de leur salaire, de ne pas leur donner toute la reconnaissance qui leur est due ; bref, ils se plaignent de n'être pas bien traités par leurs propres disciples[234]. d Or, quelle chose serait plus illogique que le raisonnement suivant : un homme est devenu bon et juste grâce à l'enseignement d'un maître qui l'a dépouillé de toute son injustice, et, dès qu'il est en possession de la justice, voilà qu'il fait preuve d'injustice à l'égard de son maître, en se servant d'une chose qu'il n'a plus : l'injustice ! Cela ne te paraît-il pas bizarre, mon ami ? En ne voulant pas me répondre, tu m'as contraint, Calliclès, à vraiment parler comme on parle au peuple !

CALLICLÈS

Ne pourrais-tu donc pas parler si l'on ne te répondait pas !

SOCRATE

Oui, je crois. Mais, en fait, il faut bien que je débite mes discours ^e l'un après l'autre puisque tu ne veux pas me répondre. Alors, dis-moi, cher ami, au nom du Zeus de l'amitié [235], à ton avis, n'est-il pas illogique de dire qu'on a rendu quelqu'un bon tout en lui reprochant d'être devenu bon grâce à soi et en l'accusant ensuite d'être un scélérat ?

CALLICLÈS

Il semble bien, en effet.

SOCRATE

Or, n'entends-tu pas dire que les sophistes ont ce genre de prétention : éduquer des hommes en ayant pour but la vertu [236]. ^a

CALLICLÈS

Oui, je l'entends dire. Mais pourquoi te mettrais-tu à parler d'hommes qui ne valent rien de rien [237] !

SOCRATE

Et toi, pourquoi parlerais-tu de ces hommes qui prétendent être les chefs de la Cité et veiller à ce qu'elle soit la meilleure possible, mais qui, la fois d'après, quand ça se trouve, l'accusent d'être la Cité la plus scélérate

qui soit ? Penses-tu qu'il y ait une différence entre les
uns et les autres ? Non, un sophiste et un rhéteur, bienheureux, c'est la même chose, ou sinon, c'est qu'à peu
de chose près ils sont presque pareils ! — comme je l'ai
dit à Polos. Mais toi, [b] puisque tu n'y connais rien, tu
penses que l'une de ces deux choses est absolument
belle — c'est la rhétorique ; pour l'autre, la sophistique,
tu en penses du mal. La vérité est que la sophistique est
plus belle que la rhétorique, comme le pouvoir législatif
est plus beau que le pouvoir judiciaire et la gymnastique
plus belle que la médecine. Moi, je croyais surtout que
c'était seulement les démagogues et les sophistes qui
n'avaient pas le droit de reprocher à l'homme qu'ils ont
éduqué de ne pas connaître ce qu'ils lui ont eux-mêmes
enseigné, qui ne peuvent donc pas dire que c'est un scélérat, à moins qu'avec ce reproche, ils ne s'accusent eux-
mêmes, en prouvant qu'ils ne lui ont pas rendu le service
qu'ils prétendaient lui rendre. [c] N'est-ce pas vrai ?

CALLICLÈS

Oui, tout à fait.

SOCRATE

En fait, ils sont probablement les seuls qui aient la possibilité de rendre un service sans demander de salaire en
échange, si toutefois ce qu'ils disent est vrai. En effet, si
quelqu'un rend un service — toute autre espèce de service —, par exemple, si, grâce à son entraîneur de gymnastique, on arrive à courir vite, on pourrait à la rigueur
priver l'entraîneur de la reconnaissance qui lui est due, à
condition que l'entraîneur ait de lui-même offert ses services à l'élève et n'ait pas bien établi avec son disciple que
celui-ci lui donnerait tant d'argent comme salaire, en
échange de la vitesse qu'il aura acquise. [d] Or, bien sûr, les
hommes ne sont pas injustes parce qu'ils courent lente-
ment, mais à cause de leur injustice. N'est-ce pas ?

CALLICLÈS

Oui.

SOCRATE

Donc, si c'est précisément ce mal d'injustice que le maître supprime en ses disciples, aucune nouvelle et terrible injustice ne sera jamais plus commise par eux, et ce sont les seuls disciples auxquels un maître puisse, en toute sécurité, proposer ses services, à condition bien sûr qu'il soit réellement capable de rendre les hommes bons. Oui ou non ?

CALLICLÈS

Oui, je l'affirme.

SOCRATE

C'est la raison pour laquelle, semble-t-il, quand on conseille quelqu'un pour autre chose que la justice — par exemple, pour la construction de maisons ou pour d'autres arts —, on reçoit de l'argent en échange. Il n'y a rien de laid à cela ! ᵉ

CALLICLÈS

En effet, il semble bien.

SOCRATE

Mais quand il s'agit de cette façon de vivre et d'agir qui montre comment on peut être le meilleur homme qui soit, comment il faut administrer le mieux possible sa maison et sa cité [238], on juge que c'est une vilaine chose de dire qu'on ne donnera pas de conseils si l'on ne reçoit pas d'argent en échange. N'est-ce pas ?

CALLICLÈS

Oui.

SOCRATE

En effet, il est évident que la cause de cela, c'est qu'être juste est le seul bienfait tel que celui qui en a bénéficié désire à son tour en faire bénéficier les autres. C'est donc un bon signe de succès que l'homme qui est l'auteur de ce bienfait en soit payé de retour. Et si ce n'est pas le cas, cela ne va pas ! En est-il ainsi, oui ou non ? [a]

CALLICLÈS

Oui, c'est vrai.

SOCRATE

Alors, tu m'engages à prendre soin de la cité, mais comment ? Définis quelle sorte de soin je dois lui donner. Faut-il faire la guerre aux Athéniens, comme un médecin à ses patients, pour qu'ils s'améliorent ? Faut-il se mettre à leur service et devenir le complice de leur plaisir ? Dis-moi la vérité, Calliclès. Car tu es un homme juste, et comme tu as commencé à me parler franchement, continue à me dire ce que tu penses. Et maintenant, fais-moi une belle et noble réponse !

CALLICLÈS

Eh bien, je réponds qu'il faut se mettre à leur service ! [b]

SOCRATE

Tu m'engages donc, ô le plus noble des êtres, à me montrer flatteur envers eux !

CALLICLÈS

Si cela te fait plaisir, Socrate, d'appeler cela ainsi, comme si c'était un travail de Mysien [239] ! Mais sache que si tu ne le fais pas...

SOCRATE

Ne me répète pas ce que tu as déjà dit plusieurs fois — que celui qui veut me tuer me tuera ! — pour que je n'aie pas à te redire à mon tour que ce serait un scélérat qui tuerait un homme de bien ! Ne me dis pas non plus qu'on me dépouillerait de tout ce que j'ai, pour que je n'aie pas à te répéter que, tout au contraire, si l'on me

dépouille de mes biens, on ne pourrait rien faire d'utile
avec eux, car j'en aurais été injustement dépouillé et
l'homme qui me les aurait ravis, lui aussi, les recevrait
injustement et s'en servirait mal ! ^c Si un tel acte est
injuste, il est laid, et s'il est laid, il est mauvais !

CALLICLÈS

Comme tu m'as l'air d'être sûr, Socrate, que tu ne
seras pas la victime d'un tel sort [240], que tu peux vivre
à l'abri et que tu ne risques pas d'être traîné devant
un tribunal, accusé par un homme qui, sans doute,
sera extrêmement méchant et médiocre !

SOCRATE

Je suis vraiment fou, Calliclès, si je pense que, dans
notre Cité, on puisse être, selon les circonstances, à
l'abri d'un tel sort ! Toutefois, je suis sûr que, si je
suis traîné en justice, je risque bien en effet d'être
accusé d'une des choses que tu me reproches, ^d mais
je sais que l'homme qui m'y traînera sera un misérable ! Car ce n'est pas un honnête homme qui traduit
en justice l'être innocent de toute injustice ! Certes, si
j'étais condamné à mort, cela n'aurait rien d'étrange !
Et veux-tu que je te dise pourquoi j'ai cette
impression ?

CALLICLÈS

Oui, absolument.

SOCRATE

Je pense que je suis l'un des rares Athéniens, pour
ne pas dire le seul, qui s'intéresse à ce qu'est vraiment
l'art politique et que, de mes contemporains, je suis
seul à faire de la politique [241]. Or, comme ce n'est pas
pour faire plaisir qu'à chaque fois je dis ce que je dis,
comme c'est pour faire voir, non ce qui est le plus
agréable, mais ce qui est le mieux, et comme je ne
veux pas faire ^e les jolies choses que tu me conseilles [242],

je serai incapable, face à un tribunal, de dire quoi que
ce soit ! Ce que j'expliquais à Polos s'applique également ici. Car je serai jugé, comme un médecin traduit
devant un tribunal d'enfants, et contre lequel un
confiseur porterait plainte. Regarde en effet : qu'est-
ce que le médecin pourrait dire, s'il était livré aux
enfants et si son accusateur déclarait : « Enfants, voici
l'homme qui est responsable des maux que vous avez
soufferts, il déforme jusqu'aux plus jeunes d'entre
vous en pratiquant sur eux incisions et cautérisations,
il vous rend impuissants et misérables, il vous entrave,
vous étouffe, ᵃ vous donne à boire d'amères potions,
vous force à avoir faim, à avoir soif²⁴³ ! Ce n'est pas
comme moi, qui vous fais bénéficier d'un tas de
choses, bonnes et agréables ! » Que penses-tu donc
qu'il arrive au médecin, livré à un sort si fâcheux ?
Peut-il dire, même si c'est la vérité : « Mes enfants,
tout ce que j'ai fait, je l'ai fait pour votre santé ! »
D'après toi, quelle clameur va retentir chez ces ter-
ribles juges ? une clameur immense ?

CALLICLÈS

Sans doute, oui, il faut bien le penser.

SOCRATE

Alors, ne penses-tu pas que le médecin va se trouver
dans une situation extrêmement embarrassante : il ne
pourra pas dire ce qu'il doit dire pour se défendre ! ᵇ

CALLICLÈS

Oui, tout à fait.

SOCRATE

Eh bien, je sais que je vais être moi aussi la victime
d'une pareille situation, si je suis traduit devant un
tribunal. Car je ne pourrai pas dire à mes juges que je
leur ai procuré les plaisirs qu'ils prennent pour des
bienfaits et de bons services, oui, des plaisirs que je

n'envie ni à ceux qui les procurent ni à ceux qui en
profitent. Et si quelqu'un déclare que je déforme les
plus jeunes parmi eux, que je les réduis à une situation
d'impuissance, et que j'accuse les plus vieux [244], je ne
pourrai pas lui répondre ce qui est pourtant la vérité : [c]
« Tout ce que je dis est juste, et j'agis en votre intérêt,
ô mes juges ! » — mais, malgré cela, je ne pourrai rien
dire d'autre. Quand le cas se présentera, je sais que je
connaîtrai ce sort-là et que j'en serai la victime [245].

CALLICLÈS

Tu penses donc, Socrate, que c'est bien qu'un
homme, dans sa propre cité, se retrouve dans une
situation pareille et qu'il soit incapable de se porter
secours à lui-même !

SOCRATE

Oui, à condition qu'il possède vraiment le secours,
Calliclès, que, plusieurs fois déjà, tu lui as accordé. S'il
n'avait rien dit, rien fait d'injuste, ni envers les
hommes, ni envers les dieux, cela aurait été le meilleur
moyen de se porter secours à lui-même. [d] C'est, en
effet, la meilleure sauvegarde qu'on puisse trouver —
nous nous sommes souvent mis d'accord là-dessus. Or,
si l'on me réfutait en me montrant qu'en agissant ainsi,
je suis en fait incapable de me porter secours à moi-
même ou de secourir autrui, j'aurais honte qu'on me
prouve que j'ai tort de penser ce que je pense — qu'on
me réfute devant beaucoup de gens, devant peu de personnes ou dans un entretien à deux. Si je mourais à
cause de mon incapacité à me défendre, j'en serais
navré. Mais si je devais finir ma vie, faute d'avoir su
montrer la complaisance d'un orateur, [e] je sais bien que
j'irais sans peine au-devant de la mort. Car personne
n'a peur de la mort, si on la prend pour ce qu'elle
est, ou alors il faut être incapable de faire le moindre
raisonnement et ne pas être vraiment un homme —
non, ce qui fait peur, c'est l'idée de n'avoir pas été

juste. En effet, si l'âme arrive aux portes de l'Hadès[246],
toute remplie d'injustices, elle se trouvera dans la pire
des conditions et souffrira les maux les plus douloureux. Mais si tu veux bien, je vais te raconter une histoire qui t'explique ce qui se passe dans l'Hadès.

CALLICLÈS

Eh bien, si vraiment tu es arrivé au bout de tout ce
que tu avais à dire par ailleurs, finis-en aussi avec cette
histoire ! [a]

SOCRATE

Écoute donc, comme on dit[247], une fort belle histoire, dont tu penseras, je crois, que c'est un mythe,
mais dont je pense que c'est une histoire vraie. Ainsi,
je te raconterai tout ce qui va suivre comme s'il s'agissait de choses vraies[248].

Homère rappelle donc que Zeus, Poséidon et
Pluton, quand ils reçurent l'empire de leur père, le
partagèrent entre eux[249]. Or, la loi qui, en ce temps-
là, régnait chez les hommes était la loi de Cronos, oui,
la loi qui, depuis toujours, et encore maintenant,
règne parmi les dieux[250]. Voici quelle est cette loi : si
un homme meurt après avoir vécu une vie de justice
et de piété, qu'il se rende [b] aux Îles des bienheureux
et qu'il vive là-bas dans la plus grande félicité, à l'abri
de tout malheur[251] ; mais s'il a vécu sans justice ni
respect des dieux, qu'il se dirige vers la prison où on
paye sa faute, où l'on est puni — cette prison qu'on
appelle le Tartare[252].

Or, au temps de Cronos, et même au commencement du règne de Zeus, les juges étaient des vivants,
qui jugeaient d'autres vivants, et ils prononçaient leur
jugement le jour même où les hommes devaient mourir[253]. Dans de telles conditions, les jugements
n'étaient pas bien rendus. En sorte que Pluton et ceux
qui surveillaient les Îles des bienheureux, reprochaient

à Zeus de trouver, [c] dans ces Îles comme dans le
Tartare, des hommes qui n'avaient pas à y être. Zeus
leur répondis donc : « Je vais mettre un terme à cette
situation fâcheuse. En effet, maintenant, les jugements
sont mal rendus. La raison en est, expliqua-t-il, que les
hommes qu'on doit juger se présentent tout enveloppés de leurs vêtements [254], puisqu'ils sont jugés alors
qu'ils sont encore vivants. Or, nombreux sont les
hommes, reprit-il, dont l'âme est mauvaise, mais qui
viennent au juge, tout enveloppés de la beauté de leurs
corps, des hommes qui font voir la noblesse de leur
origine, leurs richesses, et qui font appel, quand l'heure
du jugement est venue, à de nombreux témoins, lesquels parlent en leur faveur et déclarent qu'ils ont vécu
une vie de justice. Donc, tout cela impressionne les
juges, d'autant qu'ils sont eux aussi enveloppés [d] des
mêmes choses lorsqu'ils prononcent leurs jugements.
Entre leur âme et celle de l'homme qu'ils jugent, ils
ont des yeux, des oreilles et tout un corps, dont ils
sont enveloppés. Or c'est justement cela, tout ce qui
enveloppe les juges et enveloppe les hommes qu'ils
jugent, c'est cela qui fait obstacle. Il faut donc d'abord,
ajouta Zeus, que les hommes cessent de connaître à
l'avance l'heure de leur mort. Car maintenant ils
savent d'avance quand ils vont mourir. Or, je viens justement de parler à Prométhée, pour qu'il leur ôte cette
connaissance [255]. [e] Ensuite, il faut que les hommes
soient jugés nus, dépouillés de tout ce qu'ils ont. C'est
pourquoi on doit les juger morts. Et leur juge doit être
également mort, rien qu'une âme qui regarde une
âme [256]. Que, dès le moment de sa mort, chacun soit
séparé de tous ses proches, qu'il laisse sur la terre tout ce
décorum — c'est le seul moyen pour que le jugement
soit juste. Je m'étais bien rendu compte de cela avant
vous, j'ai donc fait juges mes propres fils : deux d'entre
eux, Minos et Rhadamante, [a] viennent d'Asie et l'autre,
Eaque, d'Europe [257]. Quand ils seront morts, ils s'instal-
leront, pour rendre leurs jugements, dans la plaine, au

carrefour formé des deux routes qui conduisent, l'une,
aux Îles des bienheureux, et l'autre, au Tartare [258]. C'est
Rhadamante qui jugera les hommes en provenance
d'Asie, tandis qu'Eaque sera le juge de ceux qui
viennent d'Europe. A Minos, je donnerai la faculté de
juger en dernière instance, au cas où les deux autres
juges ne savent pas que décider [259], afin que ce jugement qui décide la route que chaque homme doit
prendre soit le plus juste possible. »

Voilà ce que j'ai entendu dire, Calliclès, et je crois
que c'est vrai. [b] La conclusion que je tire de cette histoire est la suivante. La mort n'est rien d'autre, me
semble-t-il, que la séparation de deux choses, l'âme et
le corps, qui se détachent l'une de l'autre [260]. Or, une
fois que l'âme et le corps d'un homme se sont séparés,
ils n'en restent pas moins dans l'état qui était le leur du
vivant de cet homme. Le corps garde sa nature propre,
avec la marque évidente de tous les traitements, de tous
les accidents qu'il a subis [261]. Si c'était, par exemple,
un homme qui, de son vivant, possédait un grand
corps, [c] qu'il l'ait eu par nature ou à cause de la façon
dont il s'est nourri dans sa vie, son cadavre aussi, après
sa mort, sera grand ; si l'homme était gros de son
vivant, son cadavre, après sa mort, sera également
gros, et c'est pareil pour tous les autres traits physiques. Supposons maintenant qu'il ait eu les cheveux
longs, son cadavre également aura les cheveux longs.
Et si, derechef, il avait encore sur le corps les traces
des étrivières qu'on lui avait mises ou s'il avait gardé
les marques des coups de fouet, ou d'autres coups,
qu'il avait reçus de son vivant, on pourra retrouver les
mêmes traces sur son corps mort. Ou encore, s'il avait,
quand il était en vie, un membre cassé ou déformé, à
l'évidence, on verra la même chose sur son cadavre. [d]
Pour le dire en un mot, les signes distinctifs qui caractérisaient le corps vivant sont tous, ou presque tous,
manifestes pendant un certain temps sur le corps
mort. Eh bien, à mon avis, c'est le même phénomène

qui se produit aussi dans l'âme. Dès qu'elle est
dépouillée du corps, on peut voir tous ses traits naturels ainsi que les impressions qu'elle a reçues, impressions qui sont telles ou telles selon le mode de vie
qu'a eu l'homme qui la possède et qu'en chaque circonstance il a éprouvées en son âme.

Donc, quand les morts se présentent devant leur
juge, quand ceux d'Asie, par exemple, vont auprès de
Rhadamante [262], Rhadamante les arrête ᶜ et il sonde
l'âme de chacun, sans savoir à qui cette âme appartient, mais il arrive souvent qu'il tombe sur l'âme du
Grand Roi ou encore sur celle de n'importe quel autre
roi ou chef [263], et qu'il considère qu'il n'y a rien de
sain en cette âme, qu'elle est lacérée, ulcérée, pleine
de tous les parjures et injustices ᵃ que chaque action
de sa vie a imprimés en elle, que tous ses fragments
ont été nourris de mensonges, de vanité, que rien
n'est droit en cette âme, parce qu'elle ne s'est jamais
nourrie de la moindre vérité. Alors, il voit une âme
qui, à cause de sa licence, de sa mollesse, de sa déme-
sure, de son absence de maîtrise dans l'action, est
pleine de désordre et de laideur. Et dès qu'il voit cette
âme privée de toute dignité, il l'envoie aussitôt dans
la prison du Tartare, où elle est destinée à endurer
tous les maux qu'elle mérite.

Or, tout être qu'on punit et auquel on inflige le
châtiment qu'il faut ᵇ mérite de s'améliorer et de tirer
profit de sa peine ; ou sinon, qu'il serve d'exemple aux
autres hommes, lesquels, en le voyant subir les souffrances qu'il subit, prendront peur et voudront devenir
meilleurs. Les hommes auxquels la punition est un
service qu'on rend et qui sont donc punis par la justice
humaine et la justice divine sont les hommes qui ont
commis des méfaits, mais des méfaits qu'on peut guérir.
Malgré tout, les souffrances qu'ils subissent, ici et dans
l'Hadès, leur sont utiles, car, il n'est pas possible de les
débarrasser de l'injustice autrement que par la souffrance [264]. ᶜ En revanche, les hommes qui ont commis

les plus extrêmes injustices et qui sont devenus de ce
fait incurables, sont des hommes qui servent
d'exemples, même si, en fait, ils ne peuvent, parce
qu'incurables, tirer le moindre profit de leur châtiment. Mais il y a bien d'autres hommes qui tirent profit du fait de les voir subir éternellement, en punition
de leurs fautes, les souffrances les plus graves, les plus
douloureuses, les plus effroyables. Car ces hommes
qu'on voit là-bas, dans l'Hadès, accrochés aux murs
de leur prison, sont, pour tout homme injuste qui
arrive, un effroyable exemple, à la fois un horrible
spectacle et un avertissement[265]. d

Archélaos, je l'affirme, sera traité comme cela, si
tout ce qu'a dit Polos est vrai[266], et c'est le cas de
tout autre homme qui aurait été un tyran comme lui.
D'ailleurs, je pense que presque tous les hommes qui
servent d'exemples dans l'Hadès, se trouvent chez les
tyrans, les rois, les chefs, et chez tous les hommes qui
ont eu une action politique[267]. Ce sont eux, en effet,
qui commettent des méfaits, lesquels, à cause du pouvoir dont ces hommes disposent, ne peuvent être que
des méfaits énormes et parfaitement impies. D'ailleurs, Homère en témoigne pour nous. Cet illustre
poète a représenté des rois et des chefs qui sont, dans
l'Hadès, e éternellement punis : ce sont Tantale,
Sisyphe, Tityos[268]. En revanche, Thersite[269], et tout
homme privé qui a été un scélérat comme lui, n'ont
jamais été représentés en train de subir des souffrances aussi atroces que celles dont souffrent les
incurables. En effet, ces criminels, étant des personnages privés, n'avaient pas, je pense, la même possibilité de mal faire que les criminels au pouvoir, c'est
pourquoi ils ont eu, d'une certaine façon, plus de
chance que ceux qui disposaient d'un tel pouvoir[270].

Car vois-tu, Calliclès, c'est surtout chez les puissants qu'on trouve de ces hommes qui peuvent devenir absolument mauvais. a Mais par ailleurs, rien
n'empêche qu'on trouve aussi, chez les puissants de

ce monde, des hommes bons, et, s'il y en a, ils
méritent vraiment qu'on les admire. Car, vivre une
vie de justice, quand la possibilité d'agir sans justice
est grande, est une chose difficile, Calliclès, et qui
mérite bien des éloges[271]. Peu nombreux sont les
hommes qui le font. Car s'il y a eu, ici même et aussi
bien ailleurs, des hommes qui ont su exécuter en
toute justice [b] les tâches que leur confiait la Cité, je
pense qu'il y en aura encore. Or, il y en eut un, un
homme tout à fait illustre, et honoré par tous les
Grecs, c'était Aristide, fils de Lysimaque[272]. Mais
sinon, bien cher Calliclès, la plupart des hommes
puissants sont des hommes mauvais.

Donc, comme je disais, lorsque le grand Rhadamante reçoit un homme de ce genre, il ne sait rien de
lui, ni qui il est, ni d'où il vient, rien, sinon qu'il est un
scélérat. Or, dès qu'il voit cela, il envoie cet homme
dans le Tartare, en le marquant d'un signe spécial[273]
qui indique si, à son avis, on peut ou non le guérir. [c]
Après cela, quand le coupable arrive là-bas, il subit la
peine qu'il mérite. Mais il se produit parfois que Rhadamante discerne une autre sorte d'âme, qui a vécu une
vie de piété et de vérité, qu'elle soit l'âme d'un homme
privé ou celle de n'importe qui. Mais surtout s'il
voit — eh oui, Calliclès, c'est moi qui te le dis —, s'il
voit l'âme d'un philosophe, qui a œuvré toute sa vie
pour accomplir la tâche qui lui est propre, sans se dis-
perser à faire ceci et cela[274], eh bien, après avoir admiré
cette âme, il l'envoie vers les Îles des bienheureux. Et
Eaque, lui aussi, fait la même chose. Ces deux juges
prononcent leurs jugements en tenant une baguette à
la main[275]. Quant à Minos, qui surveille les jugements,
il est assis, seul ; il tient un sceptre d'or, comme Ulysse
le voit, chez Homère : [d] « il tient un sceptre d'or, et il fait
la justice chez les morts[276] ».

Eh bien moi, Calliclès, j'ai été convaincu par cette
histoire, et je ne cesse de m'examiner, afin de faire
paraître devant le juge l'âme la plus saine qui soit. Je

laisse donc tomber les honneurs que chérissent
presque tous les hommes, je m'habitue à être sincère [277],
et je vais vraiment essayer d'être aussi bon dans la vie
que dans la mort — quand je serai mort. [e] J'engage,
autant que je peux, tous les autres hommes, et surtout
toi, à faire de même ; oui, je t'engage à faire le
contraire de ce que tu dis, à te diriger vers la vie dont
je parle et à entrer dans ce combat, dont je prétends
qu'il est préférable à tous les combats qui se livrent
ici [278]. Et je te blâme de ce que tu seras incapable de
te porter secours à toi-même, quand sonnera pour toi
l'heure de la justice, l'heure du jugement que je viens
de te raconter. Au contraire, quand tu te présenteras
devant le juge, devant le terrible fils d'Égine [279], oui,
au moment où il viendra se saisir de toi, [a] tu resteras
muet, tu auras le vertige, tu éprouveras là-bas ce que
j'éprouve ici, et c'est là-bas, peut-être, qu'on te frap-
pera sur la tête d'une façon indigne de toi [280], c'est là-
bas, peut-être, que tu te sentiras absolument outragé.
Mais, tout ce qu'on vient de raconter te paraît sans
doute être un mythe, une histoire de bonne femme,
et tu n'as que mépris pour cela. Bien sûr, il n'y aurait
rien d'étonnant à mépriser ce genre d'histoire, si, en
cherchant par-ci, par-là, nous pouvions trouver
quelque chose de mieux que cette histoire et de plus
vrai [281]. Mais en réalité, tu vois bien qu'à vous trois,
qui êtes les plus sages des Grecs d'aujourd'hui, oui,
toi, Polos et Gorgias, [b] vous n'avez pas pu démontrer
qu'on doit vivre une autre vie que celle dont j'ai parlé,
vie qui nous sera de plus fort utile quand nous arrive-
rons dans le monde des morts. En fait, c'est tout le
contraire qui s'est produit. Tout au long de la discussion, déjà si abondante, que nous avons eue, toutes
les autres conclusions ont été réfutées, et la seule qui
reste sur pied est la suivante : il faut faire bien attention à ne pas commettre d'injustices plutôt qu'à en
subir ; tout homme doit s'appliquer, non pas à avoir
l'air d'être bon, mais plutôt à l'être vraiment, en privé

comme en public[282] ; et si un homme s'est rendu coupable en quelque chose, il faut le punir. Tel est le bien qui vient en second après le fait d'être juste : c'est de le devenir et de payer sa faute en étant puni[c]. Que toute flatterie, à l'égard de soi-même comme à l'égard des autres — que ces autres forment une foule ou qu'ils soient peu nombreux —, soit évitée et qu'on se serve de la rhétorique en cherchant toujours à rétablir le droit, comme on le fait d'ailleurs en toute autre forme d'action.

Allons, laisse-toi convaincre par moi, et tiens-moi compagnie vers ce lieu où, dès ton arrivée, tu seras bienheureux dans la vie comme dans la mort — ainsi que notre raisonnement l'indique. Aussi, laisse faire si on te méprise comme si tu étais un insensé, si l'on t'outrage comme on veut, eh oui, par Zeus, garde toute ta confiance quand on te frappe de ce coup indigne ![d] Car il ne t'arrivera rien de terrible si tu es vraiment un homme de bien et si tu pratiques la vertu.

Alors, par la suite, quand toi et moi, nous aurons bien pratiqué la vertu en commun, si, à ce moment-là, tu penses qu'il le faut, nous nous consacrerons aux affaires politiques, ou bien à autre chose, si tu penses qu'on le doit. Oui, à ce moment-là, nous tiendrons conseil pour savoir comment être meilleur que nous le sommes aujourd'hui. Il est laid, en effet, de se trouver dans la situation qui semble être la nôtre maintenant, puis de faire les jeunes fanfarons comme si nous étions des gens sérieux, nous qui n'avons jamais la même opinion sur les mêmes questions, alors qu'il s'agit des questions les plus fondamentales[e]. Tant est grande l'absence d'éducation et de culture où nous en sommes venus ! Nous nous laisserons donc guider par le raisonnement qui vient de nous apparaître[283], puisqu'il nous indique quelle est la meilleure façon de vivre et de pratiquer la justice et toute autre vertu, dans la vie comme dans la mort. Nous suivrons donc cet argument, nous en engagerons d'autres à faire comme nous, mais nous n'aurons aucun égard pour le raisonnement auquel tu as donné ta foi et que tu m'engages à suivre. Car ce raisonnement, Calliclès, est sans aucune valeur [284].

NOTES

1. Allusion sans doute à un proverbe qui devait vanter la sagesse d'arriver le premier à la fête et le dernier à la bataille. Selon Calliclès, la présentation rhétorique de Gorgias, qui s'est achevée peu de temps avant l'arrivée de Socrate, aurait été pour celui-ci l'occasion de livrer une bataille. Mais loin d'être soulagé d'avoir manqué la prestation de Gorgias, Socrate en est apparemment déçu : il rectifie donc le propos de Calliclès : ce n'est pas à la bataille qu'il est arrivé bon dernier, mais à la fête. Une fête de discours, bien sûr, l'expression est fréquente chez Platon (cf. *Phèdre* 227b, *Lysis* 211c, *République* I 352b, 354a-b, *Timée* 17a, 27b).

2. « Démonstration » traduit ici le mot grec *epideixis* ou « conférence publique ». Cette pratique semble avoir été introduite par les sophistes qui s'en servaient pour présenter publiquement leur habileté rhétorique, sous forme de morceau de bravoure ou d'échantillon oratoire. Les sujets de telles « démonstrations » rhétoriques ou sophistiques pouvaient être un lieu commun (par exemple : les belles occupations doivent former l'éducation des jeunes gens, cf. *Hippias Majeur* 282b-c, 286 a-b), un sujet paradoxal (la défense du cas d'Hélène, cf. *L'Éloge d'Hélène* de Gorgias), une parabole morale (*Protagoras* 310b-311a, 314c-315e, ou le choix d'Héraclès entre le vice et la vertu, cf. Xénophon, *Mémorables*, II, 1, 21 sqq.). Mais la démonstration pouvait aussi bien consister à inviter le public à poser toutes les questions qu'il voulait. Cela semble avoir été pratique courante pour Gorgias (cf. *Gorgias* 447c et *Ménon* 70c) et pour le sophiste Hippias (cf. *Hippias Mineur* 363c-d). Sur l'*epideixis*, voir Guthrie, *Les Sophistes*, trad. fr. Payot, 1976 (p. 49-51), de *A history of greek philosophy* III, Cambridge, 1969 ; Kennedy, *The art of persuasion in Greece*, Princeton 1963, IV.

3. Cf. Euripide, *Bacchantes* 506.

4. On ne sait rien de cet Hérodicos, frère de Gorgias, sinon qu'il ne s'agit sans doute pas du fameux physicien, « Hérodicos de Sylimbrie, anciennement de Mégare », mentionné par Platon (*Protagoras* 316e, la *République* III 406a et le *Phèdre* 227d). En effet,

Hérodicos le physicien n'était pas né, comme Gorgias, à Léontium, en Sicile, mais il était originaire de Mégare et exerçait en Thrace. L'Hérodicos du *Gorgias* est peut-être celui que mentionne Aristote, lequel rappelle qu'Hérodicos s'était moqué des noms des sophistes Thrasymaque et Polos (cf. *Rhétorique* II, 1400b19). Si cette suggestion était vérifiée, il faudrait supposer qu'Hérodicos eût accompagné son frère Gorgias à Athènes et l'eût assisté dans ses activités rhétoriques.

5. Le frère d'Aristophon est le grand peintre Polygnote. Polygnote, né en 500(?) à Athènes, mort en 440(?) à Athènes, était réputé pour ses immenses peintures murales, notamment celles qu'il avait réalisées à Delphes sur les murs de la *Leschè* (maison) des Cnidiens et que décrit Pausanias, voyageur et géographe grec du IIᵉ siècle ap. J.-C. : « Le sac de Troie » et « La descente d'Ulysse aux Enfers » (10, 25, 1). Polygnote décora aussi de fresques les murs de la Poikilè Stoa d'Athènes. Aristophon et Polygnote avaient encore un autre frère, Aglaophon, qui était également peintre.

6. Par son style, par les mots qui y sont employés, ce passage se démarque nettement du contexte. Il est donc tentant de penser que Platon se sert ici d'un langage d'emprunt. Mais s'agit-il d'une parodie du style de Polos ou d'une citation d'un écrit dont Polos serait l'auteur ? Un peu plus loin dans le dialogue, Socrate mentionne justement un écrit de Polos, où il est dit que le procédé et la pratique routinière sont aussi nobles que l'art (*Gorgias* 462b-c). Par ailleurs, au début de la *Métaphysique*, Aristote attribue à Polos une formule qui exprime à peu près la même chose que notre passage : « car l'expérience a créé l'art — comme le dit Polos avec raison — et le manque d'expérience la chance », *Métaphysique* A, 1, 981a4. On pourrait donc penser que la formule rappelée par Aristote vient du même écrit de Polos que cite, plus ou moins littéralement, Platon dans le *Gorgias*. Mais ce n'est pas certain, et il n'est pas exclu que cette prétendue citation de Polos ne soit en fait une invention de Platon, citation qu'Aristote aurait reproduite sans avoir d'autre source que ce passage du *Gorgias*. En tout cas, l'hypothèse d'un pastiche fait par Platon d'une formule de Polos nous paraît beaucoup plus conforme à la manière platonicienne que celle d'une citation littérale. L'exagération du style en témoignerait : le jeu rythmique, le choix des termes, les répétitions seraient autant de traits caractéristiques du style de Polos, que Platon reproduirait ici de façon caricaturale.

7. *Rhētorikḗ*, telle est la réponse de Gorgias. Ce terme désigne à la fois la discipline enseignée et une manière de s'exprimer, opposée aux règles de discussion que Socrate voudra établir (cf. *Protagoras* 329b, 334c-336d, 347b, *Hippias Mineur* 364b, *Ion* 530d, *Euthyphron* 6c, *Euthydème* 275a). Pour évoquer ce double usage du terme *rhētorikḗ*, on a choisi de le traduire par « rhétorique » plutôt que par « art oratoire ». Rappelons qu'Aristote critique Gorgias

pour le défaut de systématicité et de réflexion dont témoigne son art rhétorique (Aristote, *Réfutations sophistiques* 183b-184a).

8. Gorgias reprend ici à son compte une citation d'Homère (*Iliade*, chant VI, vers 211).

9. C'est sans doute encore une imitation platonicienne, à la manière de Gorgias cette fois, dont le style est caractérisé par l'emploi de termes rares ou recherchés, tels « action manuelle » (*kheiroúrgēma*) — auquel Socrate substituera « travail manuel » (*ergasía*, cf. 450c), synonyme plus précis, plus courant, moins pompeux —, « exécution » (*kúrōsis*) que Socrate remplacera par « accomplissement » (*kúros*, cf. 450e). Socrate commente du reste ce style gorgien dans le *Ménon* (76e) : à Ménon qui fait une réponse à la manière de Gorgias, Socrate réplique en disant qu'il s'exprime de façon bien « tragique » et majestueuse.

10. Le discours, ou *lógos*, dont il est ici question est à comprendre en un double sens : à la fois parole et activité rationnelle. Les exemples d'arts, privés de « discours », que donne Socrate peuvent surprendre : mais, pour la peinture et la sculpture, il faut se rappeler que Platon, et toute la culture grecque, les considéraient comme des arts manuels, des arts de copie (cf. *Politique* 277c).

11. Le jeu de pions est mentionné à plusieurs reprises dans les dialogues platoniciens comme exemple d'activité intellectuelle (cf. *Phèdre* 274d, *Charmide* 174b). Il est difficile de donner le correspondant exact de ce jeu et de restituer la part qu'y joue le raisonnement. D'après la mention faite dans *République* II 374c, le calcul paraît être décisif dans le jeu de pions (*petteutikē̃*) comme dans le jeu de dés (*kubeutikē̃*) : il consiste à compter les coups et à les planifier. Traditionnellement, on fait du trictrac l'équivalent du *petteutikē̃* grec.

12. La formule « toutes choses sont égales par ailleurs » était une formule toute faite, utilisée dans les projets d'amendements pour éviter d'avoir à répéter inutilement toutes les clauses des décrets amendés qui demeuraient inchangées (Cf. Aristote, *Constitution d'Athènes*, 29, 3).

13. Les traductions des termes grecs *arithmētikē̃* et *logistikē̃* par arithmétique et calcul doivent être comprises au sens le plus strict : l'arithmétique comme la théorie des nombres et l'étude des propriétés de la série des entiers ; tandis que le calcul est plutôt à entendre comme la discipline scolaire de l'arithmétique, qui consiste pour l'essentiel à faire des opérations sur les nombres. Sur la discipline du calcul, cf. *Hippias Mineur* 366c et *Théétète* 198a.

14. En fait, c'est un quatrain chanté dans les banquets, dont manque le quatrième vers — quatrième vers qui dit que le bien qui vient à la suite des autres biens est de passer sa vie avec ses amis. Ce classement hiérarchique des biens et des genres de vie qui y correspondent a été traité par de nombreux poètes grecs (cf. Euripide, *Médée* 542sqq., *Antiope* frag. 180-202, Nauck). Il reflète assez exactement les valeurs aristocratiques grecques (voir Dodds,

p. 200). Cette liste est souvent reprise par Platon (cf. *Euthydème*
279a-b, *Ménon* 87e, *Hippias Majeur* 291d, *Lois* II 661a-d), par
Aristote (*Rhétorique* II 1394b11) et par Sextus Empiricus (*Contre les
mathématiciens* 11. 49). On remarquera que les biens mentionnés
sont ceux qu'Aristote appelle « les biens extérieurs » (biens du corps
et biens sociaux) (Aristote, *Éthique à Nicomaque* 1099a30 sqq.) ; les
biens intellectuels sont en effet absents de cette liste, et seule la
mention « sans fraude » fait allusion à la vertu.

15. Gorgias mentionne ici les trois instances de la Cité qui,
accessibles à un grand nombre de citoyens, étaient les piliers de
la démocratie athénienne et donnaient aux orateurs la possibilité
d'exercer leur talent. Rappelons d'abord que Clisthène avait divisé
le peuple athénien en dix tribus, qui ne recoupaient pas des circons-
criptions locales, mais qui comprenaient chacune trois portions de
territoire situées, l'une dans la ville, la deuxième sur la côte, la
troisième à l'intérieur. Chacune de ces tribus comprenait à son tour
un certain nombre de dèmes.

Le Tribunal (*dikastḗrion*), premier cité par Gorgias, était formé
de cinq cents jurés. Les Tribunaux étaient au nombre de dix et
représentaient l'Héliée (ou Tribunal des héliastes) devant laquelle
passait la plus grande part des crimes et délits (à l'exception des
crimes de sang et des crimes religieux qui étaient du ressort de
l'Aréopage et des petits délits qui relevaient de la compétence des
juges de dèmes). Les juges étaient tirés au sort, pour l'année, à
partir d'une liste de candidats, liste dont les dèmes assuraient la
rédaction. Au IVe siècle, l'Héliée fut réformée et on établit, pour
faire échec aux influences politiques, une nouvelle, et fort compli-
quée, répartition des jurés dans les tribunaux. Cette justice populaire était sans doute, à cause du grand nombre des jurés, aussi peu
éclairée que peu corruptible. Mais l'Héliée s'est trouvée tentée de
se servir de plus en plus souvent de l'*eisangélie* (accusation vague
de crime contre l'État) et de la *graphḗ paranómōn* (délit à l'encontre
des lois), cette dernière servant de prétexte à toutes sortes d'accusations. Ce sont de tels Tribunaux qui eurent à juger les accusations
portées contre presque tous les chefs militaires et politiques
d'Athènes et qui condamnèrent Socrate. Platon, non sans mépris,
les qualifie de foule ou d'assemblée (*ókhlos*, cf. 454b et 455a) puisqu'il récuse en principe ces trop larges jurys, censés représenter le
corps entier de la Cité dans l'exercice de ses fonctions juridiques
(cf. *Euthydème* 290a et *Lois* VI 766d).

Par ailleurs, le Conseil (*bouleutḗrion*) et l'Assemblée (*ekklēsía*)
étaient les organes politiques essentiels. L'Assemblée réunissait, en
effet, tous les citoyens jouissant de leurs droits civiques et politiques.
Tout le monde pouvait y prendre la parole, et elle représentait « le
véritable organe de décision ». Les attributions de l'Assemblée étaient
très étendues : « elle décidait de la guerre et de la paix, nommait
les ambassadeurs, tranchait des expéditions et de leurs effectifs ; elle
examinait la gestion des magistrats, avait seule le pouvoir d'émettre

des décrets et de ratifier les lois ; elle jugeait tous les procès d'ordre politique qui engageaient, ou semblaient engager, la sécurité de l'État, et elle pouvait seule accorder le droit de cité » (J. de Romilly, *Problèmes de la démocratie grecque*, Paris, Hermann, 1975, p. 6). Une Assemblée plénière devait compter six mille personnes, mais la fréquentation habituelle était de deux mille à trois mille citoyens. L'Assemblée se réunissait de dix à quarante fois par an. Périclès institua une sorte d'indemnité de séance, destinée à permettre aux travailleurs de siéger à l'Assemblée (cf. note 127).

Le Conseil, qui préparait les délibérations de l'Assemblée et était donc doté d'une certaine initiative législative, était formé de cinq cents membres, élus à raison de cinquante membres tirés au sort dans la masse des citoyens de chaque tribu. Chaque groupe de cinquante citoyens formait une prytanie et se constituait, pendant le dixième de l'année, en une permanence chargée d'expédier les affaires courantes ; cette permanence s'occupait aussi de la diplomatie et, en collaboration avec l'Assemblée, du jugement des magistrats.

Gorgias désigne de la même façon le Tribunal, le Conseil, l'Assemblée : ce sont des « réunions de citoyens » (*politikós súllogos*). En effet, ces trois institutions regroupent chacune entre cinquante et six mille personnes. On comprend qu'elles aient été les lieux d'exercice privilégiés de la rhétorique, laquelle traitait du juste et de l'injuste face aux Tribunaux et du bien et du mal face à l'Assemblée ou au Conseil (cf. *Phèdre* 261a-c, *Philèbe* 58a-b).

16. Cette expression qui définit la rhétorique comme la productrice d'un sentiment de conviction devait demeurer fameuse. Il n'y a pas lieu d'en retirer la paternité à Platon et de la faire remonter soit à Gorgias soit aux premiers rhéteurs, Tisias et Corax, précurseurs de Gorgias. On trouve, en effet, dans le *Charmide* (174e, où il est dit que la médecine « produit » la santé) et le *Banquet* (188d, où l'Amour nous « procure » la capacité d'être amis avec les dieux comme avec les hommes) des expressions de même facture que la célèbre formule du *Gorgias* : elles attestent donc le style platonicien de l'expression. (Cf. Alfred Croiset, *Platon, Œuvres complètes*, III, 2, pp. 117-118 : la rhétorique est « ouvrière de persuasion »).

17. Zeuxis est le peintre le plus fameux du Vᵉ siècle. Natif du sud de l'Italie, il semble avoir préféré les petites compositions (faites parfois d'une seule figure) aux grandes peintures murales. Aucune de ses peintures ne subsiste, mais certaines ont été décrites (« Zeus entouré d'autres dieux », « Une famille de centaures », « Héraclès étranglant les serpents », « Le dieu Pan », destiné à orner le palais d'Archélaos, tyran de Macédoine, cf. note 56). Zeuxis était célèbre pour l'originalité de ses sujets (cf. Lucien, *Zeuxis*, 3 : « il essaie toujours d'innover »). Le terme ne sert ici Socrate pour désigner la spécialité picturale de Zeuxis, *zōgráphōn*, est sans doute à entendre au sens strict de peintre d'animaux et de figures animées. Les questions de Socrate sur les sujets choisis par Zeuxis et sur la

destination qu'il réservait à ses peintures semblent s'expliquer par le style particulier des peintures de Zeuxis et le choix de ses sujets. Le sens de la seconde question de Socrate (« et pour les mettre où ? ») est plus douteux, mais, si elle doit correspondre à la réponse de Gorgias, qui porte sur l'objet et le domaine d'exercice de la rhétorique, il faut lui donner un sens local. En Grèce, le peintre était connu et identifié comme l'auteur de la décoration de tel ou tel lieu.

18. Nous suivons la suggestion de Robin pour faire de cette expression une caractérisation plus précise de l'arithmétique comme théorie des nombres (cf. 451b-c). Voir Robin, *Œuvres complètes de Platon*, tome I, Paris, 1953, p. 1275, note 27.

19. C'est le terme grec *ókhlos* qui est traduit par assemblée ou foule : il désigne une réunion de citoyens, que celle-ci soit judiciaire, législative ou politique, cf. noté 15. Voir Jones A.H.M., *Athenian Democracy*, Oxford, 1957, chap. 5.

20. Sans doute une allusion à l'usage qui limitait la durée des discours rhétoriques au moyen de la clepsydre ou horloge à eau. D'où la difficulté de présenter, en un laps de temps limité de façon aussi artificielle, des preuves véritables. Les orateurs, en revanche, quelle que fût la limitation de leur temps de parole, n'avaient aucun mal à faire valoir, grâce à l'emploi de procédés rhétoriques, leurs arguments, exemples ou témoignages (cf. *Apologie de Socrate* 37a et 19a, *Lois* VI 766e).

21. Pour comprendre la scène évoquée par Socrate, il faut rappeler que la cité d'Athènes ne disposait pas d'un service public. De nombreuses questions d'administration et de gestion devaient être traitées par l'Assemblée, et leur règlement dépendait en grande partie de l'habileté du rhéteur chargé de les présenter. Les orateurs et politiciens pouvaient donc avoir, sur bon nombre de questions concrètes, une influence plus grande que celle des administrateurs, spécialistes de la question à traiter. Par ailleurs, certains métiers, tel celui de médecin, pouvaient s'exercer à Athènes sous un double statut, public et privé. Les médecins d'État, engagés par la Cité, étaient rémunérés par l'Assemblée, et, pour être choisis, devaient faire la preuve d'une expérience privée couronnée de succès (cf. *Gorgias* 514d-e et Xénophon, *Mémorables* IV, 2.5). Le mode de pratique du médecin public reste assez mal connu : soignait-il certaines catégories de malades ? exerçait-il la médecine gratuitement ? (cf. notes 211 et 212).

22. Les stratèges détenaient, face à ces assemblées législatives qu'étaient l'Assemblée et le Conseil, l'essentiel du pouvoir exécutif. En effet, les guerres incessantes et l'importance des questions de sécurité et de ravitaillement de l'Attique ont contribué à donner une très grande importance aux questions militaires et navales et aux magistrats chargés de les régler, c'est-à-dire aux stratèges. Ils étaient au nombre de dix, élus au suffrage universel, et le plus

souvent l'un d'entre eux gagnait une influence telle qu'il faisait figure, pour ainsi dire, de chef de gouvernement. Thémistocle,
Cimon, Alcibiade et Nicias ont été stratèges plusieurs années de
suite. Plus tard, la même fonction fut assurée par des orateurs-
politiciens. Quant à Périclès, il dirigea pendant presque vingt ans
l'essentiel de la politique athénienne (cf. notes 75, 171 sqq., 219).

23. Gorgias n'est pas le premier à souligner qu'un orateur habile
peut exercer une influence démesurée et dangereuse. Euripide
(*Bacchantes* 266-271) et Hérodote (V, 97, 2) l'avaient déjà indiqué.
Mais le témoignage du *Protagoras* (322d) et celui de l'*Alcibiade*
(107a-c) montrent que Gorgias exagère en déclarant que l'orateur
est le seul qui, en ces circonstances publiques, puisse faire valoir
son opinion. En effet, dans les deux dialogues cités, il est dit que,
pour les questions qui demandent une certaine compétence, les
Athéniens n'écoutent que les spécialistes ; Protagoras et Alcibiade
semblent en être convaincus, ce qui indiquerait que cette remarque
de Socrate (sur la reconnaissance de la compétence), laquelle s'oppose à ce que dit ici Gorgias, n'a rien de paradoxal.

24. Il s'agit des fortifications d'Athènes et de celles du Pirée,
toutes deux construites à l'initiative de Thémistocle (Thucydide I.
90.3, 93.3). Les Longs Murs, bâtis entre 461 et 456, après les
guerres Médiques, reliaient Athènes au Pirée et au port de Phalère.
Ils devaient empêcher qu'Athènes ne fût coupée de la mer en cas
de guerre. La Cité et ses deux ports étaient donc enclos dans une
fortification triangulaire dont la mer formait le troisième côté. Plus
tard, sans doute parce que le port de Phalère était tombé en désué-
tude, un troisième mur fut construit, à l'intérieur du premier
triangle, parallèle au mur du Pirée et qui englobait la route militaire
conduisant d'Athènes au Pirée. C'est ce qu'on appelait le mur du
milieu. La date de sa construction est incertaine, mais elle est sans
doute antérieure au moment où Socrate aurait pu en effet entendre
Périclès la proposer, puisque celui-ci ne fut stratège qu'à partir de
441. Est-ce un de ces anachronismes assez fréquents chez Platon ?
Ou bien faut-il comprendre que Socrate a simplement entendu
Périclès parler de cette construction ? Rappelons enfin qu'en 394-
393, une dizaine d'années avant la date présumée de la composition
du *Gorgias*, les Longs Murs (détruits par les Spartiates en 404, à
la fin de la guerre du Péloponnèse) avaient été reconstruits. Voir
Ehrenberg V. *From Solon to Socrates*, 2ᵉ éd., Londres, 1973,
pp. 216-18 ; et plan d'Athènes, p. 363.

25. Sur la rhétorique assimilée à une puissance divine, voir
Euthydème 289e-290a et *Ménéxène* 235a-b.

26. Deux des opérations fondamentales de la médecine grecque.
Comme le dit l'aphorisme d'Hippocrate (7.87) : « là où les médica-
ments ne guérissent pas, le fer guérira ; et tout ce que ne guérira
pas le fer, c'est le feu qui le guérit ». Désinfections par le feu,
incisions, saignées et amputations se pratiquaient sans anesthésie,
et on comprend qu'en l'absence de tout système qui sanctionnât

la compétence du médecin, il fallait que celui-ci sût user de la persuasion que recommandait Gorgias, ou qu'il fût capable d'expliquer clairement aux malades les causes de leurs maladies et les raisons du traitement prescrit. C'est cette dernière attitude, de préférence à la persuasion, que Platon préconise (cf. *Lois* IV 720d, IX 857c-d).

27. Le terme grec *agōnía* dont se sert ici Gorgias désigne tout sport, toute habileté, qui incluent en eux-mêmes un élément combatif et compétitif. Gorgias l'applique génériquement aux compétitions de boxe, de lutte et de pancrace, aux compétitions théâtrales comme aux combats rhétoriques que les rhéteurs livraient devant les tribunaux. L'opinion que Socrate attribue ici à Gorgias semble correspondre assez exactement à celle que le rhéteur soutenait (cf. *Éloge d'Hélène* 14). Elle paraît avoir été partagée par Isocrate (cf. *Sur l'Échange* 252).

28. Les sports de combat successivement évoqués par Gorgias sont le combat aux poings (*pukteúein*), correspondant à peu près à notre boxe, le pancrace (*pangkratiázein*), une sorte de lutte où tous les coups étaient autorisés, et l'escrime (ou combat en armes ou encore hoplomachie, *eǹ oploîs máchesthai*), une forme de combat plus moderne, préparant à l'étude de la tactique, puis à celle de la stratégie (cf. *Lachès* 182e-184c).

29. La palestre (*palaístra*) était le lieu public où l'on s'exerçait à la lutte et à la gymnastique.

30. Ce discours pourrait valoir comme une défense de la dialectique socratique, définie par la bienveillance mutuelle des interlocuteurs, la probité de l'entretien et la volonté de vérité, par opposition à l'éristique ou à l'antilogie, lesquelles visent à la victoire par tous les moyens (cf. *Euthydème* 304c-d, *Phédon* 91a, *République* V 454a et VI 499a-500b). Voir Robinson R. : Plato's consciousness of fallacy, in *Essays in Greek philosophy*, Oxford, 1969, pp. 64-8 ; Ryle : *Plato's progress*, Cambridge, 1966, pp. 124-6 ; et Gulley N. : *The philosophy of Socrates*, Londres, 1968, pp. 27-32.

31. On a choisi de traduire le terme grec *tektonikós* par maçon, bien que la traduction par charpentier puisse convenir aussi bien, si l'on songe que la plupart des maisons grecques étaient construites en bois.

32. Cette formulation, selon laquelle l'homme qui apprend la justice doit être juste, est un peu surprenante, mais elle correspond assez bien aux valeurs de l'éthique grecque. Depuis Homère, les Grecs semblent avoir rendu compte de la conduite morale en termes de connaissance, sans présupposer une idée de volonté. Ce qui situe la morale grecque en deçà, d'une certaine façon, des idées de bien et de mal. Dans cette perspective, les « paradoxes socratiques » paraissent plus justifiables (cf. bibliographie pp. 113-114). Les hommes étaient jugés sur leurs actions et non pas sur leurs intentions. L'homme bon est celui qui agit bien et qui sait comment

agir bien. Mais la particularité de la morale socratique reste d'avoir identifié toute la vertu morale à la connaissance (cf. Xénophon, *Mémorables* III, 9.15). C'est un tel rationalisme de la vertu qu'Aristote reprochera à Socrate (cf. *Éthique à Eudème* 1216b6). Mais il faut remarquer que ni Gorgias dans ce passage ni Protagoras (cf. *Protagoras* 352c) n'ont l'air surpris par cette définition socratique de la vertu. Du reste, la question persiste de savoir quelle est la connaissance apte à fonder l'action morale, question maintes fois posée dans les dialogues platoniciens et qui, le plus souvent, donne lieu à une aporie (cf. *Charmide* 172c-e, *République* VII 518a-e).

33. Les deux déclarations de Gorgias qui, selon Socrate, ne sont pas compatibles, sont, d'une part, celle où il prétend que le rhéteur enseigne le juste et l'injuste (cf. 454b), et, d'autre part, celle où il refuse d'admettre la responsabilité du professeur de rhétorique. Rien n'empêche que ces deux thèses aient été l'une et l'autre soutenues par le Gorgias historique. Le but de l'argument socratique est de souligner la difficulté de la position de Gorgias plutôt que de réfuter Gorgias.

34. Le rythme de cette tirade de Polos est assez chaotique, voire cassé. Polos s'engage dans une phrase interminable, qui lui échappe peu à peu. Il s'interrompt donc brusquement et commence une nouvelle phrase. La représentation que donne Platon de cette prestation de Polos n'est pas dépourvue d'ironie : la trop grande habileté rhétorique de Polos a l'effet paradoxal de le faire trébucher et s'embrouiller.

35. Le terme est emprunté au jeu des pions. Il désigne la possibilité de rejouer son propre coup (cf. *Charmide* 164d, *Phédon* 87a). Son emploi semble signifier ici que Socrate demande à Polos le droit de rejouer un coup en faveur de sa thèse.

36. Il s'agit sans doute d'un traité de *tékhnē rhētorikē*, dont Polos serait l'auteur, un des nombreux traités écrits à la fin du vᵉ siècle et au début du ivᵉ siècle (cf. *Phèdre* 271c et Aristote, *Rhétorique* I 1354a12).

37. La « perspicacité » propre au rhéteur (qu'évoque ici Socrate) sert à désigner l'attitude habituelle de l'orateur qui, lorsqu'on lui demande conseil, ne dit pas, en réponse, ce qui est vrai, mais ce qui correspond le mieux, selon lui, aux vœux des consultants (cf. *Lachès* 178b, *Phèdre* 260a-c ; Isocrate, *Contre les sophistes* 17, où la définition de la rhétorique recoupe celle donnée ici par Socrate ; et Aristote, *Éthique à Nicomaque* 1144a23-9). Quant à la *kolakeia*, habituellement traduite par « flatterie » (ou complaisance), elle désigne en général la bassesse morale (cf. Théophraste, *Caractères* 2.1 et Aristote, *Éthique à Nicomaque* 1127a7). Sur l'opposition entre art (*téchnē*) et façon de faire (*empeiría*), voir *Phèdre* 270b, *Philèbe* 55e, *Lois* IX 938a.

38. Dans l'expression grecque, la répétition des mêmes voyelles produit un effet d'allitération que nous avons essayé de restituer. Rappelons que le terme grec *pólos* signifie « ressort ».

39. Aux formules « institution des lois » et « législation » correspond l'expression grecque *nomothetikē*. Ce terme désigne toute l'activité législative, de la rédaction des projets de lois par le Conseil jusqu'à leur approbation par l'Assemblée. La sophistique est rapportée aux lois parce que le sophiste traite de ce que doivent être les lois, tandis que la rhétorique les prend comme elles sont (cf. Grote G. : *A history of Greece*, 2ᵉ éd., Londres, 1888, chap. 67).

40. On voit que ce que Socrate appelle *kommōtikē* regroupe les compétences du coiffeur, du modiste, du maquilleur et de l'esthéticien. Pour donner une idée de cette diversité d'aspects, nous avons préféré la traduction par « esthétique » à celle, plus traditionnelle, par « toilette ». Les postiches, les fards, les épilations représentaient les principaux moyens de cette pratique de l'esthétique.

41. Socrate propose ainsi une reformulation de sa pensée en termes mathématiques. En effet, les mathématiciens grecs traitaient les proportions comme une partie de la géométrie et de l'arithmétique. On trouve dans les dialogues platoniciens d'autres exemples mathématiques : *Ménon* 82b, 86e-87b, *Politique* 266a-e.

42. Les premiers mots fameux du livre d'Anaxagore décrivent le chaos antérieur à l'intervention de l'esprit (*noûs*) (cf. D.K. 51 B1). Ces termes ont souvent servi pour désigner tout état d'indétermination radicale (cf. *Phédon* 72c). Mais que signifie exactement cette allusion de Socrate ? S'adresse-t-il à Polos comme à un disciple d'Anaxagore ? ou comme un homme lettré censé connaître et apprécier ce genre de références ? — à moins que Socrate ne veuille suggérer que les propos de Polos sont aussi confus que ceux d'Anaxagore !

43. Cette affirmation paraît un peu exagérée au lecteur contemporain. Pour en apprécier la vraisemblance et comprendre comment les orateurs pouvaient disposer à Athènes d'un pouvoir de vie et de mort, cf. *République* VIII 565e-566a et Thucydide III, 35-49, sur les fameux débats chargés de décider du destin de Mytilène.

44. C'est une interjection socratique fréquente, que Socrate précisera ultérieurement (cf. « Par le Chien, dieu des Égyptiens... », 482b, cf. note 78).

45. Un procédé sophistique courant consistait à combiner en une seule phrase deux questions demandant deux réponses différentes (cf. Aristote, *Réfutations sophistiques* 167b38). Mais ce piège, sophistique, a sans doute échappé à son auteur, Polos, qui ne paraît pas voir la différence entre l'objet du vouloir et celui du plaisir.

46. Cette figure de style, propre à la manière de Polos, que Socrate reproduit ici, est une paranomase (figure par laquelle on rapproche des mots offrant des sonorités analogues mais des sens différents, laquelle était fort utilisée par Gorgias et son école) (cf. *Banquet* 185c, 225c).

47. *Oi pléontés*, dit Socrate, c'est-à-dire les navigateurs. Mais comme le but commercial et l'intention lucrative de ces navigateurs

font toute la force de l'exemple, nous avons préféré traduire par
« armateur ».

48. Le raisonnement de Socrate tend à définir ce qu'est le bien.
S'agit-il du bien en général ou du bien pour chaque individu ? Par
ailleurs, ce bien, qu'il soit apparent ou réel, représente-t-il le
moteur de toute action ? N'agit-on pas parfois sans but, ou du
moins sans représentation d'un but qui figurerait notre bien ? Le
plus souvent, Socrate fait des « bonnes choses » plutôt que du bien
l'objet du désir (cf. *Protagoras* 358c-d, *Ménon* 77c, *République* IV
438a). Par ailleurs, la distinction radicale, établie par Socrate, entre
fins et moyens peut paraître difficile à admettre. Enfin, le partage
entre ce que les hommes veulent et ce qu'ils pensent qu'ils veulent
ne pourrait sans doute pas, aujourd'hui, être fondé sur les mêmes
bases. Sur la distinction entre vouloir et désirer (cf. *Lysis* 207e,
République IV 445b).

49. C'est une liste conventionnelle de biens comme on en faisait
beaucoup à l'époque de Platon : biens intellectuels, corporels, extérieurs. Sur l'ambivalence des biens corporels ou extérieurs (santé,
richesse) si l'on ne dispose pas d'un savoir pour s'en servir correctement (cf. *Ménon* 87e-88a et *Euthydème* 281c-e).

50. Le verbe grec (*metékhein*) servira plus tard à Platon pour
désigner la participation des sensibles aux Formes. Il est même possible que son emploi dans ce passage suggère la théorie des Formes.
Mais il est difficile de lui donner un sens technique et l'usage qu'en
fait ici Platon est sans doute beaucoup plus trivial : « avoir » ou
« partager une qualité » (cf. *Protagoras* 322d et 351d).

51. *Euphémei*, dit ici Socrate, ce qui signifie, littéralement, « prononce des paroles favorables ou de bon augure », « parle en bonne
part », mais veut indiquer aussi, plus généralement, la nécessité
d'être prudent en ses propos et de faire attention à ce qu'on dit.

52. Dans l'hypothèse socratique que le mal est dû à une maladie
d'esprit et qu'il est, à proprement parler, involontaire (cf. 479e et
Lois V 731c-d).

53. Cet argument socratique selon lequel l'homme qui fait souf-
frir injustement est plus malheureux que l'homme qui souffre injustement était aussi paradoxal pour les Grecs contemporains de
Platon qu'il peut l'être pour nous. Isocrate, par exemple, ne
manque pas de souligner, dans une allusion non voilée au *Gorgias*,
que n'importe quel Athénien préférerait être injuste plutôt que
subir l'injustice (cf. *Panathénaïque* 117). Du reste, Platon n'hésite
pas à faire état de l'opinion commune sur la vertu, le plus souvent
opposée à la sienne propre (cf. *Ménon* 71e, *République* I 332a-b, et
le témoignage de Xénophon *Mémorables* II, 3.14). Sur la façon dont
Aristote réduit ce paradoxe socratique en distinguant les différents
sens de la justice (cf. *Éthique à Nicomaque* 1134a12). Pour la bibliographie de la question, voir pp. 115-116.

54. L'Agora d'Athènes, ou Place du Marché, était, à certaines
heures de la journée, un lieu extrêmement fréquenté. C'est peut-
être au meurtre de Phrynicos, survenu dans les mêmes conditions

que décrit ici Socrate, que Platon a pensé pour écrire ce passage (cf. Thucydide VIII, 92,2). Quant à l'allusion au poignard glissé « dans la manche », elle vient du fait que les vêtements portés par les Grecs n'avaient pas de poches et que la manche était donc le seul endroit où l'on pût cacher une arme. Sur cette parabole, qui décrit le comportement de ce qu'on pourrait appeler le fou de Platon, cf. *République* IX 573a-c.

55. Les trières étaient des navires à trois rangs de rames. Pendant la guerre du Péloponnèse, les Athéniens craignaient tout particulièrement les agents étrangers qui auraient pu mettre le feu aux quais d'embarquement qui, comme les bateaux, étaient construits en bois (cf. Aristophane, *Acharniens*, 918sqq.).

56. Archélaos semble être arrivé au pouvoir en 413 (cf. *Introduction*, p. 51-52, sur la date dramatique du dialogue). Le choix de cette personnalité de tyran s'explique assez aisément si on rappelle qu'elle se développe de façon radicalement opposée à celle de Socrate. En effet, Archélaos et Socrate sont morts la même année, 399, tués tous deux par leurs compatriotes : Socrate, par les Athéniens, et Archélaos, par ses sujets. Par ailleurs, Archélaos était un ami d'Athènes, laquelle avait fait sa louange officielle. Plusieurs poètes, comme Euripide, Agathon, Timotheus avaient accepté son hospitalité lorsque Athènes était en guerre. Mais Socrate a, semble-t-il, refusé de se rendre auprès du tyran (cf. Aristote, *Rhétorique* II 1398a24). En condamnant Archélaos, tyran de Macédoine, Platon justifie l'attitude de son maître et condamne l'opinion publique athénienne. Par ailleurs, Antisthène, philosophe cynique contemporain de Socrate, était, semble-t-il, l'auteur d'un ouvrage sur Archélaos (*Archélaos et la monarchie*), explicitement dirigé contre le rhéteur Gorgias. Ce qui peut faire penser que Gorgias ait eu des rapports privilégiés avec Archélaos ou qu'il ait bénéficié de son aide. Dans ce cas, c'est peut-être Gorgias qui, derrière Archélaos, est visé dans la condamnation de Socrate.

57. Le Grand Roi, ou roi de Perse, était censé personnifier la possibilité du plus grand pouvoir humain et donc de la félicité parfaite. Il est cité en exemple de la même façon dans *Apologie de Socrate* 40d et *Euthydème* 274a.

58. Rappelons le témoignage de Xénophon (*Économique* VI, 12sqq.) qui montre Socrate exposant ses recherches sur le sens de cette expression (*kalòs kagathòs anếr* : un homme de bien), laquelle exprime aussi bien une qualité morale qu'une qualité sociale et aristocratique. En effet, les classes aristocratiques se seraient volontiers caractérisées par cette qualité de *kalokagathia* (cf. Thucydide VIII, 48,6 ; Xénophon, *Mémorables* 3. 5.19, Isocrate, *Sur l'échange* 316). Mais Socrate exclut ici ce sens social. Dans l'usage qu'il en fait, le terme s'applique de façon excellente au philosophe, et c'est le seul passage où il vaut également pour les femmes, même si, en fait, Platon souligne souvent que les conditions de l'excellence devraient

être les mêmes pour les hommes et pour les femmes (*Ménon* 71e-73c). Par ailleurs, l'éducation (*paideía*) est souvent définie par Platon comme la condition essentielle du bonheur, et les tyrans sont précisément ceux qui en ont manqué (cf. *Théétète* 174d-175e et *Sophiste* 230d-e).

59. L'enfant d'une femme esclave et d'un homme libre était la propriété de l'homme qui possédait la mère (cf. *Lois* XI 930d).

60. À la gravité de l'acte, s'ajoute le fait qu'Archélaos a agi ainsi alors qu'il était régent et tuteur du jeune enfant.

61. Polos semble être présenté par Socrate comme le témoin de camps politiques différents. C'est sans doute le moyen qui permet à Platon de ne pas limiter sa critique à la seule personnalité de Polos et de donner à cette mise en cause une portée plus générale : en fait, c'est toute l'opinion publique athénienne qui paraît être ici visée. Cette opinion publique, auprès de laquelle Polos trouverait approbation, est successivement représentée par Nicias (tenant de l'aristocratie, auteur du traité de paix de 421, qui mettait fin au premier épisode de la guerre du Péloponnèse), par Aristocrate (d'abord membre de l'oligarchie des Quatre Cents et ensuite anti-oligarque), par l'entourage de Périclès enfin, de tendance plus démocrate. Nicias mourut en 413, au cours de l'expédition de Sicile, l'année même où Archélaos s'empara du trône de Macédoine. De fait, à lire ce passage du *Gorgias*, rien n'indique que ces différents personnages sont encore vivants au moment où Socrate les mentionne. Les tripodes (offerts par Nicias et ses frères, Eucrate et Diognète, et qui avaient été placés dans le temple de Dionysos Eleuthère sur les collines de l'Acropole) représentaient le prix gagné par les trois frères quand ils étaient chorèges. La chorégie était en Grèce une charge exercée par les citoyens les plus riches qui devaient organiser à leurs frais les chœurs d'une représentation théâtrale. Le don d'Aristocrate a sans doute été fait à la même occasion. En effet, la chorégie était au IVe siècle, à Athènes, une des grandes occasions de dépenses somptuaires.

62. Il s'agit bien sûr d'un patrimoine spirituel dont Polos essaie de déposséder Socrate, comme les tribunaux peuvent déposséder les hommes de leur patrimoine matériel.

63. Dans un entretien dialectique, le recours à l'opinion commune ou au témoignage de la foule n'a en effet aucune valeur (cf. *Lachès* 184e, *Criton* 47a-d).

64. Mormolussè (Louve-Mormô) ou Mormô était un monstre féminin (associé à Gèlo ou à Lamia), accusé d'effrayer les petits enfants. Elle passait pour avoir été la nourrice de l'Achéron (cf. *Phédon* 77e, *Criton* 46c et Aristophane, *Les Oiseaux* 1244 ; voir aussi Brisson L. : *Platon, les mots et les mythes*, Paris, 1982, p. 78).

65. Socrate n'a jamais été un politicien, il n'a jamais exercé une charge publique autre que celle de membre du Conseil, ce qui était la fonction que tout citoyen devait remplir à un moment de sa vie (cf. *Apologie de Socrate* 32a-b et Xénophon *Mémorables* 1.6.15).

Pour comprendre la procédure de vote évoquée par Socrate, rappelons que le Conseil était constitué de cinq cents membres (cinquante représentants pour chacune des dix tribus) et que le contingent de chaque tribu devait s'établir, l'un après l'autre, en comité exécutif. C'est ce qu'on appelait « entrer au Prytanée ». Un chef du Prytanée était tiré au sort quotidiennement pour agir comme Président, avec la charge de présider les réunions du Conseil et celles de l'Assemblée et de mettre les questions au vote. L'allusion de Socrate implique donc qu'il a dû exercer une telle charge de Président. Est-il possible d'admettre, comme l'a fait Hérodicos de Babylone (cité par Athénée, 217e-218a, in Düring, *Herodicus* 22, 20), suivi en cela par la presque totalité de la tradition critique, que Socrate fasse ici allusion au fameux événement de 406, quand six généraux athéniens furent jugés pour avoir échoué à recueillir les survivants après la bataille des Arginuses ? Mis en accusation devant l'Assemblée, les généraux vainqueurs furent collectivement condamnés à mort. Après un débat mouvementé, un seul prytane, Socrate, s'opposa à cette procédure illégale. Le témoignage de l'*Apologie de Socrate* (32b-c) pourrait confirmer une telle hypothèse s'il était sûr que Socrate n'a été élu prytane qu'une seule fois, en 406. Sur ce point, cf. Xénophon, *Mémorables* I.I.18, 4.4.2 ; *Helléniques* 1.7.15, et la discussion menée par Dodds, pp. 247-248.

66. L'entretien dialectique se pratique à deux ou trois, jamais plus. Socrate n'aimait pas les auditoires trop nombreux, cf. *Apologie de Socrate* 22a-d.

67. Cette énumération qui vise à définir la beauté a de nombreux correspondants dans l'œuvre platonicienne. Dans l'*Hippias Majeur*, les exemples de la beauté sont beaucoup plus nombreux et empruntés essentiellement au domaine sensible. À cet égard, le *Gorgias* serait une étape intermédiaire entre ce dialogue et d'autres plus tardifs comme le *Banquet* et le *Philèbe*. En effet, la beauté des formes, des couleurs et des voix, mentionnée dans le *Gorgias*, n'apparaît déjà plus dans le *Banquet*. L'énumération des formes de beauté qu'on trouve dans le *Philèbe* est encore plus épurée.

68. Sur les termes relatifs l'un à l'autre, cf. *République* IV 437d-438d. La méconnaissance des relations particulières qui existent entre deux termes relatifs peut donner lieu à des sophismes (cf. Aristote, *Rhétorique* II 1397a23-b11).

69. Les maux sont évoqués de la même façon et dans le même ordre que les biens : maux externes, maux du corps et maux de l'âme. Par ailleurs, les vices de l'âme sont les vices cardinaux, auxquels correspondent les principales vertus. L'ignorance mentionnée ici est surtout celle qui fait qu'on ignore comment se comporter. Plus tard, Platon la scindera entre ignorance proprement dite, à laquelle l'apprentissage remédie, et l'ignorance de ce qu'on ignore, que seule l'éducation peut soigner (cf. *Sophiste* 227d-229a). Voir

aussi Dover K. J. : *Greek popular morality in the time of Plato and Aristotle*, Oxford, 1974, pp. 66-9, 122.

70. La punition est un remède de l'âme. Cette conception socratique est étroitement liée à la thèse selon laquelle nul ne fait le mal volontairement ; ainsi, l'auteur du méfait doit être ramené à une harmonie que sa faute avait perturbée (cf. *Critias* 106b). Par ailleurs, l'idée de la valeur exemplaire de la punition n'était pas défendue par Platon seulement (cf. Isocrate, *Aréopagitique* 20), mais, Platon semble considérer que d'autres moyens que la punition sont offerts pour produire la réhabilitation du malfaiteur (cf. *Sophiste* 229a-d, *Lois* IX 862d). L'analogie faite par Platon entre le remède et la punition est reprise par Aristote dans *Éthique à Nicomaque* 1104b17.

71. Socrate évoque ici un comportement un peu excessif et qui ne paraît cadrer ni avec ses autres déclarations (cf. *Criton* 50e-51c, *Euthyphron* 4e) ni avec la façon dont il reprendra plus tard la question (cf. *Lettre* VII 331b-d).

72. L'expression grecque traduite ici est censée exprimer comment les patients, sur les tables d'opération, ferment les yeux pour ne pas voir ce qui se passe. Elle était devenue proverbiale et signifiait quelque chose comme « faire la grimace et supporter ».

73. La recommandation de faire du mal à ses ennemis et du bien à ses amis était un lieu commun de la morale grecque. Platon, en fait, rejette cette façon de voir (cf. *Criton* 49b-d et *République* I 331b-336a) ; seule l'ironie comique du passage et l'invraisemblance d'une telle hypothèse peuvent donc expliquer cette suggestion de Socrate.

74. Calliclès n'interrompt pas le discours de Socrate. Il intervient, pour ainsi dire, latéralement, en s'adressant à Chéréphon, lequel lui répond du reste comme Calliclès avait lui-même répondu à Socrate qui l'interrogeait à propos de Gorgias (cf. 447c). La question de Calliclès à Chéréphon semble indiquer qu'il a parfaitement perçu le caractère paradoxal des affirmations de Socrate.

75. Alcibiade appartenait par son père, Clinias (de ce père, on ne sait pas grand-chose sinon qu'il fut tué en 447 par l'armée béotienne, à la bataille de Coronée), à la famille des Eupatrides, une des plus nobles familles athéniennes, et était apparenté par sa mère à Périclès et aux Alcméonides. Il eut pour tuteur Périclès, et s'attacha, encore assez jeune, à Socrate dont il fut l'ami. Doté de tous les dons qui pouvaient séduire les foules et d'une ambition sans bornes, rêvant d'un empire athénien où il aurait la première place, il fut, dès le début de la guerre du Péloponnèse, partisan d'une guerre à outrance. Aussi chercha-t-il, dès qu'il fut élu stratège en 420, à rompre l'équilibre créé par la paix de Nicias conclue en 421. Il proposa une expédition en Sicile, entreprise grandiose qu'il réussit à faire voter, malgré l'opposition de Nicias. Au moment où l'expédition allait se mettre en route, on trouva les Hermès de la cité mutilés. Alcibiade, déjà compromis dans une affaire de parodie

des Mystères d'Éleusis, faillit être accusé de cette nouvelle impiété. En attendant les résultats de l'enquête, il prit le commandement de la flotte athénienne qui, en 415, quitta le Pirée en direction de la Sicile. L'expédition avait déjà rencontré d'innombrables difficultés (de ravitaillement surtout) quand Alcibiade fut rappelé à Athènes afin d'y être jugé pour haute trahison. Il fit mine d'obéir, mais s'enfuit à Sparte et, rêvant de rentrer en vainqueur dans sa patrie vaincue, encouragea les Spartiates à mener une guerre totale. Pendant ce temps, l'expédition de Sicile tournait au désastre, les Quatre Cents s'étaient emparé du pouvoir à Athènes en 411, quand Alcibiade essaya de jouer les conciliateurs et de rallier la flotte de Samos à la cause athénienne. Banni jusqu'en 407, il fut de nouveau élu stratège en 407 et rentra triomphalement à Athènes où des pouvoirs dictatoriaux lui furent confiés. Comme, malgré cela, Athènes accumulait défaite sur défaite, Alcibiade ne fut pas réélu stratège en 406. Il dut s'enfuir en Thrace, puis se réfugier auprès de Pharnabaze, satrape perse, qui, peu de temps après, le fit mettre à mort sur l'ordre de Sparte (cf. note 232).

On trouve fréquemment, dans les dialogues platoniciens, plaisanteries et allusions adressées à Socrate au sujet de son amour pour Alcibiade (cf. *Protagoras* 309a, *Charmide* 155c-d, et Guthrie, pp. 390-8), allusions que Socrate, semble-t-il, n'a jamais démenties. Par ailleurs, Socrate a précisé dans le *Banquet* (215a-219d) la nature exacte de son amour pour Alcibiade. L'idée que le savoir et la sagesse (*sophia*) puissent être l'objet d'une passion philosophique apparaît dans le *Phédon* (66e et 83a).

76. Le Pyrilampe dont il est question ici était le beau-père de Platon, second mari de Périctioné, sa mère. C'était un ami personnel de Périclès (Plutarque, *Vie de Périclès* 13), il fut ambassadeur en Perse et sa beauté a été souvent célébrée (cf. *Charmide* 158a). Son fils, Démos, avait, semble-t-il, une beauté de jeune premier (cf. Aristophane, *Les Guêpes* 98), c'était un homme riche, mais qui ne paraît pas avoir été très intelligent. D'où la probable moquerie de Socrate quand il fait allusion à son inconstance.

77. Il était souvent reproché au politicien d'être un flatteur contraint de se soumettre aux avis du peuple auquel il s'adresse, de le gratifier et de lui obéir (cf. *Criton* 46b-c, *Alcibiade* 132a, et Aristophane, *Les Cavaliers* 732).

78. C'est une allusion au dieu égyptien, Anubis, qui avait une tête de chien (cf. note 44). Il n'y a aucune raison de voir en cette exclamation la preuve que Platon serait allé jusqu'en Égypte au cours de ce fameux voyage qu'il entreprit après la mort de Socrate, car l'existence de ce dieu était déjà connue par Hérodote (cf. II.66.4, 67.1).

79. Une métaphore musicale d'inspiration analogue semble se trouver dans *République* V 462a.

80. Calliclès reproche à Socrate la même chose que Socrate avait reproché à Polos, de parler en étant uniquement soucieux de l'effet de son discours (cf. *Phèdre* 235a).

81. On retrouve la même image dans *Théétète* 165e.

82. C'est aussi ce que déclarent Hippias (*Protagoras* 337d) et Antiphon (D.K. 87 B 44 A). Cette question de l'opposition de la nature et de la loi était un thème largement traité et compris de différentes façons. Tout dépend en fait des sens qu'on accorde aux deux termes : *nomós* et *phúsis*. *Nomós* peut signifier la justice, au sens de respect des lois (*Minos* 314b-e, Xénophon, *Mémorables* IV, 4, 12-25), mais ce terme peut désigner aussi la loi positive (cf. *Théétète* 167c), ou bien la loi en tant qu'elle institutionnalise la force du gouvernement en place (Xénophon, *Mémorables* I, 2, 40-6). Par ailleurs, *phúsis* peut se référer à la nature de l'homme (dont la société fait partie) ou à la nature qui impose sa loi sans égard aux hommes. Ainsi, le *nomós* s'oppose à la *phúsis* comme une institution humaine qui suscite des exigences (de légalité, d'égalité), qui ne sont aucunement fondées sur la nature, s'oppose à une telle nature (cf. *Protagoras* 337d, *Lois* X 889e-890a ; Démocrite D.K. 68 B9 ; Anonyme de Jamblique D.K. 89 A 6 1-15 ; Antiphon D.K. 87 B 44 A, I 6-23). On voit des échos de ce débat dans les comédies d'Aristophane (*Les Nuées* 1078), les pièces d'Euripide (cf. *Aeolus* fr. 19, Nauck) et dans le cynisme du dialogue sur Mytilène (Thucydide III, 35-49, et surtout 45, 3). Pour la discussion de cette question, voir Dodds, p. 263, Guthrie, IV, et notre bibliographie, p. 115.

83. Dodds (p. 265) suggère de remplacer *nomós* (loi) par *lógos* (discours ou argument). Nous avons suivi cette suggestion, qui donne à la phrase un sens plus satisfaisant que si on avait traduit : « tu t'es mis à harceler la loi ».

84. Calliclès passe ici, semble-t-il, du sens de *nomós* (convention) au sens de *nomós* (loi). Cette ambiguïté est difficile à éviter pour un Grec dans la mesure où le terme *nomós* a les deux sens et où une part importante de la loi grecque était faite de coutumes. Calliclès semble considérer que la loi prend son origine dans une sorte de contrat social. C'est la théorie également proposée par Glaucon dans la *République* II 358e. Par ailleurs, Aristote attribue la même pensée au sophiste Lycophron (cf. *Politique*, 1280b10).

85. L'isonomie (égalité dans l'ordre de la loi ou égalité politique) était en effet le slogan majeur de la démocratie athénienne (cf. *Ménexène* 239a, *République* VIII 558c, *Lois* VI 756e-758a et *Lettre* VII 336d). Dans l'ensemble, Platon critique cette idée comme étant le principe de la démocratie qu'il condamne ; toutefois, la notion d'égalité peut se comprendre en un double sens : égalité mathématique stricte que Platon réprouve ; égalité proportionnelle qu'il accepte comme symbole de l'aristocratie face au pouvoir des tyrans. Voir aussi : Hérodote 3.80.6 ; Euripide, *Suppliantes* 429-41, *Phéniciennes* 535-48, Thucydide VI 38-9 ; et : Vlastos G. : Isonomia, *American Journal of Philology* 64 (1953), pp. 337-66, repris dans *Platonic Studies*, Princeton, 2e éd. 1981, pp. 164-203.

86. Les deux exemples que prend Calliclès, empruntés au registre des comportements animaux et à celui des relations entre cités et nations, sont sans doute assez anciens et remontent au Vᵉ siècle. Pour la vie animale, considérée comme modèle du comportement naturel, voir *Lois* III 690b ; et aussi : Aristophane, *Les Nuées* 1427 sqq. ; Hérodote II 64. Quant au caractère « naturel » de l'impérialisme entre cités, il est exposé surtout par Thucydide (V, 105.2 et IV, 61.5). Calliclès a l'air de considérer cela comme le modèle des relations qui doivent exister entre les cités, tandis qu'Isocrate proposait plutôt d'appliquer les exigences de la moralité privée aux affaires publiques (cf. *Sur la paix* 119). Darius et Xerxès sont décrits comme deux tyrans par Hérodote (IV, 126-7) et Eschyle, *Les Perses* 739-831 ; le choix de ces deux exemples historiques est un peu curieux dans la mesure où on pensait communément que les agressions perses avaient échoué à cause du manque de respect pour le droit conventionnel dont elles faisaient preuve.

87. Xerxès, roi de Perse, fils de Darius, prit l'initiative de la seconde guerre médique. En 480, l'armée perse franchit l'Hellespont sur des ponts de bateaux et prit pour la deuxième fois la route d'Athènes en passant par la Macédoine et la Thessalie. Ces deux régions tombèrent sans résistance ; les trois cents soldats de Léonidas furent massacrés aux Thermopyles, la Béotie et l'Attique furent ravagées, Athènes occupée et les monuments de l'Acropole incendiés. Toute la population d'Athènes s'était réfugiée sur l'île de Salamine que Thémistocle décida de protéger à tout prix. Il livra donc bataille devant Salamine et les trières de la flotte athénienne écrasèrent la flotte de Xerxès.

88. Darius, père de Xerxès, réprima avec une grande violence le soulèvement qui s'était produit à son arrivée au pouvoir. En 492-491, il déclencha la première guerre médique, occupa le littoral de Thrace et la Macédoine, puis s'empara de Naxos et des Cyclades, détruisit l'Érétrie et débarqua à Marathon où il s'affronta aux dix mille hoplites de l'Athénien Miltiade qui le firent rembarquer.

89. Sur l'emploi du grec *pláttein* (façonner) pour désigner l'action éducative, cf. *République* II 377c, *Timée* 88c, *Lois* II 671c et VII 789e. L'éducation qu'évoque Calliclès est à rapprocher de celle qui est exposée dans le *Protagoras* (325c-326a). Il y avait du temps de Platon des ménageries itinérantes qui présentaient au public lions et ours domestiqués (cf. Isocrate, *Sur l'échange* 213). Mais Calliclès pense peut-être ici à la fable du lion (cf. Eschyle, *Agamemnon* 727 sqq., et Aristophane, *Grenouilles* 1431). Cette allusion est sans doute ce qui a inspiré à Nietzsche l'image du surhomme (cf. *Généalogie de la morale* I, 2, et *Crépuscule des idoles* VII, 2).

90. Sur les orateurs-enchanteurs, cf. *Euthydème* 290a. Peut-être Platon pense-t-il ici au Congrès des Bêtes, au cours duquel les lièvres font la proposition que toutes les bêtes aient les mêmes droits et les lions répliquent : « où sont vos griffes et vos dents ? »

Cette fable est racontée par Antisthène et reprise par Aristote, *Politique* 1284a15 ; (cf. Critias, D.K. 88 B 25, 5-7 ; et Antiphon, D.K. 87 B 44 A3, 1-7).

91. Calliclès cite un fragment d'un poème perdu de Pindare (fr. 169 Snell), mais qui a été partiellement conservé aussi par le scoliaste à Pindare (*Néméennes* 9.35). Le poème se poursuivait de la façon suivante : « J'en juge d'après les actes d'Héraclès, puisqu'il a conduit vers la cour, construite à mains de géant, d'Érysthée, les bœufs de Géryon, sans en avoir la permission, sans en avoir payé le prix. » Dans le texte qu'il cite, il est évident que Calliclès comprend le *nomós* de Pindare comme identique à la loi de la nature, c'est-à-dire, au droit du plus fort. Mais cette idée semble un peu prématurée pour le temps de Pindare, elle convient sans doute mieux à l'époque ultérieure. En effet, la loi de Pindare ne serait pas tant la loi coutumière que la loi du destin, identique à la loi de Zeus. La violence d'une telle loi est donc justifiée si elle permet d'accomplir la volonté de Zeus (voir Dodds, p. 270). Wilamowitz a suggéré que Platon aurait fait une citation inexacte du texte de Pindare, remplaçant « pour forcer le plus juste droit » (leçon qu'on trouve en effet dans la plupart des manuscrits du *Gorgias*) par « pour justifier la plus extrême violence », mais il semble que la leçon des manuscrits, qui donne une citation erronée du texte de Pindare, soit due à une erreur du copiste et ne remonte pas à Platon (pour les détails de cette discussion, voir Dodds, p. 272).

92. Géryon, « aux trois têtes » (Hésiode, *Théogonie* 287), dont le corps était triple jusqu'aux hanches, était le fils de Chrysaor et de Callirhoé ; il habitait l'île d'Érythie, contrée d'Espagne. Sa richesse consistait en troupeaux de bœufs, gardé par un bouvier, Eurythion, et en un chien à deux têtes. Héraclès dut, pour accomplir le dixième exploit de son cycle de Travaux, s'emparer des bœufs de Géryon et tuer celui-ci. Pour les sources du personnage, voir Grimal, *Dictionnaire de mythologie grecque et romaine*, pp. 165-166.

93. C'est la même image qu'emploie Anytos pour condamner les sophistes (*Ménon* 91c). Sur la philosophie, son importance et l'âge auquel il convient de la pratiquer, l'opinion qu'expose ici Calliclès n'est pas très éloignée de celle d'Isocrate. En effet, Isocrate pensait que la philosophie, entendue au sens de Platon, était utile comme moyen d'éducation et fournissait aux jeunes gens l'occasion d'une sorte de gymnastique mentale (*Sur l'échange* 266-268). De plus, la philosophie était censée préserver de mal faire (*Panathénaïque* 27, et *Introduction*, pp. 82-85). En revanche, chez les adultes, l'inutilité de la philosophie est prouvée par le fait que les philosophes connaissent moins la vie que leurs élèves ou leurs esclaves (*Panathénaïque* 28). Ces critiques d'Isocrate visent très certainement l'Académie. Par ailleurs, Isocrate était lui-même directeur d'une école rivale de celle de Platon. Mais, en fait, ces vues d'Isocrate étaient couramment partagées par la plupart des

Athéniens, c'était l'opinion commune qui alimentait la critique de la philosophie (cf. *Euthydème* 305c-e, *République* VI 487c-d ; et aussi Euripide, *Médée* 294-301 ; Aristophane, *Les Grenouilles* 1491-9 ; Aristote, *Éthique à Nicomaque* 1141b3-8).

94. Cf. *République* I 353d, II 364a-b, V 480d ; et Thucydide II, 40, 2, sur l'œuvre propre de l'être humain qui oblige à une telle connaissance des relations qui existent dans la société humaine.

95. Platon ne cite pas très exactement ce passage d'Euripide, qui semble avoir été fort connu puisqu'il est également rappelé dans le second *Alcibiade* (146a).

96. Calliclès exprime là une vue assez répandue parmi les contemporains de Platon : la philosophie est une discipline éducative parmi d'autres (cf. note 93). Cette vue est souvent exprimée par les interlocuteurs de Socrate : c'est le cas du jeune Hippocrate qui s'intéresse à la philosophie pour compléter son éducation (*Protagoras* 312b) ; c'est surtout le cas de Calliclès, qui aime participer aux discussions philosophiques, mais qui insiste toujours beaucoup sur son statut d'amateur (cf. 458d) ; voir aussi *République* VI 487c.

97. Ce qui implique que les enfants d'esclaves pouvaient être exhibés pour qu'on admirât leur précocité, conséquence du fait qu'on les avait mis très tôt au travail. Les enfants qui, au contraire, restent enfants autant qu'il le faut sont manifestement de condition libre parce qu'on ne les a pas contraints à travailler.

98. Étudier la philosophie quand on est jeune est le signe d'une culture libérale, propre à un homme libre. C'était l'idéal social de la fin de Ve siècle et du IVe siècle (cf. *Protagoras* 312b, *République* III 403a-e ; et aussi : Sophocle, *Philoctète* 1317, Xénophon, *Mémorables* 2.8.4.).

99. Homère, *Iliade*, IX, 441. Cette « place des débats publics » est en fait l'Agora d'Athènes, mais elle est ici évoquée par Calliclès comme place des débats davantage que comme place de commerce et de marché (cf. note 54).

100. Cette image devait servir, pour tous ceux qui critiquaient Socrate, à caricaturer sa manière de vivre. Elle est rappelée par Cicéron (*De oratore* 1.57), par Plutarque et par Épictète. Pourtant des témoignages historiquement plus proches de Socrate, comme ceux de Xénophon (*Mémorables* I 1.10) et de Platon (*Apologie de Socrate* 17c), ne concordent pas tellement avec cette image. Peut-être Platon pense-t-il ici aux critiques adressées aux écoles de philosophie, créées à la fin du Ve siècle et à l'Académie. La vie du philosophie décrite dans le *Théétète* (173c-d) (plutôt que la personnalité réelle de Socrate) correspond à l'accusation de Calliclès.

101. *L'Antiope* a été, semble-t-il, une des dernières pièces écrites par Euripide. Platon, comme Socrate, auraient pu assister à la première représentation qui en fut donnée. Le sujet principal de la pièce était la libération d'Antiope par ses frères, Amphion et Zéthos, qui avaient été élevés par un berger, comme enfants

trouvés. La scène qu'évoque Calliclès est celle où les deux frères discutent de leur mode de vie. Zéthos est pasteur et Amphion musicien. Mais Euripide élargit le débat et en fait une occasion pour opposer deux attitudes typiques : d'une part, l'activité pratique d'un homme d'affaires ; d'autre part, le détachement d'un artiste et philosophe à l'égard des affaires politiques. Mais rappelons qu'Hermès avait fait la prédiction que la musique d'Amphion construirait les murs de Thèbes, donnant ainsi une légitimité pratique et politique à l'activité d'Amphion. Un peu de la même façon, Socrate, apparemment détaché des affaires politiques, prétend être en fait le seul véritable homme politique à Athènes (cf. 521d). Quand Calliclès rappelle que l'homme public sait manier le plausible (*pithanón*) et le probable (*eikós*), il fait allusion aux moyens de la rhétorique décrite dans le *Phèdre* 266e et dans la *Rhétorique* d'Aristote (II, 1355b).

102. Sur l'impuissance du philosophe au tribunal, voir plus loin dans le dialogue (522b) et *Théétète* 172c. Les sycophantes étaient des accusateurs et calomniateurs publics qui pouvaient intenter à quiconque un procès. Ils représentaient un réel danger à Athènes, surtout pour une personnalité aussi anticonformiste que celle de Socrate (cf. l'avertissement d'Hippias, dans *Hippias Majeur* 304a-b).

103. Le sens exact de l'expression grecque n'est pas parfaitement clair : s'agit-il de taper sur la tête ? de donner une gifle ? de décocher un coup de poing dans la mâchoire ? (Cf. note 280.)

104. Pour la reconstitution du texte d'Euripide que cite ici Calliclès, voir Dodds pp. 278-279.

105. Cette pierre de touche, ou pierre de Lydie, était faite d'une sorte de quartz noir (ou jais) et permettait de tester l'or. On frottait l'or contre la pierre et on comparait les rayures avec celles laissées par le métal à tester. Le souhait d'une pierre de touche qui fasse voir ce que valent les caractères humains se retrouve ailleurs (cf. *République* VI 503a, *Politique* 303d-e, *Lettre* VIII 355c, Euripide, *Médée* 516 sqq.).

106. Le terme *hermaíon*, traduit ici par « vrai cadeau des Dieux », désigne au sens propre le cadeau d'Hermès, c'est-à-dire une trouvaille inattendue et heureuse. L'emploi de ce terme chez Platon a souvent une valeur de dérision et suggère qu'on reste en fait très réservé sur la valeur de cette dite trouvaille (cf. *Euthydème* 273e, *Théétète* 148e et *République* II 368d).

107. Y a-t-il ici, comme le pense Robin, une imitation du style de Gorgias, avec « une allitération, évidemment intentionnelle pour parler de ces professionnels du beau style ; de même pour l'antithèse entre la honte et l'audace » (cf. p. 1279, note 130) ?

108. Peu de choses sont connues à propos de ces quatre jeunes gens. Celui pour lequel nous disposons de quelques informations est Andron, fils d'Androtion. Platon le cite dans la liste des jeunes gens qui assistaient à la réunion des sophistes tenue dans la maison

de Callias : Andron fait même partie du cercle d'Hippias (cf. *Protagoras* 315c). L'allusion de Platon suggère-t-elle un lien entre Calliclès et le sophiste Hippias, défenseur du droit de la nature ? Par ailleurs, Andron était un membre de la tyrannie des Quatre Cents, qui prit le pouvoir à Athènes en 411, mais, à la chute du régime, il se tira d'affaire en accusant son complice Antiphon. Il semble avoir fait ensuite de la prison pour dettes à l'égard de l'État. Son fils, opposant politique de Démosthène, semble avoir été éduqué à l'école d'Isocrate, rivale de celle de Platon. Quant à Nausycide, il s'agit sans doute de ce riche meunier, ou trafiquant de farine, évoqué par Aristophane (*Assemblée des femmes* 426) et par Xénophon (*Mémorables* 2.7.6.). Enfin, Tisandre aurait été, semble-t-il, également un homme riche. Ces quelques renseignements biographiques laissent penser qu'il y avait à Athènes un groupe de jeunes gens riches (une sorte de jeunesse dorée), soucieux de leur formation et sans grands scrupules moraux.

109. Le rappel fait ici par Socrate d'une conversation qui se serait tenue, en sa présence, une vingtaine d'années auparavant, n'est pas très vraisemblable. Peut-être Socrate fait-il discrètement allusion à un dialogue, ou à une autre source littéraire, qui aurait présenté les opinions de ce petit groupe de jeunes gens. Par ailleurs, le reproche de montrer trop d'exactitude dans l'étude de la philosophie est certainement repris d'Isocrate, qui, dans le *A Nicoclès*, formule le même grief (cf. 2-9, et aussi *Hélène* 10-15). Peut-être Platon emprunte-t-il au *Contre les sophistes* d'Isocrate les reproches adressés par Calliclès à Socrate, à moins qu'il y ait eu un autre pamphlet, paru peu de temps avant le *Gorgias*, et occasion plus particulière de sa composition. Enfin, le risque d'être corrompu par la philosophie qu'évoque Calliclès rappelle la charge, et occasion retenue contre Socrate lors de son procès.

110. Socrate suggère ici comment la façon de discuter qu'il exige (ou méthode dialectique) suppose un accord moral. Il ne l'affirme pas explicitement, mais l'engagement qu'il demande à Calliclès va dans ce sens. L'enjeu du débat donne à cette discussion dialectique une force toute particulière. Le point de vue de Socrate et celui de Calliclès sur la manière de vivre s'opposent radicalement et cette différence d'opinions, qui exclut apparemment tout point de vue intermédiaire, doit se jouer dans un débat destiné à trouver la vérité et donc obligé de respecter toutes les règles de la discussion dialectique (cf. *Charmide* 173d, *Criton* 49a-b).

111. Nul n'agit mal volontairement ; toute faute est due à l'ignorance : ce sont les deux plus fameux paradoxes de la morale socratique (cf. *Apologie de Socrate* 25c-26a ; et notre bibliographie sur la question des paradoxes socratiques, pp. 115-116).

112. Cf. 483d et 484b-c.

113. Calliclès a déjà utilisé les termes de meilleur (*béltiōn*) et de supérieur (*kreíttōn*) à deux reprises en 483d et 484c, mais sans préciser le sens de ces qualificatifs. Dans son emploi le plus fréquent,

kreittōn signifie « supérieur en pouvoir » (cf. *République* I 338c-339a), tandis que *béltiōn* se rapporte plutôt à une supériorité sociale et morale (cf. *Banquet* 185b). Par ailleurs, la loi, dont il est ici question, est-elle celle du gouvernement en place ou obéit-elle à une détermination supérieure (cf. *République* I 338d-339a, 358e-359b) ? Le dialogue, retracé par Xénophon, entre Périclès et Alcibiade, au cours duquel Périclès défend une conception positive de la loi avant de se rétracter quand on lui en fait voir les conséquences (cf. *Mémorables* I, 2.40-46), ressemble à la discussion présente, puisque Calliclès doit lui-même reconnaître que le peuple au pouvoir est nécessairement le plus fort et donc le meilleur.

114. Les allusions de Socrate à la propédeutique, ou éducation préliminaire, qu'il pourrait recevoir des sophistes, ou de ses interlocuteurs, se rencontrent souvent dans les dialogues platoniciens (cf. *Euthydème* 302c et *Hippias Majeur* 291b).

115. C'est le verbe grec *eirōneúesthai* que nous avons ainsi traduit par « faire semblant d'être idiot ». Le sens habituel de ce terme (faire semblant, jouer un jeu) nous a semblé doté dans ce contexte d'une valeur plus particulière : Calliclès ne croit ni à la modestie ni à la naïveté de Socrate. Il voit dans la réponse de ce dernier, une fausse simplicité d'esprit, paradoxalement destinée à désarmer l'adversaire. D'où le sens de la remarque que Calliclès adresse à Socrate.

116. Puisque Calliclès parle au nom de Zéthos, Socrate, ironiquement, va jusqu'à jurer par Zéthos, ce qui donne une déformation comique de l'interjection traditionnelle : « Par Zeus ».

117. Expression qui signifie « s'occuper des mots sans faire aucunement attention au sens que ces mots peuvent avoir » ou encore « essayer d'embarrasser l'adversaire en prenant ce qu'il dit dans un sens littéral » (cf. *Théétète* 166c).

118. Ces dernières interventions de Calliclès sont de plus en plus familières, négligées et violentes, dans leur style et leur mouvement.

119. L'agriculture, à la différence des autres professions qui viennent d'être évoquées par Socrate, est une occupation de citoyen riche. Sur la comparaison, souvent faite par Socrate, entre les différentes compétences (politiques et manuelles), cf. *Hippias Majeur* 286d, *Banquet* 221e, et Xénophon, *Mémorables* I, 2,9.

120. Cette remarque de Calliclès rappelle le portrait de Socrate tracé par Alcibiade dans le *Banquet* (221e). Calliclès refuse toutes les comparaisons suggérées par Socrate, afin d'empêcher que les meilleurs ne soient mis sur le même plan que d'autres êtres, inférieurs à eux. Hippias adresse le même reproche à Socrate (*Hippias Majeur* 288d), et, selon Xénophon, Critias s'oppose, sur ce point aussi, à Socrate (*Mémorables* 1.2.37).

121. C'est ce qu'on reproche de façon caricaturale à l'homme qui s'est entièrement consacré aux Muses et à la philosophie (cf. *République* III 410d, et Thucydide II, 40.1). Pour Platon, ce terme sert à désigner plutôt une sorte d'auto-indulgence (cf. *République* VIII 556b-c), mais Calliclès y voit surtout le défaut propre à

l'intellectuel empêché d'agir par ses scrupules (Thucydide VI, 13, Xénophon, *Helléniques* IV, 5, 16).

122. C'est une allusion à l'expression toute faite : « dire deux fois les mêmes choses sur le même sujet » (cf. *Euthydème* 279d).

123. Le texte grec de cette question de Socrate est difficile à interpréter. Pour la discussion, voir Dodds, p. 293.

124. C'est un moyen de définition assez courant dans les dialogues platoniciens que de recourir au sens commun des termes, fût-ce pour le critiquer et s'en dégager (cf. *République* IV 430e et *Protagoras* 353c). Mais si, pour Socrate comme pour tout le monde, « se commander soi-même » signifie « se dominer », le sens socratique d'une telle domination est un peu plus particulier : elle peut révéler l'opposition qui existe entre deux parties du moi (cf. *Lysis* 207e, *Ménon* 77b-78b, *République* IV 431a-d et *Lois* I 626e). En fait, ce que Platon présente comme une opinion commune ne paraît pas avoir été l'objet d'une telle unanimité (voir : Antiphon D.K. 87B 58 ; Démocrite D.K. 68B 214 ; et Euripide, *Médée* 1078).

125. On retrouve ailleurs aussi ce genre d'évaluations qui fait des hommes raisonnables des imbéciles (cf. *République* VIII 560d, et, de la part de Thrasymache, *République* I 348a-e).

126. Cette double thèse selon laquelle le tyran ne doit mettre aucun frein à ses passions et n'a aucun intérêt à être juste est également exposée par Glaucon dans *République* I (358c), comme la thèse la plus commune qui soit : elle aura une fortune considérable. Cette conception de Calliclès ressemble assez à l'idéologie de certains politiciens musclés, exposée par Thucydide (cf. III, 82.4). Mais, en fait, ces idées ne paraissent pas avoir été aussi répandues que l'affirme Glaucon. Isocrate, par exemple, les critique (cf. *Aréopagitique* 20, *Panathénaïque* 131). Platon, évidemment, récuse violemment ce genre d'opinions dans le *Politique* (296d-e) et les *Lois* (IX 875c-e).

127. Cf. *République* II 359b, où Glaucon développe le même argument : les hommes qui ne sont pas injustes sont vertueux par impuissance.

128. Les deux termes (*dunasteía* et *tyrannís*) désignent respectivement l'oligarchie et la tyrannie, deux formes de pouvoir qui se situent au-delà de l'Assemblée et récusent sa toute-puissance (cf. Aristote, *Politique* 1292b10, 1293a31). La tyrannie est le pouvoir d'un seul homme (par exemple, Denys II, tyran de Syracuse), tandis que la *dunasteía* qualifie une tyrannie de groupe qui gouverne sans souci de la loi (par exemple, le gouvernement des Trente à Athènes).

129. La tempérance et la justice sont souvent associées l'une à l'autre (cf. *République* IV 438e-441d).

130. Le favoritisme politique (ou « spoils-system », « clientélisme ») que semble préconiser Calliclès était tout à fait courant dans la politique grecque (cf. *République* II 362a-c).

131. Tel est maintenant le véritable enjeu du débat. La question initiale qui portait sur la rhétorique passe au second plan.

132. Calliclès réplique violemment à ce qui était probablement une thèse socratique qui célébrait l'auto-suffisance de l'homme bon et sage (cf. *Lysis* 215a, et Xénophon, *Mémorables* I, 2, 14). Par ailleurs, Aristophane fait aussi allusion à l'ascétisme de Socrate (cf. *Nuées* 103, 363). Mais si l'opinion de Socrate sur ce point est assez particulière, en revanche, la réponse de Calliclès reprend une opinion courante : être un homme ascétique, c'est être un mort vivant (cf. Sophocle, *Antigone* 1165sqq. ; Aristophane, *Les Nuées* 504, et la critique de Platon, dans le *Phédon* 65a).

133. Sur la reconstitution du texte d'Euripide cité ici par Socrate et sur la question de savoir si ces vers sont extraits du *Phryxos* (frg. 833, Nauck) ou du *Polyide* (frg. 639, Nauck), voir Dodds, p. 300. En tout cas, ces vers ont dû avoir un certain succès, puisque Aristophane les cite deux fois dans *Les Grenouilles* (1082 et 1477). L'inspiration sous-jacente est sans doute orphique ou pythagoricienne.

134. Ces idées d'un lieu de l'âme où résident les passions et d'une parenté entre le corps (*sôma*) et le tombeau (*séma*) peut être d'inspiration pythagoricienne (cf. Empédocle D.K. 31 A 15, 118) ou héraclitéenne. Elles ne sont sans doute pas d'origine orphique, puisque l'étymologie (orphique) de *sôma* donnée dans le *Cratyle* (400c) est rapprochée de *sôzéthai* = il garde. Par ailleurs, les idées que développe Socrate supposent une partition de l'âme, mais il ne s'agit pas déjà de l'exposé de la tripartition platonicienne de l'âme (cf. *République* IV 435b-c), elles peuvent simplement reprendre la distinction courante et populaire entre la raison et les appétits (cf. Aristote, *Éthique à Nicomaque* 1102a26 et *Traité de l'âme* 432a26).

135. Ce n'est pas sans ironie que Platon fait ici mention de cet « homme subtil, Sicilien ou Italien » (pour un procédé analogue, cf. *Hippias Majeur* 288d et *République* VI 495d). Les problèmes posés par cet exposé de Socrate, qui représente la première contre-attaque aux opinions de Calliclès, sont considérables. D'abord, le « Sicilien ou Italien », dont il est question ici, est-il l'auteur du mythe ou n'est-il que l'informateur qui a raconté ce mythe à Socrate ? Par ailleurs, si la précision géographique donnée par Socrate peut laisser penser que cet homme est un représentant de l'orphisme, quels sont ses liens avec le groupe d'hommes évoqué un peu avant, qui prétendent que le corps est un tombeau ? De toute façon, Socrate ne donne pas l'identité de cet homme et ne paraît pas non plus la connaître. Il est assez vraisemblable que cet « homme subtil » ait été l'auteur de poèmes religieux, évoquant les souffrances des non-initiés dans l'Hadès (voir l'argumentation de Dodds, p. 297). Mais la question reste en fait assez indécise. On peut comparer ce passage avec le mythe brièvement exposé dans le livre II de la *République*, qui rappelle que les hommes impurs et injustes sont enfouis dans la boue de l'Hadès et obligés à porter de

l'eau dans un crible (363d), mais l'origine du mythe de la *République* n'est pas plus précise que celle de l'évocation du *Gorgias*. Certes, l'idée d'une punition après la mort n'était pas propre aux seules sectes orphiques, mais les « amulettes d'or », sur lesquelles ce genre de textes pouvaient être écrits, ont été trouvées en grand nombre dans le sud de l'Italie, région orphique par excellence ; par ailleurs, les plus anciennes représentations de porteurs d'eau qu'on peut voir dessinées sur des vases viennent aussi de cette région. Le plus plausible est de penser que cet « homme subtil », qu'il soit ou non l'auteur du mythe, l'avait réinterprété, ou doté d'une interprétation plus forte, en y voyant comme un destin après la mort et en donnant à ce mythe la valeur d'une allégorie. Peut-être s'agit-il d'Archytas, sage pythagoricien que Platon aurait rencontré au cours de son voyage, lequel lui aurait expliqué le sens du poème orphique ? Mais peut-être est-il aussi question du philosophe Archélaos ? (voir Dodds, pp. 296-299).

136. Les êtres irréfléchis, ce sont les *anóetoi*, et les non-initiés, les *amúetoi*. Il semble que les non-initiés aient été très tôt figurés comme des porteurs d'eau. En effet, une peinture de Polygnote représentant le monde souterrain à Delphes les montre en train d'essayer de faire les purifications et pénitences qu'ils ont négligées de leur vivant.

137. Avec ce sage, retrouvons-nous l'auteur du mythe ou bien « l'homme subtil » (lesquels ne font peut-être qu'un seul homme) ? En tout cas, ce sage n'est pas très éloigné de ceux dont il sera question un peu plus loin dans le *Gorgias*, qui enseignèrent à Socrate l'ordre du monde (507d-508b). Si on le compare aux sages évoqués dans le *Ménon* (81a) et dans le livre IX de la *République* (583b), qui sont d'origine pythagoricienne, l'analogie indiquerait qu'il s'agit aussi d'un pythagoricien, plutôt que d'un simple prête-nom au travers duquel Platon exprimerait ses propres idées (pour la discussion de ce point de vue, voir Dodds, p. 297).

138. Sur Hadès, voir *Phédon* 79a et 81c, où Platon propose la même dérivation qu'ici, faisant venir Hadès de *a-ideîn*, qui signifie « ne pas voir ». Mais dans le *Cratyle*, Platon préfère rapporter le terme Hadès à l'expression *aeì eidénai*, laquelle signifie « savoir toujours », ou « depuis toujours » (*Cratyle* 404b).

139. Il est difficile de chercher des équivalents trop exacts aux différents détails de cette allégorie. La dernière mention : « à cause de son absence de foi et de sa force d'oubli » est un peu étrange. La force d'oubli (*léthè*) peut être comprise comme la capacité d'oublier les satisfactions passées ou bien celle d'oublier l'origine divine de l'âme. Quant à l'absence de foi (*apistía*), elle pourrait signifier le manque de confiance dans la doctrine pythagoricienne, mais désigner aussi, pour reprendre la suggestion de Dodds de traduire par *unreliability* (p. 303), le manque de sérieux ou l'impuissance à être convaincu. Sur l'oubli, cf. *Phèdre* 276c-e et *République* X 621a.

Ces allusions confirmeraient l'origine pythagoricienne du sage que cite Socrate, interprète du poème italique.

140. Le sens le plus probable de *gymnásion* est « école de pensée » (cf. Aristophane, *Guêpes* 526, et Longin, *Du sublime* 4.4). Le rapport fait entre le mythe qui vient d'être exposé et cette nouvelle image des hommes destinés à remplir des tonneaux a sans doute pour fonction de signaler que cette seconde allégorie est elle aussi l'effet d'un emprunt. Peut-être cette image vient-elle d'Empédocle, même si Platon a très librement adapté la pensée de celui-ci aux réquisits de son argumentation.

141. Dans cette seconde allégorie, les liquides ne sont plus transportés dans des passoires et écumoires, mais versés dans des tonneaux. Platon se sert d'une image analogue, mais un peu différente, dans les *Lois* (I 636d) : plaisir et peine sont représentés comme deux sources, et le bonheur dépend de la juste quantité de l'un et de l'autre, versée au bon moment.

142. Cf. *République* IX 574a. Les développements antérieurs sur la passoire percée sont complétés ici par la définition du plaisir comme satiété, ce qui était implicite dans le mythe précédent, réinterprété par le sage (probablement pythagoricien) ; cette thèse de la définition du plaisir par la satiété semble aussi avoir été formellement énoncée par Empédocle (D.K. 31 (21) A 95). Elle a été reprise dans les discussions éthiques ultérieures (cf. *Éthique à Nicomaque*, 1173b7 sqq.). Calliclès suppose que tout plaisir comporte un contentement et une satisfaction, Socrate ne le contredit pas sur ce point. Platon lui-même définit ainsi les plaisirs dans le livre IX de la *République* (584b-585b) et dans le *Philèbe* (34a-35d, 51a-52c, 53c-55a), même si la distinction entre plaisirs esthétiques et plaisirs intellectuels est présente (voir aussi Aristote, *Éthique à Nicomaque* 1173a31-b20, 1174a19-b14). Par ailleurs, Calliclès ne fait pas de différence entre les plaisirs bons et les plaisirs mauvais : c'est la fameuse théorie démocratique du plaisir que Platon caricature dans *République* VIII 561b-c.

143. L'identité de cet oiseau est incertaine. Assurément, la description qu'en propose Socrate en fait une assez bonne image des tonneaux percés. Aristote donne un descriptif de cet oiseau, dont le pluvier semble être le meilleur correspondant, dans *Histoire des animaux* 614b35-615a1. Sur le type de désirs décrit ici, cf. *Philèbe* 45d-47b.

144. Cette opinion selon laquelle il existe des plaisirs bons et des plaisirs mauvais est une reprise probable d'une idée de Démocrite, lequel pensait que le bonheur dépendait d'une définition et d'un calcul des plaisirs (cf. D.K. 68 (55) A 167). Pour les occurrences d'une telle opinion dans les dialogues platoniciens, voir *Philèbe* 36c-43e ; et la critique d'Aristote : *Éthique à Nicomaque* 1104b3-8.

145. La même remarque est faite dans le *Protagoras* (360a). Sans doute, Socrate se réfère aux déclarations de Calliclès, lequel prétendait parler franchement, sans aucune réserve (cf. 491e).

146. Cette apostrophe de Calliclès est évidemment ironique (cf.
République III 339e et *Hippias Majeur* 290d). Calliclès pense qu'on
lui demande d'admettre quelque chose d'évident. Mais en fait ce
n'est pas absolument évident, car si le plaisir était la même chose
que le bien, il faudrait disposer d'une science des plaisirs permettant de calculer les valeurs respectives de chaque plaisir.

147. Socrate donne à la réponse de Calliclès l'allure d'une dépo-
sition légale, où il faut préciser l'origine de celui qui dépose pour
éviter toute erreur d'identité. Calliclès répliquera à Socrate dans
le même style. Pour l'usage de ce procédé, cf. *Phèdre* 244a et
Aristophane, *Nuées* 134.

148. L'ophtalmie était une sorte d'infection des yeux, fort répandue en Grèce, semble-t-il, cf. *Charmide* 156b-c.

149. Que Socrate précise ici qu'il s'agit soit du corps soit de
l'âme est essentiel à l'argument, autrement on pourrait être à la fois
en bon état physique et en mauvais état moral. Par ailleurs, l'idée
défendue par Socrate, selon laquelle le plaisir dépend d'un retour
à l'équilibre, semble se trouver déjà chez Héraclite (D.K. 22 B 111)
et chez Empédocle (D.K. 31 A 95). Dans le livre IX de la *République* (583b-585a), Platon suggère que des plaisirs aussi éphémères
sont irréels. Dans le *Timée* (64c-d) et le *Philèbe* (31d-32b, 51a-52c),
les plaisirs organiques sont conçus comme la restauration d'un état
naturel. Enfin, dans *République* IX 584b, *Philèbe* 51e et *Timée* 65a,
Platon semble admettre qu'il existe des plaisirs sans conscience de
manque, tels les plaisirs de l'odorat, certains plaisirs esthétiques et
tous les plaisirs intellectuels. Cependant, on pourra objecter à cette
argumentation socratique que plaisir et peine ne sont pas en fait
strictement simultanés ; en effet, la peine précède le plaisir. C'est
d'ailleurs ce que semble suggérer un passage du *Phédon* (60b). Par
ailleurs, l'argument de Socrate implique que, pour distinguer le
plaisir et le bien, il faille montrer que le bien et le mal sont des
contraires, tandis que le plaisir et la peine ne le sont pas. Or, Platon
semble dire dans la *République* (IV 436b-437e) et dans le *Philèbe*
(31b-33c) que le plaisir et la peine sont des contraires. Peut-être y
aurait-il moyen de réduire cette apparente contradiction en ne for-
çant pas la valeur démonstrative de ce passage du *Gorgias*, mais en
le replaçant dans la perspective qui est la sienne. Tout ce que veut
montrer Platon est que le plaisir et le bien ne sont pas identiques
parce que leurs caractéristiques sont différentes : le plaisir peut
coexister avec son contraire, alors que le bien en est incapable.

150. L'expression grecque est en fait beaucoup plus imagée, elle
signifie littéralement : « Tu fais ton Akko. » Akko était un homme
proverbialement stupide. Le scoliaste signale que le poète Amphis,
contemporain de Platon, aurait écrit une pièce à propos d'Akko.

151. L'expression est en fait assez agressive. Socrate s'accuse
parfois de parler pour rien (cf. *Charmide* 173a) et suggère que ses
interlocuteurs pourraient être en droit de lui faire le même reproche
(cf. *Charmide* 176a, *Théétète* 171d, *Phèdre* 260d). En revanche,

Calliclès, Euthydème (cf. *Euthydème* 295c) et Hippias (*Hippias Majeur* 304b) ne se gênent pas pour reprocher violemment à Socrate de parler pour rien.

152. En effet, on ne pouvait être initié aux Grands Mystères, qui avaient lieu chaque automne à Éleusis, avant d'avoir été initié aux Petits Mystères, qui se déroulaient au printemps. Les Petits Mystères avaient un rôle préparatoire ; après quoi, on pouvait recevoir dans les Grands Mystères les révélations qui représentaient l'initiation proprement dite. On devenait alors un « myste », quelqu'un qui se tait, qui ne doit pas divulguer ce qu'il sait (cf. *Phèdre* 250b, *Banquet* 210a).

153. L'emploi de ce terme évoque le sens technique que Platon donnera à la présence d'une qualité (*parousía*) pour désigner le mode d'être d'une Forme dans un individu particulier. Mais l'usage qui en est fait ici est sans doute beaucoup plus trivial (cf. *Lysis* 217c-e, *Charmide* 158d-e, *Phédon* 100d).

154. C'est-à-dire une dizaine d'années.

155. Le texte de cette réponse de Calliclès est difficile à interpréter. Pour le passage en revue des différents sens qu'on peut lui accorder, voir Dodds, pp. 314-315.

156. Le proverbe auquel Socrate se réfère ici est cité par le scoliaste sous la forme « deux ou trois fois le beau ». Le scoliaste rappelle un passage d'Empédocle (D.K. 31 A 25) et montre que Platon ne reprend pas le proverbe, mais l'adaptation qu'en a fait Empédocle. Platon cite de nouveau ce proverbe dans les *Lois* VI 754c et XII 956e.

157. Ce dicton a été attribué à Pittacos et à Epicharme. On le retrouve dans les *Lois* (XII 959c). Une formule un peu différente, et plus technique, était utilisée par les joueurs de pions, ou de jacquet, pour décrire le meilleur mouvement à réaliser sous telle ou telle contrainte.

158. L'identification du bon et de l'utile n'était pas défendue par Socrate seulement, mais par les sophistes aussi (cf. *Hippias Majeur* 296e et Xénophon, *Mémorables* IV 6.8).

159. Le terme grec *paraskeuē* a un sens assez indéterminé pour pouvoir inclure à la fois les façons de faire, ou procédés, et les arts. Nous avons choisi de le rendre par « pratique ». D'autres termes grecs sont employés dans le même sens : *epitēdeuma* en 463a et *pragmateía* en 501b.

160. Calliclès a déclaré à plusieurs reprises être l'ami de Socrate (cf. 485e, 487b, 499c), et maintenant Socrate lui demande de prendre au sérieux sa propre déclaration. C'est la même expression qu'emploie Phèdre lorsqu'il demande à Socrate d'être sérieux et sincère au sujet du discours de Lysias (*Phèdre*, 234e).

161. Ces phrases suggèrent qu'à la question « quelle vie faut-il vivre ? », un art ou une science serait en mesure de répondre. L'espoir d'identifier une telle science se trouve suggéré dans de nombreux dialogues de Platon. Dans l'*Euthyphron* (7c-d), Socrate

regrette de ne pas avoir de critère pour mesurer et apprécier les désaccords éthiques. Dans le *Protagoras* (357a-b), il est dit que le salut de la vie dépend d'un juste choix des plaisirs et des peines et que pour ce faire il faut une science. Enfin, dans la *République* (IX 580c-583a), Platon suggère que le philosophe est le seul qui puisse juger de la vérité des plaisirs et définir la vie philosophique.

162. La flûte est l'instrument dans lequel on voit, traditionnellement, l'équivalent de l'instrument grec *aulós* — plus proche, en fait, de la clarinette —, qui était utilisé comme instrument d'accompagnement dans les théâtres. Mais cet instrument était plus spécialement associé à des divertissements licencieux (cf. *Théétète* 173d) et à des danses extatiques dionysiaques (cf. Aristote, *Politique* 1342b1sqq.). C'est sans doute pour cette raison que Pythagore a condamné l'*aulós* en le trouvant excessif et vulgaire ; en effet, il allait jusqu'à conseiller à ceux qui l'écoutaient de se laver les oreilles après l'avoir entendu. Aristote nous dit qu'il était à la mode, au cours du Vᵉ siècle, d'apprendre à jouer de l'*aulós*, mais que par la suite cet instrument fut écarté de l'éducation, « parce qu'il n'était pas éthique, mais orgiastique » (cf. *Politique* 1341 a18sqq). Platon, en tout cas, l'exclut de son idéal d'éducation politique, bien qu'il reconnaisse à la musique une fonction éducative essentielle (cf. *Protagoras* 326a-b, *République* III 399d, et *Philèbe* 56a).

163. La cithare grecque était plus grosse que la lyre et la remplaçait dans les concerts. Les prix panathénaïques étaient décernés non seulement à la cithare seule, mais aussi au chant accompagné de cithare. Platon considère la pratique de ces instrument comme un simple exercice, mais il accorde aussi une valeur éducative à la cithare, laquelle était traditionnellement enseignée aux jeunes Athéniens (cf. Aristophane, *Nuées* 964), ainsi que le recommande Platon dans *Lois* VII 812b-e et dans *République* III 399d.

164. La direction des chœurs dithyrambiques et l'entraînement auquel on les soumettait étaient distingués de la composition des textes de dithyrambes et de leur musique. Des prix étaient offerts pour les dithyrambes aux grandes Dionysies et aux Panathénées. L'entraînement de chœur que recommande Platon dans le livre II des *Lois* est sensiblement différent de celui qu'on pratiquait à son époque (664bsqq).

165. Cinésias était un poète dithyrambique qui exerça son art à la fin du Vᵉ siècle et au début du IVᵉ. Il serait responsable de la corruption et de la dégradation du dithyrambe. Aristophane le caricature dans les *Oiseaux* (1373-1408). Platon avait sans doute un préjugé défavorable à son égard, influencé par sa haine de la « nouvelle musique » dont Cinésias était le chef de file. Platon considérait d'ailleurs que l'innovation en matière musicale et la décadence politique allaient de pair (cf. *République* IV 424a-c et *Lois* III 700d-e). Par ailleurs, Cinésias semble avoir été un libre-penseur notoire.

166. Mélès est décrit par Phérécrate comme le plus mauvais cithariste qui ait jamais existé (CAF I, 145, p. 188, Kock). Il est

peu probable que Platon l'ait entendu jouer, mais il devait bien
connaître la pièce de Phérécrate qui le caricaturait.

167. Cette condamnation de la tragédie, qui succède à la
condamnation du jeu de la flûte et du jeu de la cithare, est fondée
sur les mêmes raisons que la condamnation de la rhétorique : tous
ces arts ont en commun d'être soumis aux caprices des spectateurs ;
de plus, le public n'est jamais capable de distinguer si les plaisirs
qu'ils donnent sont bons ou mauvais. L'insistance mise par Platon
à souligner le fait que la tragédie ne vise qu'au plaisir reprend une
opinion assez communément partagée sur la fin de la tragédie (cf.
Lois II 658e). Aristote reconnaît également que le but de la tragédie
est le plaisir, mais il définit ce plaisir comme un plaisir de l'activité
intellectuelle (cf. *Poétique* 1448 b12 et 1453b10). En fait, le
reproche majeur que Socrate et Platon adressent aux auteurs de
tragédies n'est pas tant d'être des amuseurs publics que des oppor-
tunistes qui se soumettent aux préjugés d'un public ignorant pour
gagner la faveur de la foule (cf. *République* X 602b). Ce reproche
pourrait assurément s'appliquer aux auteurs du IVe siècle avec beaucoup plus de pertinence qu'à ceux du Ve siècle, mais il reste que les
seuls noms cités par Platon, ceux de Cinésias et de Mélès, sont des
noms de musiciens du Ve siècle. Un tel motif de réprobation n'est
pas exprimé par le seul Platon : Aristote accuse lui aussi les drama-
turges de gâcher leurs intrigues pour satisfaire leur public (cf.
Poétique 1453a35). En fait, les auteurs dramatiques étaient pris
entre deux contraintes : les goûts d'un public de masse qu'ils
devaient satisfaire, et les critères des juges de compétition auxquels
ils devaient régulièrement soumettre leurs pièces. Mais il reste que
pour Platon l'organisation athénienne des spectacles tragiques est
encore préférable à celle qui existe en Sicile car là, les prix étaient
décernés par acclamations du public (cf. *Lois* II 659b). En fait, les
juges de tragédie ne paraissent pas avoir été particulièrement
compétents ou impartiaux : ils résistaient peu aux intimidations du
public (cf. Lloyd-Jones H., *The justice of Zeus*, Berkeley, 1971,
pp. 145-7). Mais si la critique de la tragédie est donc si commune
à Athènes, il importe de bien saisir la spécificité de la condamnation
platonicienne : Platon ne s'en prend pas à l'art tragique en tant que
tel, mais à ses prétentions éducatives et politiques. La poésie, la
tragédie ne sont pas fondées sur un savoir rationnel, mais cependant elles prétendent être sources de vérité et avoir la même universalité que la philosophie ou la science (cf. *Apologie de Socrate*
22c, *Protagoras* 347e, *Ion* 534a-e, *République* X 595a-606d,
Lois VII 810e).

Sur la fonction plus positive qui semble être accordée à la comédie, non mentionnée ici, cf. *Lois* VII 816d-817d. Sur le chant, voir
République III 398d. Enfin, rappelons que, selon Aristote, le rythme,
le chant et le mètre étaient trois des ingrédients de la tragédie (cf.
Poétique 1449b31-34).

168. La poésie dont il est question ici recouvre toute composition en vers. L'idée d'une comparaison entre poésie et rhétorique ne vient pas de Platon. Dans l'*Éloge d'Hélène* 9, Gorgias avait dit que « toute la poésie est ce qui a un mètre », réduisant, dans l'intérêt de la rhétorique, la poésie à sa caractérisation la plus extérieure. Mais Platon pense peut-être ici aux débats contradictoires qu'on trouve dans les tragédies de son époque, celles d'Euripide surtout, débats qui ont les mêmes caractéristiques que les débats rhétoriques contemporains. En revanche, Aristote considère que la présence du mètre n'est ni une condition nécessaire ni une condition suffisante pour parler de poésie. En effet, la poésie dépend d'une autre condition plus fondamentale qui est la *mimēsis* (imitation ou représentation), laquelle n'est pas nécessairement liée au mètre (*Poétique* 1147b1-22).

169. Cf. *République* X 604d-605c, *Lois* VII 817c et II 658d, où Platon semble suggérer que la tragédie est le divertissement favori des femmes cultivées et des jeunes gens (tandis que les garçons préfèrent la comédie et les vieillards les récitations épiques).

170. À la différence du théâtre, fréquenté par tout le monde, l'Assemblée n'était peuplée que de citoyens mâles adultes, même si, Socrate le dit un peu plus loin, à l'Assemblée, ces citoyens étaient traités comme des enfants (cf. Thucydide II, 65, 8).

171. Thémistocle, né en 524 et mort en 460, homme politique athénien et stratège naval ; il fut, pour ainsi dire, le créateur de la flotte athénienne et contribua au développement du port du Pirée. Il encouragea Sparte et les autres cités du Péloponnèse à adopter sa stratégie navale. Il fut l'artisan de la victoire de Salamine, qui consacra la puissance de la marine athénienne et mit fin à la seconde guerre médique (cf. note 87). Après cette victoire, Sparte honora Thémistocle, mais Athènes, craignant sans doute ses sympathies démocratiques, lui retira le commandement en chef pour le confier à Aristide et à Xanthippe. Thémistocle fut ostracisé sans doute en 471, il vécut quelques années à Argos, puis fut accusé par Sparte de complicité avec la Perse : il s'enfuit d'Argos et se réfugia jusqu'à sa mort dans une cité d'Asie (cf. note 223).

172. Cimon, né en 510, mort en 451, fils de Miltiade, le vainqueur de Marathon. Il joua un rôle héroïque dans la bataille de Salamine, fut élu stratège et réélu jusqu'en 461, date de son ostracisme. Il contribua à promouvoir une politique d'amitié avec Sparte, à consolider la Ligue de Délos, qui unissait des cités grecques, et à lutter systématiquement contre tous les alliés des Perses. À son retour, il fut accusé par Périclès d'avoir été soudoyé pour ne pas attaquer le roi de Macédoine. Cimon fut acquitté, mais, après une tentative d'alliance avec Sparte, dont il eut l'initiative et qui se révéla infructueuse, sa popularité s'effondra, il fut ostracisé en 462, et dut quitter Athènes. Son exil fut abrégé par Périclès, et il fut chargé d'une expédition militaire contre la Perse, au cours de laquelle il mourut (cf. note 222).

173. Miltiade, né en 554, mort sans doute en 489, fut Tyran de la principauté que sa famille s'était taillée dans le Chersonèse et servit sous Darius, avant de se révolter contre lui et de gagner Athènes. Il fut le général qui conduisit l'armée athénienne à la victoire contre les Perses et remporta la bataille de Marathon en 490. À son retour, il fut poursuivi, à cause du gouvernement tyrannique qu'il avait exercé en Chersonèse, disgracié et, incapable de payer l'amende considérable qui lui avait été imposée, il mourut en prison l'année suivante (cf. note 224).

174. Périclès, né en 495, mort en 429. Son éducation semble avoir été fort soignée. Il fréquenta le cercle de Damon et peut-être l'enseignement des sophistes, nouveaux venus à Athènes. Périclès voulut très tôt confirmer la domination culturelle et politique d'Athènes. Il chercha à engager les cités grecques à payer la reconstruction des temples détruits par les Perses. Sparte refusa, mais, dès 447, un ensemble de grands travaux fut entrepris sur l'Acropole (le Parthénon, le Temple de la Victoire, les Propylées). Cette politique de prestige devait amener l'hostilité de Sparte et provoquer la guerre du Péloponnèse qui débuta en 431. Périclès mourut de la peste peu de temps après le début du conflit (cf. note 219).

À propos de la différence faite par Calliclès entre « les orateurs d'avant et ceux d'aujourd'hui », on rappellera que les tentatives de gagner des votes à l'Assemblée en usant de démagogie étaient fréquentes, qu'Isocrate les condamne et conseille aux Athéniens de refuser d'écouter l'homme qui voudrait agir ainsi (cf. *Sur la paix* 3-5). En fait, cette condamnation d'Isocrate ne concerne que les orateurs du IVᵉ siècle et Démosthène lui-même refuse d'admettre qu'au temps de Périclès les orateurs aient flatté leur public (cf. 3.24, et Thucydide II, 65, 2-10). En fait, Platon s'attaque ici aux « quatre hommes », comme Aelius Aristide les appelle, de la politique athénienne du Vᵉ siècle, et cette critique a dû choquer les contemporains davantage que les opinions platoniciennes sur la tragédie. Au IVᵉ siècle, Thémistocle et Périclès étaient respectés par tous les Athéniens, ainsi que Miltiade (cf. Isocrate, *Sur la paix* 75, 126).

175. Le statut ontologique de cet objectif reste assez vague. S'agit-il d'une image mentale ou bien du modèle des effets qu'on veut produire ? (cf. *Euthyphron* 6e, *Cratyle* 389a-c, *République* X 596b). Mais rien n'indique ici qu'avec cet « objectif » Platon ait voulu explicitement parler des Formes.

176. Cette déclaration de Socrate selon laquelle il existerait « un bon orateur, qui dispose d'un art » semble être incompatible avec son refus de reconnaître que la rhétorique soit un art. Mais la perspective de Socrate est un peu différente ici, car il s'agit maintenant de savoir s'il est possible que des politiciens authentiques possèdent l'art de la rhétorique véritable, qu'ils aient donc eu une formation leur enseignant ce que sont la justice et la tempérance (cf. *Phèdre* 269c-274b, *République* VI 500d).

177. Socrate fait sans doute allusion au paiement de différentes formes de services publics et à l'imposition des taxes et des liturgies. Il semble soutenir que la politique fiscale doive être laissée à l'initiative de l'État et ne pas être utilisée comme un moyen de s'assurer une clientèle politique et donc d'influencer les votes.

178. C'est de Calliclès qu'il s'agit, lequel refuse de répondre pour éviter d'être contredit, comme l'avait fait Polos avant lui (cf. 467b et 489b).

179. Platon se réfère souvent à ce dicton (cf. *Lois* VI 752 a, *Phèdre* 264c, *Timée* 69b, *Philèbe* 66c-d). L'origine en est obscure, mais dans la mesure où Socrate, dans le *Gorgias*, le cite comme un « on-dit » et qu'il revient à Phèdre, dans le texte cité du *Phèdre*, de l'énoncer, il faudrait y voir un lieu commun plutôt qu'une opinion proprement platonicienne. En fait, Gorgias semblerait être l'auteur de cette comparaison, passée en proverbe, et reprise par Isocrate, Alcidamas et Platon.

180. Platon cite ici un mot d'Epicharme, comme il citait plus haut un mot d'Euripide (cf. 484e). Il considérait Epicharme comme le prince de la comédie (cf. *Théétète* 152e), peut-être à cause de l'élément philosophique inclus dans sa poésie.

181. Cf. 485e.

182. Socrate fait ici un usage ironique de la formule traditionnelle qui servait aux inscriptions honorifiques (cf. Hérodote VIII, 85.3 et Thucydide I, 129.3).

183. Ces expressions semblent déjà suggérer la théorie des Formes (cf. 497e et 503e), mais il n'y a pas lieu de trop accentuer leur valeur technique.

184. Ce double critère de la qualité spécifique à une chose (qui lui donne son individualité) et de la présence d'un ordre de constitution de la chose, fondé sur une règle ou norme, trouve trois applications : aux outils et artefacts, à la vie organique, à toute la sphère de l'action morale (cf. *République* X, 601c-e). Sur le hasard, voir *Philèbe* 28d et *Timée* 34c ; sur la justesse de l'action politique, cf. *Ménon* 99e.

185. On remarquera le glissement de sens, aidé par l'ambiguïté du mot grec *kósmos* (à la fois ordre et parure), du même terme « ordre », lequel varie de l'ordre-ordonnance (*táxis*) à l'ordre fait d'harmonie intérieure et de raison (*sōphrosúnē*). Pour Platon, l'ordre est essentiellement un ordre raisonnable.

186. Le terme grec *sṓphrōn*, que traduit « raisonnable » a deux contraires, qui sont « insensé » et « déréglé ». L'opposition entre raisonnable et déréglé est tout à fait courante, celle entre raisonnable et insensé un peu moins fréquente, mais attestée. Socrate joue sur le sens assez indéterminé de raisonnable pour montrer que cette qualité inclut en fait bien d'autres vertus (cf. *Protagoras* 332a-333b). Quoi qu'il en soit, la thèse de l'implication mutuelle des

vertus semble avoir été une thèse défendue par le Socrate historique. En particulier, l'identification de la vertu et de la connaissance prépare l'identité ultérieure de toutes les autres vertus. Dans
le *Lachès*, la définition du courage paraît donner lieu à une théorie
de la vertu (199d-e). Dans le *Ménon*, toutes les vertus sont réduites
à l'intelligence (*phrónēsis*), tandis qu'elles sont ramenées à la justice
(*dikaiosúnē*) dans la *République* (IV 432b-434d).

187. Sur l'aspect contractuel de la piété, cf. *Euthyphron* 12e. La
piété est présentée comme une vertu directrice dans le *Lachès* 199d,
le *Protagoras* 325a, 329c, 359b et le *Ménon* 78d-e.

188. L'argumentation de Socrate tire profit de l'ambiguïté du
verbe grec *eû práttein* qui signifie être heureux et réussir en quelque
chose. Cf. *Charmide* 172a, 173d, *Euthydème* 281c, *République* I
353e-354e et *Alcibiade* 116b. Il semble d'ailleurs que Socrate ait eu
coutume de jouer sur les deux sens de ce verbe (cf. Xénophon,
Mémorables 3.9.14), ce qui lui aurait été reproché. Rappelons enfin
que l'expression *eû práttein* est la formule de salutation utilisée dans
la plupart des lettres platoniciennes : elle signifie à la fois « porte-
toi bien » et « comporte-toi bien ».

189. Il ne peut pas y avoir d'amitié s'il n'y a pas d'intérêt
commun, donc pas d'amitié vraie entre deux scélérats ou entre un
homme bon et un homme mauvais (cf. *Lysis* 214c, 216b, et
Aristote, *Politique* 1295b24). La description que donne ici Socrate
de la vie de ce vaurien rappelle le portrait du tyran dressé dans le
livre IX de la *République*, tyran qui ne connaît ni l'amitié, ni la
sécurité, ni le sens de la communauté (578e-579c). Sur un plan
cosmique cette fois, peut-être Platon se réfère-t-il ici à Empédocle,
à cause de l'importance qu'Empédocle accorde à l'amitié (*philía*)
comme principe cosmique. Mais l'idée d'une proportion géométrique qui réglerait l'ordre du monde ne venait pas seulement
d'Empédocle. Les sages, auxquels Socrate fait allusion aussitôt
après, sont plus probablement pythagoriciens. D'abord, parce que,
quand Platon parle des « sages », il s'agit généralement du groupe
pythagoricien ; puis, parce que les thèmes « de la communauté et
de l'amitié » étaient particulièrement importants dans la société
pythagoricienne, de même que l'expression d'un lien entre tous les
êtres vivants. Par ailleurs, les Pythagoriciens semblent avoir été les
premiers à appeler l'univers *kósmos*, ou ordre du monde ; enfin,
c'est chez le mathématicien pythagoricien Archytas qu'apparaît
pour la première fois l'idée de proportion géométrique pour désigner l'ordre du monde.

190. À quand remonte la désignation de l'univers comme *kósmos*
ou ordre du monde ? Il n'est pas sûr qu'Anaximandre et Anaximène
aient voulu parler, ou qu'ils aient parlé, d'ordre du monde et d'univers pour désigner le Tout. Mais, quand Héraclite et Empédocle
parlent d'« ordre », c'est sans doute quelque chose de fort proche
de l'ordre du monde qu'ils veulent désigner. En tout cas, cette
appellation n'est sans doute pas une innovation de Platon ou une

invention de Socrate (cf. Xénophon, *Mémorables* 1.1.11). Par ailleurs, on remarquera que cette définition de l'ordre du monde modifie le sens de l'opposition entre la loi (*nomós*) et la nature (*phúsis*). En effet, l'ordre naturel et l'ordre social sont homogènes, ils semblent pouvoir être l'un et l'autre définis comme un *kósmos*, un ordre mathématique: À l'inverse, le désordre et le dérèglement sont contre nature. Ces analyses seront reprises et développées dans *République* VI 500c et *Timée* 90c-d (cf. Vlastos G. : *Plato's Universe*, Seattle, 1975, I).

191. Il s'agit de l'égalité de raison qu'on trouve dans une proportion géométrique : 2-4-8-16, etc., laquelle est sans rapport avec l'égalité numérique ou la proportion arithmétique. Au IVe siècle, ce principe mathématique semble avoir donné lieu à une application politique : l'égalité proportionnelle ou géométrique avait, semble-t-il, fourni le principe de la justice distributive. L'idée est exprimée, par Isocrate (cf. *Aréopagitique* 21) et par Platon (*Lysis* 214b, *Lois* VI 757b-c et *République* VIII 558c) ; voir aussi Aristote (*Éthique à Nicomaque* 1131b13, 1155b1-9 et *Politique* 1301b29). Enfin, on remarquera que l'expression est introduite ici comme si son emploi allait de soi dans ce contexte : peut-être était-ce là la réponse pythagoricienne au slogan démocratique d'égalité (voir la suggestion de Dodds, p. 339). En tout cas, la découverte des proportions mathématiques est sans doute d'origine pythagoricienne et Archytas semble déjà en avoir conçu une application politique.

192. Les coupeurs de bourses étaient les équivalents des modernes pickpockets (cf. *République* VIII 552d, et Aristophane, *Les Grenouilles* 772).

193. Les « raisons de fer ou de diamant » dont parle ici Socrate reprennent une expression proverbiale.

194. L'apprentissage (*máthēsis*) et l'exercice (*áskēsis*) d'une puissance (ou capacité : *dúnamis*) et d'un art (*tékhnē*) sont en effet les seuls moyens d'être assuré de la possession d'un art et de la stabilité de ses effets : cela vaut pour n'importe quelle forme d'habileté pratique comme pour cet art de la justice dont les effets sont les actes justes (cf. *Alcibiade* 109c-112d).

195. Le récit que fait Platon dans la *Lettre* VII de ses trois séjours à la cour des tyrans Denys I et II de Syracuse confirme cette remarque de Socrate : auprès du tyran il n'y a de place que pour ses clients et ses partisans politiques (voir *Lettre* VII, surtout 345d-350c).

196. Dans le *Lysis* (214a-b), le même proverbe se trouve attribué à certains sages, sans doute des philosophes pré-socratiques qui avaient observé le phénomène d'attraction mutuelle d'éléments semblables et en avaient déduit cette formule (cf. Empédocle, D.K. 31 A 90, et Aristote, *Éthique à Nicomaque* 1155b7, 1157a10-12, 1162a9-15). Mais ce proverbe peut être aussi plus ancien : en effet, on le trouve également chez Homère, *Odyssée* XVII, 218.

197. Le sens de cette phrase est assez incertain : est-ce l'homme de bien qui ne peut être un ami sincère du tyran ? est-ce le tyran qui ne peut être un ami de cœur de l'homme de bien ? On opterait plutôt pour la seconde possibilité : la crainte des hommes bons et la défiance pour les flatteurs étaient des traits traditionnels du portrait du tyran (cf. Euripide *Ion* 626 ; Isocrate *A Nicoclès* 4 ; Aristote, *Politique* 1313b30).

198. Cette incise suggère que Socrate rend Polos et Calliclès solidaires dans une commune opposition à la vue paradoxale qu'il a défendue contre Polos, à savoir que les rhéteurs et les tyrans n'ont pas beaucoup de puissance puisqu'ils ne font pas ce qu'ils veulent.

199. Pour excuser sa défaite, Calliclès accuse de nouveau Socrate d'avoir fait le sophiste ; c'est un reproche qui, le plus souvent, est adressé par Socrate à ses interlocuteurs (cf. *Euthydème* 276d, et le dialogue apocryphe *Hipparche* 228a).

200. La nage représentait pour les Grecs ce que tout homme devait savoir. D'où le proverbe « ne savoir ni nager ni écrire » pour désigner la plus honteuse des ignorances (cf. *Lois* III 689d).

201. Cf. *Epinomis* 975e-976b, où la navigation et la rhétorique sont mises ensemble, avec la stratégie et la médecine, comme des arts qui permettent de porter secours, mais qui n'ont aucun fondement scientifique.

202. Le prix mentionné ici paraît être très bas, surtout s'il doit couvrir le transport de toute une famille. Au Ve siècle, le salaire journalier d'un travailleur qualifié était d'une drachme (ou six oboles), et même au IVe siècle, alors que les prix avaient beaucoup augmenté, une demi-drachme par jour était considérée comme une somme suffisante pour se nourrir. Pour avoir une idée des prix alors pratiqués, voir : Austin M. et Vidal-Naquet P., *Économies et sociétés en Grèce ancienne*, Paris, 1972, pp. 300 sqq.

203. Sur la valeur supérieure de l'âme par rapport au corps, cf. *Protagoras* 313a, *Banquet* 210b, *République* IV 445a et *Lois* V 727d.

204. Le stratège était pour ainsi dire le détenteur du pouvoir exécutif (cf. note 22). Quant à l'ingénieur militaire, il était chargé de la conception et de la réalisation des machines de guerre dont l'usage s'était développé au cours du IVe siècle. Sur la valeur de la vie, définie par Platon et Socrate (cf. *Criton* 48b, *Apologie de Socrate* 28b sqq., et la vue opposée d'Hippias : *Hippias Majeur* 304b ; voir aussi, Aristote, *Éthique à Nicomaque* 1169a23). Par ailleurs, vivre mal (*kakôs zên*) comporte la même ambiguïté que vivre bien (*eû prattein*) ; cette expression signifie à la fois vivre mal et vivre dans le mal : une telle ambiguïté donne une sorte de fondement sémantique à la thèse selon laquelle la punition de l'homme méchant est sa propre existence (cf. *Théétète* 176d-177a, *Lachès* 195c-d et *Charmide* 164b-c).

205. Sur le mépris que Platon pouvait éprouver pour le plaideur, voir *Théétète* 172c-176a.

206. La loi athénienne interdisait qu'on se moquât d'un citoyen qui aurait exercé une activité commerciale. Ce qui en dit long sur le mépris spontané que l'aristocratie athénienne devait éprouver à l'égard des commerçants et négociants, mépris dû en grande partie à la structure de l'économie grecque. Platon et Aristote paraissent avoir justifié ce mépris en insistant sur les marques physiques et morales que l'exercice de tels métiers pouvait laisser (*République* VI 495d-e, et Aristote, *Politique* 1337b8 sqq.).

207. Socrate se réfère-t-il ici aux paroles d'Hector dans l'*Iliade* (VI, 488) ? Mais en fait, la citation ne correspond pas exactement, et il vaut mieux penser que Platon fait allusion à une façon de voir, assez répandue chez les femmes d'Athènes, que cette « philosophie » fût ou non inspirée par le passage d'Homère. En effet, les femmes étaient réputées être plus superstitieuses que les hommes. Mais il reste que l'expression « le lot qui lui revient » semble avoir été empruntée au langage poétique. On la retrouve dans *Phédon* 115a.

208. Le tyran auquel, selon Socrate, Calliclès devra s'identifier n'est en fait nul autre que le peuple d'Athènes, bien que celui-ci fût méprisé par Calliclès autant que par Platon (cf. 489c). Voir aussi Aristophane, *Cavaliers* 1111.

209. Les éclipses de lune étaient attribuées aux sorcières thessaliennes (cf. Aristophane, *Nuées* 749, Horace, *Épodes* 5.45, Lucien, *Pharsale* 6.499 sqq.), sans doute parce que la Thessalie était le centre du culte d'Hécate. L'allusion qui suit aussitôt après est due au fait que les sorcières étaient censées payer leur magie par ce qu'elles avaient de plus cher (mutilation, le plus souvent aveuglement, ou perte d'un des membres de leur famille). La cécité des voyants et des poètes était expliquée de la même façon, comme une sorte de contrepartie au don prophétique ou poétique qui leur était accordé.

210. Cf. *Ménon* 95c. Ce qui nous renvoie à l'argument selon lequel le peuple est mieux convaincu par des raisons psychologiques que par des raisons logiques (cf. *Banquet* 216a-c).

211. Sur le système des charges publiques, voir note 21. À Athènes, l'édification des « chantiers de construction », « des fortifications, des arsenaux, des temples » relevait traditionnellement de la compétence de l'architecte.

212. Sur la charge de médecin public, voir note 21. Les esclaves recevaient également un traitement médical, mais prodigué le plus souvent par des médecins-esclaves peu qualifiés (cf. *Lois* IV 720c).

213. C'était un proverbe ironique à l'égard de ceux qui débutaient un apprentissage en s'attaquant au plus difficile. Platon emploie la même expression dans le *Lachès* (187b).

214. Cette question est sans doute en rapport direct avec l'expérience personnelle de Platon en matière politique. En effet, Platon raconte dans la *Lettre* VII comment il renonça à faire une carrière politique pour fonder une école de philosophie, l'Académie, destinée à poser les fondements de la vie politique (cf. *Lettre* VII 324b-326b). Par ailleurs, l'idée d'une science du gouvernement est sans

doute propre au Socrate historique (cf. Xénophon, *Mémorables* 4.2.2). Enfin, le *Protagoras* et le livre VII de la *République* sont consacrés à l'étude de cette question.

215. C'est l'expression grecque *philónikos* (littéralement : tu aimes la victoire) que nous avons traduite ainsi, puisqu'il s'agit d'une victoire à remporter dans la discussion.

216. Cf. notes 171, 172, 173 et 174.

217. Périclès avait en effet institué un système de rétribution qui gratifiait de un tiers de drachme jusqu'à une demi-drachme (entre deux à trois oboles) les citoyens qui participaient à un jury. Il avait accordé aussi deux oboles aux marins et soldats en service actif, et un drachme (six oboles) par jour à ceux qui siégeaient au Conseil (cf. Aristote *Politique* 1274a8). Le paiement d'un salaire aux citoyens de l'Assemblée viendra plus tard. Selon le jugement de Socrate, ce système est censé avoir favorisé la paresse, la dépendance des citoyens à l'égard de l'État, et leur tendance au bavardage. Pour le reproche de lâcheté, la raison n'en est sans doute pas l'attitude essentiellement défensive adoptée par les Grecs pendant la guerre du Péloponnèse, mais le paiement des armées, mesure qui a transformé les citoyens-soldats en mercenaires. Ces critiques seront reprises par Isocrate (*Sur la paix* 75, 82), par Aristophane (*Les Cavaliers* 1152, *Les Guêpes* 87) et par Aristote (*Éthique à Nicomaque* 1116b15-23, et *Politique* 1293a1-10, 1298b24-26, 1317b32-35).

218. Ces hommes « aux oreilles déchirées » (ou « oreilles en choux-fleur ») sont les jeunes oligarques du ve siècle, qui montraient leur tendance réactionnaire en adoptant les goûts spartiates. En effet, ces jeunes gens pratiquaient une lutte violente ou d'autres sports de combat, qui étaient responsables de ces « mutilations » (cf. les laconisants auxquels il est fait allusion dans *Protagoras* 342b). Le groupe socratique devait probablement inclure quelques-uns de ces jeunes gens.

219. Périclès semble avoir été jugé à l'automne 430, puis avoir été restauré dans ses fonctions l'année suivante, en 429, l'année même où il mourut (cf. Thucydide II, 65). Thucydide ne spécifie pas la charge portée contre lui, mais Plutarque suggère qu'il s'agissait soit d'un détournement de fonds publics, soit d'une malversation (cf. *Vie de Périclès* 32) (cf. note 174). Quoi qu'il en fût, Périclès a été reconnu coupable et condamné à payer une amende. En fait, la possibilité que les jurys aient requis la mort contre lui paraît très faible. On voit donc que Socrate n'est sans doute pas tout à fait juste à l'égard des hommes qu'il attaque. Il ne dit rien des mesures qu'ils ont prises, comme la stratégie d'évacuation de la ville, dont Thémistocle et Périclès eurent l'initiative, mesure qui aurait pu leur valoir une impopularité immédiate. Il ne dit rien du repentir ultérieur des Athéniens dans le cas de Cimon et de Thémistocle. Et, à l'égard de Miltiade et de Périclès, il exagère sans doute beaucoup

les punitions dont ils ont été frappés. Sur ces différents points, voir Dodds, p. 356.

220. La comparaison de l'homme d'État au gardien de troupeau se trouve déjà chez Homère. Mais Platon s'en est tout particulièrement servi (cf. *République* 343a-b, et Xénophon, *Mémorables* 1.2.32). De plus, avec cette image, Socrate retourne le sens de l'argument de Calliclès, qui reprochait à la masse de domestiquer l'homme plus fort et plus sauvage (cf. 483e). Ainsi, dans le retournement socratique, il apparaît que ce sont les gouvernants qui rendent sauvages leurs sujets.

221. Sans doute une référence à la formule qu'on trouve dans *Odyssée* IV, 120-129 et XIII, 201.

222. Cimon fut ostracisé en 461, après l'échec de son intervention en faveur des Spartiates au cours de la troisième guerre de Messénie. Comme l'exil, l'ostracisme était la punition habituelle pour mauvaise conduite : c'était donc la preuve d'un échec politique. Mais il semble en fait que les Athéniens aient rappelé Cimon en 457, après la bataille de Tanagra (cf. note 172).

223. La date de l'ostracisme de Thémistocle n'est pas certaine (471 ?) non plus que les raisons qui l'ont provoqué. Un an ou deux plus tard, il fut condamné pour trahison, lorsque les Spartiates purent faire la preuve qu'il avait correspondu avec le traître Pausanias et qu'il s'était enfui en Perse (cf. note 171).

224. Miltiade était distingué par le titre « vainqueur de Marathon » de son grand-père, tyran de Chersonèse. Le fait d'être précipité dans le Barathre était la punition réservée aux ennemis du peuple. D'après Hérodote, il semble que la mort ait été requise contre Miltiade (6.136). En fait, l'Assemblée aurait refusé de le condamner et l'aurait taxé de 50 talents, mais il fut aussi dégradé en 489 (cf. note 173).

225. Cette critique massive (qui inclut Solon et Aristide) semble être contestée par *Ménon* 93a (« Mon avis, dit Socrate, est qu'il existe chez nous des hommes de valeur en matière politique »), même si c'est également dans le *Ménon* que Socrate montre que les hommes politiques agissent d'après une opinion vraie et non pas d'après un savoir (99b-100c).

226. La marine athénienne avait été constituée, pour une très large part, par Thémistocle (cf. Hérodote 7.144). Les fortifications et les arsenaux d'Athènes avaient été bâtis à l'initiative de Thémistocle et de Périclès. Démosthène mentionne les quais le long des Propylées et le Parthénon comme une source de fierté pour Athènes. Ils auraient coûté mille talents au moins (cf. Isocrate, *Aréopagitique* 66). Mais sans doute Platon pense-t-il surtout aux travaux du IVe siècle, à la reconstruction des Longs Murs (394-393) et à la reconstitution par Conon d'une marine athénienne. C'est non sans ironie que Platon s'y réfère parfois (cf. *Ménexène* 245a). Sur la critique faite par Platon de la servilité des politiciens, cf.

Protagoras 313c, *Théétète* 175e. La véritable tâche de l'homme politique est éducative, cf. *Lois* I 650b.

227. Sur la critique de ces activités de commerce, voir *République* 371d et *Sophiste* 223d.

228. Théarion tenait une boulangerie à Athènes, qui devait être assez connue puisque Aristophane et Antiphane semblent avoir caricaturé son propriétaire.

229. Mithaecos était un cuisinier, originaire de Syracuse. Platon l'avait peut-être rencontré à Syracuse, ville dont la cuisine était fort réputée (cf. *République* III 404d).

230. Au sujet de Sarambos, le marchand de vin, on ne sait pas grand-chose, Platon étant le seul à le citer.

231. C'est une condamnation très sévère de tout ce que l'Athènes de Périclès considérait comme des sujets de gloire (cf. *Alcibiade* 134b). Par ailleurs, l'accès ou la crise (*katabolē*) servait à désigner l'attaque périodique de fièvre ; de telles attaques caractérisaient à la fois la maladie du corps et la perte de contrôle sur soi-même (cf. *Charmide* 155b).

232. Alcibiade avait été condamné à mort en 415 pour sacrilège, mais en son absence, puisque entre le moment où il fut rappelé à Athènes et celui où il fut condamné, il s'était enfui à Sparte. De retour à Athènes, il devint commandant en chef en 407, mais après la défaite de Notium, il trouva sans doute plus prudent de retourner en exil. Ce passage du *Gorgias* est sans doute inspiré par les réflexions de Platon sur le désastre de 404, qui marqua la fin de la guerre du Péloponnèse. Les démocrates blâmaient le « coup de poignard dans le dos » donné par Critias et Alcibiade. Tandis que les conservateurs en rendaient les démagogues (Cléon et ses comparses) responsables. Platon considérait que de telles accusations restaient superficielles et ne permettaient pas de comprendre les véritables raisons d'un tel désastre, qui était dû, selon lui, à la dégradation de toutes les valeurs politiques athéniennes (cf. note 75).

233. C'est une conception assez précise de la co-responsabilité qui est évoquée ici. Elle désigne la cause qui, sans être directement responsable de l'action, s'est trouvée impliquée dans une certaine relation avec la cause première.

234. La remarque que Platon applique ici aux politiciens et aux sophistes reprend le thème d'un reproche régulièrement fait aux sophistes et par quoi toute leur activité se trouvait déconsidérée (cf. Isocrate, *Contre les sophistes* 5). Ce reproche remonte sans doute à l'arrivée des sophistes à Athènes, quand les Athéniens furent choqués de l'enseignement rétribué que les sophistes pratiquaient (cf. *Hippias Majeur* 282c, *Lachès* 197d, *Ménon* 91e). Xénophon rapporte l'opinion de Socrate selon laquelle enseigner pour de l'argent était se rendre esclave. Socrate, lui, n'attendait de ses associés que leur amitié (cf. *Mémorables* I 2.6-8). Quant à Protagoras, il suggérait que son disciple le payât le prix auquel il estimait son enseignement

(cf. *Protagoras* 328b). Mais cette méfiance des Athéniens à l'égard de l'enseignement rétribué valait surtout pour le ve siècle. En fait, dès le ive siècle, le professeur rémunéré était dans l'ensemble une figure respectée, même si on se plaignait souvent de ses honoraires trop élevés (cf. Isocrate, *Sur l'échange* 154).

235. Cf. 500b, note 160.

236. C'était une caractéristique commune à tous les sophistes que leur prétention à enseigner la vertu. Platon les représente souvent en train de présenter cette promesse d'enseignement, cf. *Protagoras* 349a et 319a, *Ménon* 95b, *Hippias Majeur* 283c, *Apologie de Socrate* 20b, *Euthydème* 273d. Mais Gorgias peut difficilement être rangé dans la catégorie des sophistes : en effet, il ne paraît pas s'être engagé à autre chose que l'enseignement de la rhétorique, en tout cas aucunement à la transmission de la vertu (cf. *Ménon* 95c) ; du reste, la réplique de Calliclès montre qu'il ne l'inclut pas dans l'ensemble des sophistes.

237. L'opinion que Calliclès a des sophistes est très négative. Elle coïncide avec celle de Lachès (cf. *Lachès* 197d) et avec celle d'Anytos (cf. *Ménon* 91c). Leur profession était considérée comme indigne d'un homme véritable (cf. *Protagoras* 312a-b) et leur enseignement était jugé par la plupart des gens comme responsable de la corruption de la jeunesse athénienne (cf. *République* VI 492a).

238. C'est de cette façon que Protagoras définissait sa propre fonction (cf. *Protagoras* 318e). Mais, en fait, cette promesse d'enseignement était courante chez les sophistes (cf. *Ménon* 73a, 91a) et chez Isocrate aussi (cf. *Sur l'échange* 285).

239. Il semble que les esclaves originaires de Mysie (région d'Asie Mineure) aient été considérés comme fort mauvais. C'était déconsidérer une tâche quelconque que d'en parler comme d'un « travail de Mysien » (pour un autre usage, voir *Théétète* 209b).

240. La vie à Athènes au ive siècle était-elle si dangereuse que Socrate et Calliclès semblent le suggérer ? Certes, n'importe qui pouvait faire l'objet d'une calomnie ou d'une accusation portée par un sycophante et se trouver traîné devant les tribunaux. Le sort de Socrate a été extrême, mais il n'était pas absolument unique.

241. Cette déclaration vaut-elle aussi pour Platon et ses amis ? Si cet énoncé semble contredire ce que Socrate a déclaré plus haut, en fait, la contradiction n'est que formelle (cf. 473e). La préoccupation essentielle de Socrate est celle de l'amélioration des citoyens, à ce titre, elle est fondamentalement politique. Sur l'influence de Socrate, comme fondateur d'un nouvel ordre politique, cf. *Apologie de Socrate* 31e-32a, *République* VI 492e.

242. C'est une réplique à la citation que Calliclès a faite d'Euripide (cf. 486c).

243. Le discours du confiseur semble être une parodie des accusations portées contre Socrate à son procès. Au cours de son procès, on a reproché à Socrate d'agir contre les intérêts du jury, représentant du peuple athénien, dans le procès du médecin, on

accuse celui-ci de faire du mal aux enfants. Comme Socrate était accusé de corrompre les jeunes gens, le médecin est accusé de les déformer. Comme Socrate cause, avec ses questions, un embarras intellectuel, le médecin cause un embarras physique (cf. *Ménon* 80a, *Théétète* 149a). Sur la gêne physique provoquée par les privations, cf. Hippocrate, *Épidémies* 5.42.

244. Platon ne reprend pas ici formellement une accusation portée contre Socrate, mais on retrouve le même thème chez Polycrate, auteur d'un pamphlet qui aurait accusé Socrate de déprécier les parents aux yeux de leurs enfants (cf. Xénophon, *Mémorables* I 2.49). À moins qu'il ne s'agisse d'une reprise plus générale du reproche qu'Anytos adresse à Socrate (cf. *Ménon* 94e).

245. C'est la raison que donne Socrate pour expliquer son échec à se défendre (cf. *Apologie de Socrate* 38d).

246. Sur l'acceptation de la mort par Socrate, *Criton* 43b, *Phédon* 63a et 117b, *Apologie de Socrate* 38e.

247. Cf. *Apologie de Socrate* 29b, 39a, 40c.

248. Expression traditionnelle pour attirer l'attention de l'auditeur sur ce qui va être dit (cf. *Théétète* 201d, *Timée* 20d). Le mythe du *Gorgias* est présenté comme un récit qu'un informateur anonyme a rapporté à Socrate. Le terme *mûthos*, employé pour le désigner, a le sens plus général de récit (cf. Brisson L., *Platon, les mots et les mythes*, Paris, 1982, pp. 139-143). L'origine de ce récit est donc analogue à l'histoire des porteurs d'eau, dont il était question plus haut (493a). On a pensé que ces récits avaient une origine commune et comportaient chacun certains détails caractéristiques, qui devaient probablement permettre au lecteur contemporain de les identifier aisément. La plupart de ces détails semblent être d'origine orphique et paraissent repris d'une représentation eschatologique : celle d'une Descente orphique, ou *katábasis*, décrivant une visite au monde souterrain. Mais cette thèse a été récemment critiquée ; en fait, Platon s'inspirerait plutôt d'une grande variété de sources dont certaines seulement seraient orphiques (pour la discussion, voir Dodds, p. 373). Sur « les discours anciens et sacrés », cf. *Phédon* 70c, *Ménon* 81a, *Lois* IV 715e, V 738c, IX 865d, 872e, XI 927a, et, bien sûr, pour les poèmes orphiques, les *Discours sacrés* en 24 rhapsodies, mais étant entendu que ces poèmes, sous cette forme et sous ce titre, sont de composition très tardive par rapport au moment d'émergence de l'orphisme.

249. Avec l'apparence de vérité donnée à la reconstitution du discours de Zeus et à l'évocation de la composition du tribunal des morts, Platon veut sans doute souligner la vérité symbolique et les conséquences morales du mythe qu'il expose (Cf. *Phédon* 114d, et *Lettre* VII 335a). Sur Cronos, voir *Iliade* XV 187sqq. Platon ne dit rien de l'histoire de la révolte de Zeus contre son père (cf. *Iliade* XIV 203, et Hésiode *Théogonie* 629). Peut-être est-ce à cause de la réprobation que Platon éprouvait à l'égard de cette légende (cf. *République* III 377c-378b).

250. Sur la loi de Cronos et sur l'ordre de vie qu'elle avait imposé, voir *Cratyle* 397e sqq., *République* V 468e, *Politique* 271c-274e, *Lois* IV 713b-714b ; et aussi : Hésiode, *Les Travaux et les jours* 109 sqq.

251. Les Îles des bienheureux sont la demeure de la race héroïque (cf. Hésiode, *Les travaux et les jours* 166 sqq.) ou des hommes bons (cf. Platon, *République* VII 540b).

252. Chez Homère, seuls les Titans se trouvent dans le Tartare (cf. *Iliade* VIII, 478sqq). Mais dans les représentations du Ve siècle, le Tartare semble accueillir indifféremment tous les criminels (cf. Euripide, *Oreste*, 265).

253. Il n'existe pas de tradition attestant ce jugement des vivants par les vivants, lequel a probablement été inventé par Platon. Diodore parle d'un jugement égyptien des morts, le jour de leur mort, par des juges humains (I, 92). Par ailleurs, l'idée d'un jugement des morts est sans doute très ancienne, plus ancienne que d'improbables sources pythagoriciennes ou orphiques (cf. *Iliade* III 278, XIX 259, et *Odyssée* XI 576). L'idée d'un jugement semble pourtant apparaître pour la première fois dans Eschyle (*Suppliantes* 230, *Euménides* 273) et chez Pindare (*Seconde Olympique* 58).

254. Une des raisons pour lesquelles les hommes craignent la mort serait que les âmes sont nues dans le royaume des morts (cf. *Cratyle* 403b).

255. Platon ne semble pas dire que Zeus a explicitement donné à Prométhée l'ordre d'agir ainsi. Dans la pièce d'Eschyle, Prométhée prétend avoir fait cela de sa propre initiative (*Prométhée enchaîné* 248 sqq.). Peut-être Platon suit-il ici la version d'Eschyle.

256. Cf. *Alcibiade* 130d, et *Phédon* 66e.

257. Dans les plus anciennes versions que nous ayons d'un tel jugement des morts, les noms des juges ne sont pas mentionnés, sinon peut-être celui de Zeus dans Eschyle (*Suppliantes* 231). Les noms des trois juges apparaissent aussi dans *Apologie de Socrate* (41a). Les deux continents, Europe et Asie, étaient ceux dont Platon, à la suite des géographes de l'Antiquité, reconnaissait l'existence. Dans une telle géographie, la Crète faisait partie de l'Asie.

258. Ces détails topographiques ont été traditionnellement interprétés comme provenant de sources orphiques. Le *leimōn*, plaine ou prairie, apparaît également dans le mythe d'Er de la *République* (X 614e) et chez Aristophane (*Les Grenouilles* 326). Ces évocations ont probablement pour origine la plaine décrite dans l'*Odyssée* (XI 539). Mais tandis qu'elle est traditionnellement présentée comme le refuge des âmes bienheureuses, Platon semble être le seul à en faire le lieu où se tient le jugement des âmes.

L'image du carrefour des routes à partir duquel se décide le destin des âmes semble beaucoup plus commune. On peut lui trouver des correspondants dans le *Phédon* (108a) et dans la *République*, où les êtres justes sont représentés comme se dirigeant vers la droite et les êtres injustes vers la gauche (614c).

259. Minos a donc la fonction d'un juge en appel. Platon applique aux morts dans ce mythe le même règlement qu'il propose pour les vivants (cf. *Lois* VI 767a).

260. La mort est définie de la même façon, comme une séparation de l'âme et du corps, dans le *Phédon* (64c). Cette définition fut également reprise par les Stoïciens (cf. Chrysippe, SVF II, 790) et par les Épicuriens (cf. Lucrèce, *De natura rerum* III 838). Elle n'implique pas la certitude de la survivance de l'âme que le *Gorgias* suppose purement et simplement.

261. L'idée selon laquelle le corps et l'âme conserveraient les marques des plaies et mutilations dont ils ont souffert dans la vie était une idée très populaire et très répandue (cf. *Odyssée* XI, 40). Par exemple, le fantôme de Clytemnestre montre les blessures qu'elle a elle-même subies (cf. Eschyle, *Euménides* 103), et Hector apparaît défiguré par le sang et par la poussière (cf. Virgile, *Énéide* II, 270-9). Dans les *Lois*, Platon développe cette idée jusqu'à sa conclusion logique : une sorte de loi de gravitation spirituelle assigne à chaque âme le destin qu'elle mérite (X 904b-e). Voir aussi Goldschmidt, *La Religion de Platon* [1949], Paris, Aubier-Montaigne, 1970 : « les fils de Dieu ne font que rendre un verdict que nous fûmes les premiers à prononcer sur nous ».

262. Le sens de cette apparente omission du jugement d'Éaque et du sort des hommes en provenance d'Europe, au seul bénéfice de ceux d'Asie, est assez énigmatique.

263. Telle est la première fonction du Tartare : être une forme de purgatoire. Il est à remarquer que la divine punition n'a jamais pour but la pure et simple vengeance. L'idée d'un purgatoire, probablement d'origine pythagoricienne, est celle d'un lieu censé préparer les âmes à leur retour sur terre ; il est associé à la réincarnation (cf. *Phédon* 113a-d et *République* X 615a).

264. La deuxième fonction du Tartare est donc de présenter des exemples de châtiments. C'est la même justification qui est donnée à la peine de mort dans les *Lois* (IX 862e). Mais à qui pourra profiter le spectacle de ces châtiments exemplaires ? Ni aux vivants, qui n'ont pas l'occasion de le voir, ni aux morts, pour qui ce serait déjà trop tard. Il faut donc sans doute supposer que les morts retournent sur terre et qu'ils gardent quelque enseignement de ce qu'ils ont vu dans l'Hadès.

265. Les « incurables » de l'âme paraissent donc subir des châtiments éternels et ne jamais pouvoir s'échapper du Tartare, aussi bien dans le mythe du *Phédon* (113e) que dans celui de la *République* (X 615e). En revanche, l'idée d'une punition éternelle ne semble pas être mentionnée dans les *Lois*.

266. Le cas d'Archélaos est donc la réplique de celui d'Ardiée, évoqué dans le mythe de la *République* (X 615c-616a).

267. Platon dit la même chose dans la *République* (X 615d).
Dans la comparaison des vies, la vie du tyran est la plus basse de
toutes (cf. *Phèdre* 248d-e).

268. Voir Homère, *Odyssée* XI, 576-600. Tantale était un fils de
Zeus, roi de Lydie ou de Phrygie. Quelle que fût la faute qu'il a
commise de son vivant (il n'y a à ce sujet aucune tradition assurée),
son châtiment resta mémorable : il se trouvait placé aux Enfers sous
une pierre énorme menaçant de tomber, mais qui demeurait toujours
dans un équilibre précaire ; ou encore, il était animé d'une faim et
d'une soif éternelles, bien qu'il fût plongé dans l'eau et qu'une
branche chargée de fruits pendît au-dessus de sa tête (cf. Homère,
Odyssée XI, 582 sqq.). Sisyphe était le plus rusé et le moins scru-
puleux des mortels. Ayant, à plusieurs reprises, provoqué la colère
de Zeus, il aurait été foudroyé et précipité aux Enfers pour y subir
un châtiment qui consistait à rouler éternellement un énorme rocher
en remontant une pente. À peine le rocher avait-il atteint le sommet
qu'il retombait et le travail était à recommencer (cf. Homère,
Odyssée XI 593-600). Tityos était un géant, fils de Zeus, que la
déesse Héra, aveuglée par la jalousie, lança contre Léto, sa rivale.
Mais Tytios fut foudroyé par Zeus et plongé dans les Enfers où deux
serpents, ou deux aigles, dévorent son foie, qui renaît selon les phases
de la lune (cf. Homère, *Odyssée* XI, 576 sqq.).

269. Selon l'*Iliade*, Thersite était le plus laid et le plus lâche de
tous les Grecs devant Troie. Il était boiteux, cagneux, bossu et
chauve. Sa mort serait due à sa méchanceté. Après la mort de
l'Amazone, Penthésilée, tuée par Achille, il arracha les yeux à son
cadavre. Fou de rage, Achille le tua à coups de poing (cf. *Iliade* II,
211 sqq.). Dans le mythe d'Er, raconté dans la *République*, il choisit
de devenir singe (X 620c).

270. La masse ne dispose pas de la puissance qui lui permettrait
de faire beaucoup de bien ou beaucoup de mal (cf. *Criton* 44d et
République VI 491e).

271. Les hommes qui peuvent résister à la tentation du pouvoir
sont fort rares (cf. *Lois* III 691c-d). Les gardiens des *Lois* comme
ceux de la *République* sont des « esclaves de la loi » (cf. *Lois* IV 715d).

272. Aristide, homme d'État et général athénien, qui naquit à la
fin du VIe siècle av. J.-C. Partisan de la résistance contre la Perse, il
fut ostracisé en 482, sans doute par Thémistocle dont il avait
combattu les projets politiques. Rappelé en 480, il commanda l'armée athénienne lors de la bataille de Platées, qui chassa les Perses
hors de Grèce, avant de contribuer à organiser la Ligue de Délos.
Aristide avait la réputation d'être le seul à avoir échappé à la corruption du pouvoir (cf. Plutarque, *Vie d'Aristide* 25). Cependant, il
n'était sans doute pas un véritable homme d'État, au sens platonicien du terme, car, comme Thémistocle et Cimon, il fut ostracisé.
Ce qui montre son échec à tenter d'améliorer ses concitoyens. Par
ailleurs, Platon souligne qu'il a été incapable d'enseigner à son fils
les principes de l'art politique (cf. *Ménon* 94a).

273. Sur les signes attachés aux âmes, voir le mythe de la *République* (X 614c).

274. Cette dispersion suffit à caractériser la vie active politique, la vie que Calliclès engageait Socrate à pratiquer. Le refus de l'activité multiple et de la dispersion est présenté, dans la *République*, comme un aspect de la justice (IV 433a). Par ailleurs, la béatification du vrai philosophe est une constante dans les mythes platoniciens (cf. *Phédon* 114c, *République* X 619d-e et *Phèdre* 249a). L'origine pythagoricienne de ce destin philosophique est probable.

275. La baguette est le signe qui, ordinairement, atteste la fonction du juge (cf. *Protagoras* 338a). Voir aussi Pindare (*Olympiques*, 9, 33) où Hadès surveille les morts avec un bâton. Ici, la baguette est évidemment opposée au sceptre d'or de Minos.

276. Homère, *Odyssée* XI, 569. Mais, chez Homère, Minos est chargé de juger les disputes entre les morts et non pas les vies terrestres que ces morts ont pu mener.

277. Cf. *Apologie de Socrate* 38e-39d.

278. Peut-être s'agit-il des combats et conflits judiciaires.

279. Il s'agit d'Égine, la nymphe éponyme de l'île d'Égine, qui transporta Eaque à Zeus (cf. Pindare, *Isthmique*, 8.19).

280. Cf. 486c, et note 103.

281. Cf. *Phédon* 85c-d : l'évidence du mythe est à accepter faute de mieux. C'est une forme de protreptique (ou morceau d'exhortation à la sagesse et à la vertu) que Platon développe ici (cf. Introduction, pp. 89-93). Telle est en fait la véritable réplique de Socrate aux recommandations que lui a faites Calliclès de changer de vie (cf. 486a-d). Ainsi, c'est Calliclès, et non Socrate, qui apparaît courir un péril mortel. À la fin du *Phédon*, le ton est le même (114d-115a) que dans ce passage du *Gorgias* ; voir aussi les derniers mots de la *République*.

282. Platon a probablement en tête les vers d'Eschyle (*Sept contre Thèbes* 592) auxquels il se réfère dans la *République* (II 361b).

283. Socrate joue ici sur la personnification du *lógos* (histoire et raisonnement), qui apparaît comme le seul véritable guide.

284. Les derniers mots du *Gorgias* (avec lesquels Socrate prononce la conclusion à la fois du dialogue et du mythe) reprennent littéralement, en en retournant totalement le sens, les affirmations de Calliclès (cf. 492c) selon lesquelles les principes moraux sont dépourvus de valeur.

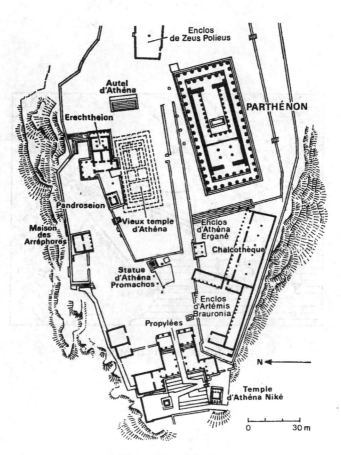

L'Acropole d'Athènes

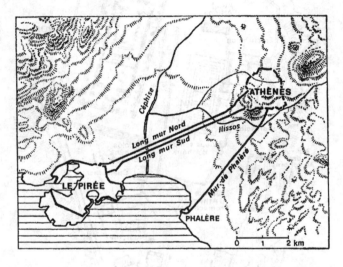

Les fortifications d'Athènes

Source des plans des pages 361 et 362 : *Le Monde grec et l'Orient*,
t. I : le vᵉ siècle (510-403), par E. Will, Paris (P.U.F.), 1972, p. 555
et 157.

CHRONOLOGIE

Socrate	Platon	Événements politiques et militaires
		750-580 : Colonisation grecque notamment en Sicile.
		508 : Réformes démocratiques à Athènes.
		499-494 : Révolte de l'Ionie contre les Perses. Athènes envoie des secours.
		490-479 : Guerres Médiques.
		490 : Bataille de Marathon.
		480 : Bataille des Thermopyles.
		480 : Victoire de Salamine.
		Victoire des Grecs de Sicile sur les Carthaginois à Himère.
470 : Naissance de Socrate, dix ans après la bataille de Salamine.		**478-477** : Formation de la Confédération de Délos. Elle durera jusqu'en 404.
		459 : Guerre de Corinthe contre Athènes.
		449/448 : Paix dite « de Callias » entre Athènes et Corinthe.
		447 : Bataille de Coronée.
441-429 : Socrate semble avoir des liens avec l'entourage de Périclès (avec Aspasie, Alcibiade, Axiochos, Callias).		**446** : Paix dite « de Trente Ans », qui durera quinze ans (446-431).
		435 : Guerre de Corinthe contre Corcyre

Socrate	Platon	Événements politiques et militaires
		et alliance de Corcyre et d'Athènes.
		432 : Révolte de Potidée (432-429).
		431-404 : Guerre du Péloponnèse.
430 : Hoplite à Samos.		**430-426** : Peste à Athènes.
429 : Socrate sauve la vie d'Alcibiade à la bataille de Potidée.		**429** : Mort de Périclès et rivalité entre Cléon (pacifiste) et Nicias (belliciste). Capitulation de Potidée.
	428/427 : Naissance de Platon.	**428-427** : Révolte de Mytilène.
423 : Les *Nuées* d'Aristophane. À un âge mûr, Socrate se marie avec Xanthippe dont il aura trois fils.		**421** : Nicias négocie la paix dite « de Nicias ».
		415-413 : Expédition de Sicile sous le commandement de Nicias, de Lamachos et d'Alcibiade. La mutilation des Hermès.
414 : Socrate sauve la vie de Xénophon à la bataille de Délium.		**414** : Trahison d'Alcibiade, qui gagne Sparte.
		412 : Révolte de l'Ionie et alliance entre Sparte et la Perse.
		411 : Révolution des « Quatre Cents » puis des « Cinq Mille ».
		410 : La démocratie est rétablie à Athènes.
		407 : Retour d'Alcibiade à Athènes.
		406 : Défaite d'Alcibiade à la bataille de Colophon.
406/405 : Socrate, président du Conseil. Le procès des Arginuses.		
		405 : Denys Ier, tyran de Syracuse.
404 : Socrate refuse d'obéir aux Trente et d'arrêter Léon de Salamine.		**404** : Lysandre impose la paix à Athènes et institue les « Trente Tyrans ».
		403 : La démocratie est rétablie à Athènes.

Socrate	Platon	Événements politiques et militaires
399 : Socrate est accusé d'impiété, de corruption de la jeunesse et de pratique de religions nouvelles, par Anytos, chef de la démocratie restaurée révolution de 403. Il est condamné à mort par 280 voix contre 220. Il attend un mois le retour du bateau sacré de Délos avant de boire la ciguë.	**399-390** : Platon rédige le *Petit Hippias*, l'*Ion*, le *Lachès*, le *Charmide*, le *Protagoras* et l'*Euthyphron*.	
	394 : Peut-être Platon prit-il part à la bataille de Corinthe.	**395-394** : Sparte assiège Corinthe.
	390-385 : Platon rédige le *Gorgias*, le *Ménon*, l'*Apologie de Socrate*, le *Criton*, l'*Euthydème*, le *Lysis*, le *Ménéxène* et le *Cratyle*.	
		386 : Paix dite « du Roi » ou « d'Antalcidas ».
	388-387 : Voyage de Platon en Italie du Sud où il rencontre Archytas, et à Syracuse, où règne Denys Iᵉʳ.	**382** : Guerre de Sparte contre Athènes.
	387 : Retour de Platon à Athènes, où il fonde l'Académie.	**378** : Guerre d'Athènes-Thèbes contre Sparte.
		376 : Athènes est maîtresse de la mer Égée. La ligue béotienne est reconstituée.
	385-370 : Platon rédige le *Phédon*, le *Banquet*, la *République* et le *Phèdre*.	
	367-366 : Platon vient à Syracuse pour exercer, à la demande de Dion, une influence sur Denys II qui a succédé à son père. Dion est exilé.	**375** : Flotte d'Athènes dans la mer Ionienne. **371** : Thèbes bat Sparte à Leuctres : fin de la suprématie militaire de Sparte. **367** : Mort de Denys Iᵉʳ ; Denys II, tyran de Syracuse.
	370-347/6 : Platon rédige le *Théétète*, le *Parménide*, le *Sophiste*, le *Politique*, le *Timée*, le *Critias* et le *Philèbe*.	
	361-360 : Dernier séjour à Syracuse.	
	360 : Platon rencontre Dion qui assiste aux jeux Olympiques. L'exilé lui fait part de son intention d'organiser une expédition contre Denys II.	

Socrate	Platon	Événements politiques et militaires
		359 : Philippe II, roi de Macédoine, père d'Alexandre le Grand (359-336).
		357 : Guerre des alliés (357-346) et chute de Denys II. Départ de l'expédition de Dion contre Denys II.
		354 : Assassinat de Dion.
	347/6 : Platon meurt. Il est en train d'écrire les *Lois*.	
		344-337/6 : Timoléon en Sicile.
		338 : Bataille de Chéronée.
		336 : Philippe assassiné. Alexandre le Grand, roi de Macédoine (336-323).

N.B. : En Grèce ancienne, on comptait les années comme années d'Olympiades. Or les jeux Olympiques avaient lieu au mois d'août. D'où le chevauchement de l'année grecque sur deux de nos années civiles, qui commencent début janvier.

Par ailleurs, la périodisation des œuvres de Platon que nous proposons n'est qu'approximative : rien n'assure que l'ordre de la composition des dialogues correspond à l'ordre dans lequel nous les citons à l'intérieur d'une même période.

INDEX DES NOMS PROPRES

On trouvera dans cet index les noms propres antiques mentionnés dans l'*Introduction* et dans les *Notes*. Pour le texte du *Gorgias*, on pourra consulter L. Brandwood, *A Word Index to Plato* (Leeds, Maney and Sons, 1976).

Les chiffres renvoient aux pages de ce livre, les chiffres précédés de n. aux notes.

INDEX DES NOMS COMMUNS

On trouvera dans cet index les noms communs français et grecs qui font l'objet d'un commentaire dans l'*Introduction* ou dans les *Notes*.

TABLE

Composition et mise en page

NORD COMPO
m u l t i m é d i a

GF Flammarion

07/07/130816-VII-2007 – Impr. MAURY Imprimeur, 45330 Malesherbes.
N° d'édition LO1EHPN000129N001. – Août 2007. – Printed in France.